权力的镜像：
艾伦·菲尔斯传

ALLAN FELS：
A PORTRAIT OF POWER

〔澳〕弗莱德·布兰克林 著
Fred Brenchley

周朝 译 苏华 审校

社会科学文献出版社
SOCIAL SCIENCES ACADEMIC PRESS (CHINA)

献给伊莉莎白

澳大利亚人关于菲尔斯的评论

我觉得他既狡猾又危险。我认为他对澳大利亚的经济造成了不可逆转的伤害。

——格里·哈维（零售商）

总的来说，他出色完成了使命。但是在其十三年政务事业的后期，他的工作失衡了。

——狄克·沃博顿（加德士公司董事会主席）

在加强消费者权益保护，使得消费者和企业了解他们在相关法律下的权利和义务，以及积极推行法律以对付那些敢于无视强劲而合法的竞争基本原则的企业等方面，他都作出了非比寻常的贡献。我将继续完成使命。希望我能和艾伦·菲尔斯一样出色。

——格兰姆·萨缪尔（澳大利亚竞争与消费者
委员会主席，2003~2011年在任）

他是竞争政策的邪恶天才……你必须承认这一点，在保罗·基庭之后，菲尔斯是我们时代中最具影响力和实效性的理性主义经济学家。

——罗斯·吉廷斯（《悉尼先驱晨报》经济编辑）

译者序

仁者见仁智者见智，本书或许可以为不同读者提供多角度启迪。本书的一个主要视角是澳大利亚经济政策从 1970～1980 年代强调价格管控到倚重竞争政策的演变，展示了澳大利亚经济发展途径以及澳洲政府在市场治理中的角色和作用。读者将看到，在澳大利亚，经济政策经常由特定的独立机构来掌控和执行。而这些独立机构则是由政府相关立法与执法机构设立，以执行其制定的经济政策。独立机构负责人经由各相关程序任命，拥有固定任期。因此，在指定任期内，机构负责人具有相当程度的独立性及自由裁量权，根据其对经济政策的全局理解来领导该机构。然而，事实上，这种独立性是相对的，并不能完全不受政治上的限制或者政治大局的影响。

本书的主题之一：澳大利亚竞争和消费者委员会（ACCC）及其前身商业行为委员会（TPC）的历史和发展为以上概述提供了生动例证。如本书中所述，ACCC 委员是"由联邦政府和各州政府联合投票选举决定，任期五年"，因此"委员们可以与现任政府之间保持一定距离"。根据政府机构隶属关系，财政部是 ACCC 的上级机构。但是，无论是财政部长还是联邦政府总理本人都不能直接命令该机构在一个具体案件中的特定立场。当选的政府首脑对该机构的"控制"是通过其他方式来实现的，比如通过决定机构的预算，通过内部和外部渠道来强劲地表达其观点等。此外，ACCC，作为竞争监管者，本身还受到众议院委员会的监督。

本书中有许多内容涉及澳大利亚联邦议会制政府的内部玄机。因此，希望以下对相关背景的粗略概述可能会对读者们有所帮助。作为世界经济最发达国家之一，澳大利亚是英联邦的一个重要成员。在澳洲的联邦政府层面，英国女王由总督代表。总督的权杖基本上流于形式，在政府总理的要求下行使权力。联邦政府拥有三个分支：立法分支（即议会，包括参议院和众议院），行政执法分支（以政府总理为首）；以及司法分支（包括澳洲高等法院和其他联邦法院）。在选举中赢得众议院多数选票的政党得到组织政府（内阁）的权力，其党魁成为政府总理。如果没有任何一个政党得到多数选票，两个或多个政党可以组成一个政治联盟，以形成联合政府。

澳大利亚的主要政党包括工党、自由党以及国家党。这些政党代表不同的利益集团，并受到其支持。比如，工党一直得到工会组织的强劲支持。当赢得选举的政党党魁成为政府总理时，其二号人物通常会成为在政府运作中举足轻重的财政部长。同时，输掉选举的政党成为反对党，而反对党中的重要成员则被称为"影子部长"（因为如果其政党赢得下届选举，他们将很有可能成为下届内阁成员）。

从头至尾，读者都有可能在书中邂逅有趣的议题，甚至揭秘，比如：在联邦政府和州政府之间的权力分配中"皇冠保护"概念所起到的作用，政府机构是如何通过澳洲高等法院来行使和平衡权力的，以及机构首长们又是如何协调与执政党各位内阁部长以及反对党"影子部长"们种种错综复杂的关系的。

除了上述种种方式之外，澳大利亚民选官员用以影响公共舆论并寻求公众支持的另一个方法是组织特定的"调查"。本书列举了多个重要的调查，其中包括导致创立 ACCC 的希尔默调查（Hilmer inquiry）、对澳大利亚企业合并标准产生重大影响的库尼调查（Cooney inquiry），以及可能对 ACCC 的未来执法模式造成重要影响的道森调查（Dawson inquiry）。

　　本书把纷繁复杂的概念和议题巧妙地连成一体，多姿多彩、引人入胜地呈现在读者的面前。作为一位学者型官员，菲尔斯教授的经历在其中穿针引线。他的热情与精力、智慧与坚韧，以及为祖国的经济发展做出的不懈努力起了特殊的中心作用。

　　希望读者能从本书中有所收获。我想，作为一位为澳洲百姓交口称道的"伟大的澳大利亚人"，菲尔斯教授的"澳洲梦"是一个公平竞争、富强民主、充满无尽活力与希望的澳大利亚。我希望把同样的祝福送给中国。对我个人而言，梦想之一是希望我在中英文写作方面能有所建树，用我的笔来表达心意，邀读者游历不同的世界……在此对一直支持鼓励我追求梦想的我的同学师长、亲朋好友、同事同仁们表达衷心感激之情。特别感谢菲尔斯教授解答了我对澳洲政策和治理提出的各种问题。我的密友中国社会科学院美国研究所苏华博士为本书的审校和出版付出了不懈努力。苏华博士自 2010 年以来兼任菲尔斯教授研究顾问，她认识到本书对中国的借鉴意义并提出了翻译和出版建议，在此致以由衷的谢意！

周朝（Wei Lily Zhou）

2013 年 5 月于北京

目　录

前　言

1999年末的一个下午，我刚刚离开议会大厦的时候，就被从身后大步赶上来的艾伦·菲尔斯给叫住了。"请问我能搭你的车回我办公室吗?"他问我，嘴里嘀咕着"车丢了"。

在回他办公室的途中，菲尔斯问我是否感兴趣写一部关于澳大利亚竞争与消费者委员会（以下简称"ACCC"）历史的书。"您还是找一个听话的学者来担当此事吧，"我立即回答。尽管如此，我们还是同意找个时间共进晚餐，进一步讨论这件事。

90年代初期，我通过国家消费者事务咨询理事会认识了艾伦。我一直欣赏他的热情与执着。后来，我们在欧洲见过几次面，那时艾伦经常参加经济合作与发展组织的巴黎会议，而我则作为《澳洲财经评论》驻欧洲记者参与了会议的报道。

我在图书馆里只找到了些关于竞争政策和理论的学术论著，但是并没有介绍ACCC历史方面的。当我预约晚餐时，我想的只是好好享受一下和艾伦的聚餐，同时告诉他"关于写历史书的事，恕难从命"。我们走进餐馆，领班开始在预约单上找我的名字。但是，他的目光很快落到了我身后的客人身上。

"啊，菲尔斯教授，您的桌子在这边。"领班殷勤地将我们带到了"艾伦的桌子"边——虽然这桌子是用我的名字预订的。"您一定经常光顾这家餐馆吧？"我们一坐下来，我就想当然地问艾伦，"我以前从没来过这儿，"他回答。

原来，由于90年代中期在欧洲工作，我完全错过了见证艾伦演变成为传媒明星的过程。本书的雏形就这样开始在我的脑海中浮现。不是历史，不是传记，这将是一个故事，一个关于竞争政策是如何在一个曾经默默无闻、有些特立独行的学者的帮助下，改变了澳大利亚的故事。而在此过程中，这个学者的名声也达到了家喻户晓、人尽（包括餐馆领班）皆知的程度。

如果这本书能够解释那个餐馆领班的热情态度，作者的目的就达到了。

*　　　*　　　*

许多人为本书的完成提供了帮助。有些不愿意提及他们的姓名。我在此还要向以下人士表示感谢：Helen Ritson，Anne Wykes，Kay O'Leary，Alexis Yeadon，Elisabeth O'Callaghan，Lee Ridley，Max Suich，John Iremonger，Russell Miller，Ron Bannerman，Bob Baxt，David Cousins，Ross Jones，Alan Ducret，Sitesh Bhojani，Rod Shogren，Hank Spier，Brian Cassidy，Lin Enright，Tom Connors，David Smith，Geoff Eva，Allan Asher，Maurice Haddad，Brian Johns，David Lieberman，Gary Banks，Stephen King，Geoff Allen，Mitch Hooke，Mike Potter，Michael Delaney，David Chalke，David Hawker，Robert Bain，Maureen Brunt，Peter Crowley，Peter Costello，Daryl Williams，Joe Hockey，George Brandis，Robert Maidment，John Martin，Bob McMullan，Michael Duffy，Dudley Jackson，John Schubert，Dick Warburton，Graeme Samuel，Louise Sylvan，Barney Cooney，以及 John Edwards。

此外，感谢 Nan Lundy 持续提供上好的茶。

艾伦·菲尔斯，他的夫人伊萨贝尔，以及女儿伊莎贝拉和特丽莎对于我记者式的刨根问底都非常宽容。

弗莱德·布兰克林

2003 年 6 月

第一章

社会一线名流

2002 年 6 月，《悉尼先驱晨报》发布了悉尼社会一线名流的名单。社会名流界的老贵族们如派克、费尔法克斯、麦克阿瑟—昂斯陆等家族纷纷让位于耀眼夺目的一线新星们（这是一个很美国式的概念）。那么新贵们都包括些谁呢？

"太简单了，"《悉尼先驱晨报》的达菲·吉尼斯在报道中提到，"如果 ACCC 主席艾伦·菲尔斯教授以前不在名单上的话，他现在是当然的人选。""艾伦想参加阿彻鲍斯（Archibalds）派对吗？太好了！我们真高兴他能参加，"新南威尔士艺术画廊公共关系负责人吉安·拜顿表示。吉安是社会名流聚会的行家里手，一线名流的编选者对他尤其关注。其余都是顺理成章，就这么简单。

这里有两点值得特别关注：其一，堪培拉联邦行政执法机构的一位首长居然成了悉尼社会名流新星；其二，这位首长住在墨尔本。

聚光灯还在源源不断地集结。四个月之后，《澳洲财经评论》对澳洲的权力精英们进行了年度大排名，并且得出了这样的结论：艾伦·菲尔斯已成为全国第三位最有权势的人了，仅仅排名在总理约翰·霍华德和财政部长彼得·科斯特洛之后。菲尔斯在这个排名榜上从第五位升至第三位只用了一年时间，并且已被视为相比以下人士更有权势：反对党领袖西蒙·克林，央行行长伊安·麦克法兰，以及传媒巨头凯瑞·派克和鲁伯特·默多克。

这一切究竟是怎么发生的呢？在人们通常的概念里，联邦政府竞争管理机构的首长大概应该是一位常常穿着羊毛开衫，在堪培拉的办公桌后伏案办公的、令人乏味的资深专业人士吧。但是，这样一个人却成了社会名流中的一线人物，还被媒体封为在全国位居第三的权柄掌控者——完全成了一位功高震主、耀眼夺目的媒体明星。

可以说，澳大利亚的社会中发生了一件十分奇怪的事情。媒体专栏似乎在从板球到食品的所有领域中争相追逐着菲尔斯的观点，因为公众对菲尔斯的认知度实在太高了。"嘿，菲尔斯，看住那些汽油价格！"老百姓们这样在街上热情地跟菲尔斯打着招呼。菲尔斯已然成了一个影响深远的人。一位联邦政府的部长甚至将菲尔斯领导的消费者保护倡导行动比作传说中侠客罗宾汉的义举。

与此同时，不少企业公开反对菲尔斯。当某商业领袖的公司被ACCC调查时，该商业领袖将菲尔斯比作德国纳粹分子。

媒体关于菲尔斯的报道反映了这些具有天壤之别的两极化意见……比如，一家默多克旗下报纸的商业专栏作家称他为"伪君子"。但是，《悉尼先驱晨报》的经济作家罗斯·吉廷斯将菲尔斯看作澳大利亚现代经济史中最有影响力的人物，而菲尔斯唯一的罪过就是"触动了商业巨头们的利益"。

无论是爱他还是恨他，不容置疑的是菲尔斯已经成为当代澳大利亚人的一个标志：一个能够娴熟运用媒体揭露企业劣行，致力于保护消费者福利，极具权力和影响力的行政官员。他因此成功地填补了一个空白。同时，菲尔斯的廉正诚信也是毫无疑问的。事实上，在菲尔斯与某行业的巨头们就解除价格管制而展开的长期斗争中，巨头们雇佣的一个私家侦探为了找出菲尔斯的污点曾掘地三尺，但最终结果是两手空空，毫无所获。

到了 2002 年，作为一位学者型官员，菲尔斯已经取得了独一无二的地位——他已经成为一个"品牌"。"菲尔斯"代表着一个义无反顾地维护竞争法则，并且具有真正执行力的行政执法者。无论来自业界和既得利益者的压力有多大，菲尔斯绝不怯战。虽然说，有时也会有些过犹不及，但菲尔斯的"顾客"承认其付出的努力和取得的成果。菲尔斯代表的行政执法"品牌"已在澳大利亚现代社会理念中取得了独特的地位。

旧时代官场政界的大亨们曾经享有盛名。1945 年 7 月就任澳大利亚总理的奇弗利的得力助手们被戏称为"七个小矮人"。他们包括约翰·考弗德、亨利·布兰德、理查德·兰登、"小个儿"H. C. 孔幕斯以及罗兰·威尔森等。这是一群身材不甚高大，却在战后的澳大利亚产生显著影响力的学者。其中，"小个儿"孔幕斯在澳大利亚两百周年国庆时被誉为"澳大利亚世纪名人"。接下来的 60 和 70 年代，亚瑟·谭戈、弗莱德·威勒、艾伦·威斯特曼以及约翰·邦庭先后成为其所处时代的政界主导力量。但是，近年来，除了"斧头"麦克斯·摩尔－威尔顿这一例外，没有任何联邦政府部门的首长能在堪培拉之外依然享有盛名。

无论如何，在澳大利亚的历史中，从未有其他行政执法者或公职人员能够成为"菲尔斯"式的人物——即，对商业行为进行严格、积极地执法，在此过程中成为全国最有权势的人物之一，同时跻身社会名流。

能够取得如此成就的原因之一，是菲尔斯充分利用了官场人物通常避之不及的利器——媒体。菲尔斯对于媒体的热情几乎和他本人一样具有传奇色彩。前澳大利亚总理基庭曾经指出菲尔斯是个"媒体狂热发烧友"。基庭的继任者，约翰·霍华德，语气则委婉得多，"菲尔斯对于一切事情都有自己的看法"。菲尔斯可能是澳大利亚历史上唯一一位曾经让国家总理在内阁会议室里等待，自己却在内阁会议室外召开新闻发布会的官员。

菲尔斯的媒体地位在议会里成了妒忌和幽默的焦点，政客们痛苦地感到媒体力量给菲尔斯带来比他人更多的权力。"他在媒体上的声望值得政客拿命来换"，在菲尔斯的一个离职告别会上，彼得·科斯特洛曾这样开玩笑说，"事实上，如果你跟菲尔斯同时出席一个活动，那么你就准备做绿叶去陪衬他吧"。试图阻挠这个消费者福利的卫士简直成了政治上不可能完成的任务。

业界在阳谋对抗上也逊色几筹。菲尔斯善于运用他命名为"全五频道攻势"的媒体曝光方式来聚焦关注点。商界领袖们对于众目睽睽下的公开交锋完全没有应对招数，他们惯用的手段是试图通过"后门游说"堪培拉（联邦政府）来"收拾"菲尔斯。

菲尔斯能够成功驾驭媒体的秘诀之一在于他抛弃了政客们惯用的路数，即通过媒体宣传为自己吸引眼球。媒体只是这个竞争执法者武器库中的一件利器。因此，菲尔斯能够将媒体拉上自己的战车。他的想法是将 ACCC 强有力的执法和媒体曝光相结合，以使 ACCC 这个执法机构成为违法者们所忌惮的力量。在这个几十年来充斥着保护主义和自我封闭，在垄断中变得懒散的商界、行业工会和专业机构所组成的社会引入竞争文化堪称一场卓绝的革命，而媒体是这场革命的武器之一。

媒体报道给了菲尔斯领导下的 ACCC 一个极具权势的形象。以前，该竞争行政执法机构虽然拥有许多执法权，但却通常被看作一个边缘化的角色。在一系列的媒体镜头聚焦下，菲尔斯向卡特尔宣战，在法庭上取得了多个里程碑式的胜利。媒体报道还成为在大庭广众面前给违法者们难堪的一种手段。菲尔斯直接挑战政客的权威，逼着那个骄傲的新南威尔士主管奥林匹克运动会的部长迈克尔·奈特对奥运会的售票乱局进行善后。他还挑战企业巨头们，包括石油、银行和电信业公司。让人肃然起敬的皇家医学院也未能从竞争法网中得到豁免。在 1998 年的码头争议中，澳大利亚海事工会以身试法，最后同样没能逃避制裁。

在所有这一切当中，菲尔斯都坚持着一个潜在的主题——竞争是有效、有用的。菲尔斯矢志不渝地宣传这个主题，而他所取得的水滴石穿的成果实在让他的对手们始料未及。事实上，菲尔斯一直在两方面同时推进他的媒体战役，一方面是 ACCC 的严格执法，一方面是展现竞争的种种好处。对于这套将执法与"传教"相结合的组合拳，菲尔斯的对手们简直无法应对。

菲尔斯完全打破了那种在办公桌后一伏案工作就是几十年的，既低调又低效的执法者模式。学者彼得·格拉博斯基和约翰·布莱斯怀特在 1986 年写了一本反映当时状况的《温柔态度》。该书是两位学者基于其对联邦和州政府 111 个机构的行政执法模式的调研所形成的。两位学者在该书的前言中说：

> 这种"温柔"不仅仅反映在行政执法者的态度上，也可以用来形容他们的政策和执法结果，不论是在作出是否需要诉讼、吊销执照、关闭工厂的决定，发出禁止令或强制令，还是非正式地运用负面媒体报道。诉讼或以其他任何方式与企业界正面交锋通常仅仅作为迫不得已的最后手段。

1985 年，商业行为委员会在其新任主席鲍伯·麦克康麦斯领导下，竟然公开采取"软执法"模式。当时，该委员会刚刚在法庭上输掉了两场针对货运列车和混凝土生产商的重要诉讼。"我们将来会跟企业多协商，而不是去法院打官司。向前看，而不是纠缠于过去。"《澳洲财经评论》曾经这样引用商业行为委员会发言人的话。

这完全不是因为澳大利亚的行政执法机构缺少权力，过去不是，现在也不是。许多机构都被法律赋予了进入、搜查、扣押和调查等诸多权力。这些机构里当然也包括了 ACCC 和其前身商业行为委员会。但是，在菲尔斯之前，这些权力极少被使用。对此，格拉博斯基和布莱斯怀特评论道："在大型企业的监管上，进行'非对抗式'管理的倾向非常明显。"

如此谨小慎微的态度使行政执法机构被受其监管的行业所俘获。ACCC 在其针对皇家医学院反竞争行为的调查中就曾遇到了"监管俘获"的典型情况。西澳大利亚政府在其卫生医疗部门的反对下，坚持要对皇家医学院系统进行改革。

在格拉博斯基和布莱斯怀特看来，澳大利亚行政执法机构的标志行为包括对于行业进行陈词滥调式的呼吁，希望行业能够自律、自觉承担起应该负的责任，而极少强制执行，同时经常想把问题藏起来，盖住，直到再也盖不住，爆出丑闻，然后再把皮球踢给澳大利亚联邦制度迷宫中的其他行政执法机构。

上述结论简直成了大约 20 年后出现的澳大利亚最大的公司破产案——HIH 保险公司案的不幸预言。在 HIH 保险公司进入 53 亿澳元的破产程序之前，负责管理该保险业巨头的澳大利亚审慎监管局居然允许该公司在经营状况奄奄一息并不断出现内部员工爆料警告的形势下继续运营。"从 APRA 对于 HIH 的运营、行为和最终结果所产生的影响与作用来看，APRA 好像完全不存在。"协助 HIH 事件的皇家调查委员会的御用律师威恩·马丁作出了这样的结论。

而作为 APRA 的姐妹政府机构，澳大利亚证券和投资委员会在此事件中只受到了轻微的教训，并且迅速地将皮球踢回。该委员会拒绝接受其应该在 HIH 案件中更早地采用行动的指责，声称"那应该是澳大利亚审慎监管局的工作"。

具有讽刺意义的是，这两个行政执法机构都是基于沃利斯针对澳大利亚金融系统的调查建议，即，应将有关金融服务业的消费者保护职能从 ACCC 转到新建机构，而于 1997 年创立的。

在菲尔斯当家掌舵的 12 年中，却从没有人指责过他"在方向盘后睡大觉，不作为"。情况恰恰相反，企业界对他的抱怨主要是对立案过度热情和积极使用媒体。

从 1991 年到 2002 年末，ACCC 共立案调查 271 起案件。其中，170 件进行了法院判决，101 件进行了调解解决。在法院判决中，委员会赢了 94% 的官司。绝大多数是起诉企业违反了《商业行为法》的竞争规则或消费者保护规则。每次在法庭上大获全胜后，菲尔斯总是立即举行新闻发布会。ACCC 的另一个重要职能范围，即对于企业合并的审查（包括对相关交易附加条件）的数量并未包括在这些统计中。

立案和起诉的巨大数量使 ACCC 触动了商界的敏感神经。立案调查 271 起案件几乎触及了澳大利亚每一个行业，银行、保险、运输、石油、媒体和专业职业等均未能幸免。

涉案公司均是企业中的佼佼者。如：康联保险集团、澳洲电信、澳大利亚建筑业联合会、TNT 国际快递、全国汽车道路协会、澳大利亚司机石油公司、伍尔沃斯公司、丘博公司、第十频道、联合利华、凯玛特、索尼音乐，以及澳大利亚国民银行等。

菲尔斯的观点是，既然议会通过了《商业行为法》，那么这部法律就应该被"毫无畏惧、毫无偏向"地执行。1991 年，在他被任命为委员会的主席时，菲尔斯找到了一个和他拥有一样信念的不同寻常的同盟军。此人就是后来将委员会的整个执行战略改进得更具威力并成为菲尔斯得力副手（委员会副主席）的艾伦·艾舍尔。这两个人形成了一个强有力的"双人组合"。艾舍尔（Asher）主内，在委员会的执行分会上掌舵布局，而菲尔斯主外，继续提高媒体和公众的关注度。

但是，最终的结果是，成也萧何，败也萧何。媒体影响力是菲尔斯大权在握的主要原因，但也是最终导致菲尔斯离开 ACCC 的原因。这不能不算是一个让人失望的结局。2000 年，以霍华德为首的政府在让菲尔斯连任 ACCC 主席的同时，低调地将一届五年的任期缩短为三年零八个月，暗示菲尔斯统领 ACCC 的时代将届时结束，原因是内阁担心菲尔斯将有可能权倾朝野。

菲尔斯在商界的对手们为菲尔斯时代的结束弹冠相庆。但是，菲尔斯可能成为笑到最后的那一个。应商界要求而启动的《商业行为法》的道森调查，在前期准备和调查过程中，菲尔斯娴熟地运用媒体力量，为 ACCC 争取了一系列新的权力。虽然菲尔斯的一些要求没有得到满足，但是道森调查结论最终采纳了菲尔斯关于企业主管应当为严重的核心卡特尔行为进监狱的主张，并且提出了相关建议。目前，罚款是唯一的惩罚形式。罚款当然是痛苦的，但是进监狱的可能性确实能够让相关人士的注意力更加集中！每一位将要面对这个威慑的商界人物一定会想起，并且很可能会诅咒艾伦·菲尔斯。

＊　　＊　　＊

以社会名流的一般标准来看，菲尔斯并不是一线人物标志性的代表。昂贵的服饰不是菲尔斯形象的一部分。事实上，菲尔斯可以算得上不修边幅，他经常穿着皱巴巴的西装亮相。如果是菲尔斯自己挑选外套的话，情况可能会更糟。值得庆幸的是，菲尔斯的妻子伊萨贝尔会帮他搭配衣服。

这世上有两个艾伦·菲尔斯。一个是公众眼中的那个恪尽职守、秉公执法的竞争执法者。另一个是在菲尔斯执政时代将要结束时，公众们开始如浮光掠影般地发现他逐渐具体起来的个人形象，特别是通过菲尔斯在澳大利亚广播公司的《澳洲故事》栏目以及在第九频道《波克后院》栏目中平易近人的本色出镜。

作为 ACCC 主席，菲尔斯的公众形象既是一个消费者权益的坚定捍卫者，也是一个有点学究气、特立独行的教授。这两种印象都是准确的。

菲尔斯身上散发着无可置疑的权力光环，从他掌控 ACCC 时平静的自信中流露出来，完全不受任何外界因素干扰。他天生同时具有乐观进取的精神以及平和务实的态度。伊萨贝尔对他处理生活问题的一贯态度大为赞叹，"在我们 33 年的婚姻生活中，艾伦从来没有发过一次火。这真是太不可思议了。"

伊萨贝尔并不是唯一为菲尔斯过人的平和脾气而惊叹的人。菲尔斯的同事们也常为此啧啧称奇。发怒、大叫、恶语相向根本就不是他为人处事的一部分。当意见相左时，他会与同事们直接坦率地交流，过后从不翻旧账。

但是，在对手们看来，菲尔斯却是令人畏惧的。当他皱起粗壮的眉毛时，浅褐色的眼睛会射出咄咄逼人的光芒。菲尔斯的声音在私人对话时是粗糙的，并且透着权威。但是，让人惊奇的是，在公众演讲时，菲尔斯的声音却有些纤弱，有如在轻声歌唱，这可能揭示了自信外表下内心的紧张。菲尔斯还有一个习惯，就是在他以教授讲课的方式向公众解释竞争政策细节时，他会轻踏舞步般地踱来踱去。

菲尔斯是个掌控全局、不拘细节的人，他的家和办公室似乎是一条铺满文件的长路，让伊萨贝尔和 ACCC 的助手们十分头痛。文件的字里行间还经常充斥着菲尔斯难以辨认的潦草笔迹。

ACCC 的工作人员常常聚在一起，试图解读这些文字。"我不知道他脑子里究竟在想什么，"伊萨贝尔边为菲尔斯忙活，边这样说。

此外，他偶尔还会制造些古怪插曲。菲尔斯曾经"停丢"了一辆汽车。有一次，他曾经为了便于照相而戴了三条领带。他的学者朋友们还记得在一个墨尔本挥汗如雨的日子，菲尔斯在他的西服之外套了件大衣。原来，菲尔斯因为不愿开灯吵醒伊萨贝尔，摸黑错穿了不同西服的上衣和裤子。在那个大热天，菲尔斯没有将西装上衣脱掉，而是选择了加穿一件大衣以遮盖上衣和裤子的不搭配，以免"引人注目"。

金钱也对他没有什么吸引力。虽然菲尔斯家住墨尔本市内普拉汗区一座由专业建筑师设计的时尚别墅，但是他们的旧宅是在伊萨贝尔母亲的帮助下购买的，此后，才被翻盖成了他们现在的理想住宅。

菲尔斯是媒体关注的对象，他也有些自负。但是，他的自负被他个性中的幽默和谦逊很好地平衡了。面对公众时，菲尔斯的幽默并不凸显。但是，他喜欢跟自己的小女儿特丽莎通过电子邮件交换笑话，还喜欢收集双关语笑话。在 ACCC 委员会议上，菲尔斯有时会在纸上写一个笑话，在委员中传递。ACCC 的职员们常常感到奇怪，因为他们不知道委员们为什么发笑。

菲尔斯精力充沛而又充满活力的领导强有力地振奋了 ACCC 的军心。击溃卡特尔的斗士们受到高度关注，被媒体比作美国历史上挑战黑帮大佬的传奇英雄艾略特·耐士和其手下的"无敌团队"，他们甚至还为媒体的照片报道摆了个扫荡黑帮的造型。"他给了职员们一种使命感，让你知道堪培拉是你工作的坚强后盾。"一个曾经在 ACCC 任职的调查员这样说。"他坚持让案件调查员参加和解会谈，并且在与桌子对面坐着的资深公司律师意见相左时，对你的判断给予支持。他是站在你这一边的，那是一种非凡的感觉。"

菲尔斯在 ACCC 得到了工作人员的衷心拥护，但是他并没有在 ACCC 结交下知心的朋友。"没有人能够接近艾伦，"一个资深的专长于澳大利亚商业行为法的律师曾经这样说过。一个小企业的职业游说者也曾总结说，从菲尔斯那里，永远也得不到任何形式上的特殊待遇。

"你能得到的是一个关于'应该怎么做'而开展全面辩论的机会。"对于菲尔斯来说，他与知音好友工会领袖比尔·凯尔蒂之间友谊的苦涩结束，给了他一个关于混淆友谊和竞争执法的痛苦教训。在菲尔斯学术事业的转型期，凯尔蒂和工会运动曾为他提供了向政府行政进军的渠道。但是，菲尔斯在 ACCC 之外却结交了几个非常亲密的朋友。

在菲尔斯掌管 ACCC 的年月里，菲尔斯和伊莎贝尔有各自独立的生活。菲尔斯每周都需要去堪培拉和其他各州，其间还经常出席各类国际会议，留下伊莎贝尔料理家务，包括承担照顾患精神分裂症的长女伊莎贝拉的大部分责任。但是，菲尔斯的确是一个体贴的丈夫和父亲，他每天都会打电话问候，有时为帮助伊莎贝拉而从会议中设法脱身。

伊莎贝尔早已接受了菲尔斯的工作性质，包括他在度假中海滨散步时也必须佩带的无线通信设备。"你知道，你永远不能真正地放松，因为总会有这样或那样的事情，从办公室送来的文件，铺天盖地的报纸，楼上还放着的四五个装满各类文件的公文包，"她说着叹了口气，"所有的东西都是颠颠倒倒，因为他要处理的事情实在是太多啦。"

尽管有如此忙碌的工作日程，菲尔斯夫妇仍然尽量安排周末的时间来散步、阅读、看电影和去教堂。菲尔斯理想中的周末还包括看到卡尔顿队赢得比赛，还有在周六通过当地报刊零售商收到空运来的《经济学家》杂志。他们的社交生活也相当活跃。伊莎贝尔经常在家里招待艾伦的同事，以及源源不断到访的各国竞争执法者。

宗教是菲尔斯不为公众所知的一面。他出生在天主教的忠实信徒家中，接受的是耶稣会会士的教育，包括他们对于纪律、社会公平正义和传教的推崇。"毫无疑问，他是一个真正的耶稣会会士的知识分子，"约翰·利特尔在《一起》杂志对菲尔斯进行的访谈后这样写道，"即使很小的主题也会经过理性的分析，包括像'好运'这样模糊的概念。"菲尔斯说，虽然他在小时候就被基督的故事所感召，但是相比基督教的精神层面，现实意义更大。伊莎贝尔是一个更为虔诚的天主教徒，菲尔斯会跟她按时去教堂礼拜。在她去西班牙探亲的时候，菲尔斯则很可能会在星期天待在家里。

菲尔斯所接受的天主教的教育使他崇尚天主教的道德和社会公平正义的价值观。在个人生活中，菲尔斯常常会帮助那些需要帮助的人，以遵循耶稣的教导。当地的一个小杂货店店主的生意受到一个新开张的大型超市的威胁时，ACCC 主席给他提供了建议。但不幸的是，建议并未奏效。在教会活动中，菲尔斯也常常向那些被种种文件表格所困扰的老人们提供咨询。曾在莫纳什大学管理学系与菲尔斯共事的欧文·休斯教授对《一起》杂志披露，"菲尔斯痛恨特殊利益既得者们损公肥私，以损失社会利益为代价使自己获利。"

虽然宗教在菲尔斯的生命中占有重要地位，但是其对于 ACCC 工作的意义却很难以一言两语来概括。"圣经里可没有什么关于反对企业合并或发布媒体公告的具体指导，"他是这样总结的。在 90 年代中期，菲尔斯从约翰·洛克菲勒的传记中得到了启示。洛克菲勒所建立的石油帝国的威力推动了美国反垄断法的建立。洛克菲勒有着非常强烈的宗教信仰，他坚信赚钱是上帝赋予他的使命。"这告诉我，一个人在将宗教信仰作为公众行为的理由前，应该三思而后行，"菲尔斯说。但是，在一个为《天主教周刊》进行的访谈中，菲尔斯在描述宗教对于他的影响时，似乎有些调皮地特别举了耶稣将钱币兑换商们从神殿里扔出去的事迹。菲尔斯的这番言论当时一定给了不少银行充分的噩梦想象空间。

菲尔斯的个人动力在于他对于《商业行为法》的信仰，他坚信竞争是值得捍卫的，是有益于公众的。虽然他对于那个小杂货店店主的建议效力有限，但是 ACCC 委员会主席的位置给了菲尔斯一个保护消费者权益和监管垄断行为的广大舞台。他热爱他的工作和"传教"的角色。

菲尔斯对于他的批评者们的唇枪舌剑并不在意，他选择的是耸耸肩头，然后继续前进。菲尔斯的一个不同寻常的特点是他可以对于自身进行直率的自我解析。也许这使得他显得过于冷静，但这也使他在批评者面前少了很多把柄。他对于各种议论的处之泰然反而使得他的批评者们越发愤怒。

尽管如此，每个人都需要鼓励。对于菲尔斯来说，得到别人对于工作的肯定会让他像个大男孩一样快活。曾与菲尔斯共事过的 ACCC 的其他委员们可以回忆起菲尔斯是怎样将政治领袖们每一次对于 ACCC 的赞扬向他们及时传达"汇报"的。菲尔斯的这个特点也可以帮助解释"媒体之恋"的成因。

菲尔斯轻松娴熟地驾驭媒体的能力其实对于他本人来说也是一个谜。他自己对此的解释是——这是他大体上好静性格的一个复杂的侧面。菲尔斯的家教传承也无法解释这点，并且他做学生时也没有显现出任何表演方面的天资。在大学里演出莎士比亚戏剧时，菲尔斯曾出演过卫兵甲。而在演出的过程中，他从头到尾都在担心他的长筒袜是否会掉下来。

菲尔斯在行政执法领域的起始点是维多利亚州，职责是让那里的部长工作显得漂亮出彩。这一切在 1989 年菲尔斯在价格监督署的任职期间发生了变化。以霍克为首的政府特别要求菲尔斯要增强这个价格监控机构的知名度和公众认知度。"我努力去做了，然后逐渐适应了，"他说。那么，他如何解释他性格当中的表演欲呢？——"我想我喜欢受到关注。"

*　　*　　*

菲尔斯的许多反对者们所犯的错误，是低估了菲尔斯和那股将其推到澳大利亚权势榜第三名的力量。

这个低估错误在菲尔斯从政之初似乎还可以理解。菲尔斯从学术界进入价格监督署的过程，仅仅被许多人看作霍克政府用来拉拢工会的一种手段。而且菲尔斯那并不讲究的服装，再加上有点保守的公众形象，并没有立即将他标注为堪培拉权力竞技场上的霸主。

虽然菲尔斯曾经坚信运用价格监管来控制通胀的理念，但是他同很多人一样逐渐认识到，在市场行为的管理方面，（充分的）竞争可以发挥更大的作用。他没有单纯地跳槽；在传播竞争能带来消费者利益这一理念上，他堪称最佳推销员。

与菲尔斯在90年代对于竞争和消费者权益保护理念的传播相对应的是澳大利亚经济在那个时期所产生的巨大变化。通过霍克、基庭、霍华德政府相继进行的一系列经济改革，澳大利亚的经济可能已经更上一层楼，但同时也给人民带来了危机感。

在短短几年中，许多曾由政府负责的机构和公用事业服务或者被私有化或者被缩减。关税保护程度的降低，澳元汇率的自由浮动以及对工业关系的解除管制使澳大利亚首次全方位地面对全球市场所带来的压力。

改革的震动向各个方向辐射。焦虑的澳大利亚人回顾着使他们感到更为安全的过去。澳大利亚经历了以波林·汉森的"同一国家党"为代表的极右势力的崛起，其在昆士兰州的选举中以反对改革和亚洲移民的主张取得了令人震惊的胜利。"丛林地"成了"同一国家党"的地盘，与此同时，许多银行和其他服务商从该地区退出。许多工会的会员数量在以惊人的速度减少。约翰·霍华德的自由党和国家党的执政联盟顺势投入了右翼的怀抱。

在所有这些变化中，菲尔斯是硕果仅存的几个不变数之一，他保持了自己一贯的原则，坚持保护消费者、挑战大企业。除了菲尔斯，没有任何一个行政执法官员选择站在"交战前线"的位置上。也没有那么多政客作出如此选择。

从 90 年代中期开始逐渐显现的商界的贪得无厌和无能使公众渴望更有效的政府监管。成群结队的公司高管们在掌控公司很短一段时间后，就可以带着数以百万计的离职金走人，实在令人厌恶。澳大利亚 HIH 保险公司、澳大利亚 One. Tel 电信公司、澳洲安捷航空，以及美国世界通信公司和安然的相继垮台更加使得公众认为企业高管们像贪食的肥猪一样把嘴巴塞进了猪食槽里，但没有人愿意负起责任，或者严肃纪律。

"信任，"或者更确切地说，"信任的缺失"成为悬在空中的问题。而这不仅仅是澳大利亚的问题。世界经济论坛的调查显示在 47 个其他国家也存在着公众对于政府和企业的信心的令人忧虑的下降。相比之下，国家军队，特别是他们在反恐行动中的作用，是最为公众信任的。公众信任程度仅次于国家军队的是非政府的环保和社会服务组织，以及联合国和教会组织。

在这个信任缺失的中空里，教授型的艾伦·菲尔斯代表了比一个单纯的竞争执法官员更为重要的意义。当他因为奥运会的售票安排而挑战新南威尔士部长迈克尔·奈特的权威时，当他因为涉嫌价格操控而查抄石油公司时，百姓为他欢呼。企业界越是攻击他，他在公众心目中的地位就越高。真可谓是"春风得意马蹄疾"。或许菲尔斯只是将自己单纯看作一个《商业行为法》的行政执法人员。但是，菲尔斯的行动实际上满足了澳大利亚人希望能够对他们的文明社会更具信心和信任的愿望。

当菲尔斯在 2002 年提出对实施核心卡特尔行为的企业高管处以监禁的建议时，罗伊·摩根研究公司的调查显示有高达 87% 的受访者支持菲尔斯，只有 6% 的受访者反对，其余 7% 对此没有表示看法。

《澳洲扫描》通过每年对 2000 个澳大利亚成人的调查来了解社会文化的变化趋势。其调查结果提供了在经济迅速变革时代澳大利亚人所思所想的独特视角。现在，澳大利亚人想要的是更多的监管和对企业更有效的监督。

不到十年的时间，公众意见发生了巨大的变化。举例来说，1996 年，只有 11% 的澳大利亚人认为企业需要更多的监管。大约 28% 的人觉得无须改变，或者主张减少监管。其余 63% 的人则认为更有效地监管企业行为是解决问题的方案。到 2003 年，大多数的人（约 62%）仍觉得有效监管是答案所在。但是，认为企业需要更多监管的人数与认为需要减少监管的人数却掉了个个儿。现在，20% 的澳大利亚人想要更多的政府监管，而只有 6% 的人想要减少监管或保持现状。

量子市场调研机构（《澳洲扫描》的发布机构）的大卫·查克认为这些数据反映了澳大利亚人对于"大政府"的热爱。"澳大利亚人对于'大政府'理念的信任远远超过了美国人，可以说跟中国人一样强，"他说。《澳洲扫描》还揭示了菲尔斯会得到公众如此巨大支持的另一个原因。在 90 年代初的基庭政府执政期给澳大利亚带来的"理想主义"和"具有远景展望"的经济改革受到了挫折和打击，现在重点已不是"远景理想"，而是"找到解决现实问题的方法，得到结果"。"每一次，菲尔斯找到一个目标，比如误导性广告，公众就会鼓掌欢呼，然后他就又取得了一场胜利，"查克这样说，"现在是看重结果的时代。"

在一个充满变革的时代，菲尔斯能够坚持原则，保持本色，再加上他作为一个已经成了稀有品种的职业行政管理者的身份，使得菲尔斯的吸引力超越了"堪培拉官员"这一身份。即使到了 1995 年，那时菲尔斯已经在竞争行政执法领域指点江山逾四年，时事评论员 V.J. 卡罗还指出，菲尔斯绝对是个另类，因为他拒绝被他监管的行业所俘获。现在，许多官员把公共服务作为未来向其他事业发展的垫脚石。菲尔斯和他们不一样。卡罗将菲尔斯视作那些战后时代的职业官僚们的继承者。"菲尔斯对于竞争和解除管制的执著，就像前辈官员们对于经济管理和充分就业的追求一样，"他说，"他们的共性在于将公共服务作为一种崇高的职业。"

在一个经济理性主义的时代，菲尔斯式的诚信原则给予焦虑的大众所需要的慰藉。当霍华德政府急需取得公众支持来实施"商品和服务税"时，霍华德和科斯特洛甘愿退居幕后，让公众关系的塑造者们借用菲尔斯和公众对菲尔斯毋庸置疑的信任来推行新政。

＊　　＊　　＊

那么，菲尔斯执掌的 ACCC 对于澳大利亚经济的增长是否作出了积极贡献？当然，这是不确定的。《商业行为法》的立法目的在于"通过推行竞争、公平交易和消费者保护，提升澳大利亚人民的整体福利。"其中，经济增长是提升福利的最大要素。

这是一道难题，其中一个原因是"竞争"和"竞争政策"的确切概念很难界定。经济学家和法庭对于"竞争"的定义有着许多不同的解读。竞争仅仅是一个经济学的概念，抑或同时具有社会政策的性质，比如说在偏远的乡村提供公共服务？

正如 S. G. 科罗斯在他的论著《澳大利亚竞争法》中所提及的，经济学家们通常给予"竞争"这个概念两种不同的解读。其一是指存在许多供应商的完美竞争模式，这指的是一种市场结构。其二是指在市场上，公司之间相互比拼的竞争。后者所述的"竞争"是一个过程，并非状况。后者是《商业行为法》所采纳的界定方式。

竞争过程往往是严酷惨烈的。"竞争的本质就是有针对性的和残酷的，"梅森和威尔森法官在具有里程碑意义的 1989 年昆士兰铁丝公司案的裁决中作出了这样的结论。"竞争者们为了销售而比拼，更有效率的竞争者会将生意抢走，而在此过程中'伤害'到在效率方面表现逊色的对手。竞争对手们几乎永远想以这种方式'伤害'对方……这样的伤害是《商业行为法》第 46 条所要鼓励培植的竞争带来的不可避免的结果。"

《商业行为法》第 46 条极为重要。该条旨在控制可能消灭或者损害竞争对手的滥用市场力量行为。法官们剑锋直指多年来商业行为中困惑的问题，而 2003 年初，高等法院在博罗案中的判决使该问题成为充满争议的政治焦点。在该案中，法庭判决超低定价本身并不违法，并且财大气粗的经济实力本身也并不必然等同于市场力量。这使得 ACCC 担心其对有活力的小企业加以保护的权力将不复存在。问题的焦点在于第 46 条的立法目的到底是什么，是保护竞争，还是保护参与竞争的个体，还是在大企业与小企业的竞争中，保护小企业？

界定"竞争政策"这一概念也是异常困难的。曾经有很多年，竞争政策主要指前商业行为委员会为确保市场尽可能公正而对于企业合并的审查。后来，在《希尔默报告》发布后的 90 年代中期，新趋势初见端倪。国家竞争理事会创立并且被授予了重要权力。该理事会有权管理联邦政府向州政府拨款以换取各州政府主动消除各州法律中的反竞争障碍，其主旨是为商品和服务创造一个完全开放的国内市场。

在《希尔默报告》造成的地震中，商业行为委员会被重新命名为澳大利亚竞争和消费者 ACCC，并且被赋予监察政府企业和专业职业的竞争力的职能，同时还要确保竞争者的经营活动不受主要公用设施瓶颈（如供气管道、铁路网、电网）的影响。

"竞争政策"这一概念也常被用来形容 80 年代和 90 年代所进行的种种微观改革。其间，澳大利亚降低了关税，对劳动市场和金融市场放松监管，并使得澳元汇率自由浮动。很多人将澳大利亚近年来出色的经济增长和生产率超常的提高归功于这个改革进程，以及全澳上下对于信息技术广泛、迅速的采用。

对于"竞争政策"的狭义定义——即 ACCC 采取的行动——是无法用经济增长来直接衡量的。但是，广义的背景显示了澳大利亚是实施竞争政策和微观改革的真正赢家。根据生产力委员会主席加里·班克斯所说，澳大利亚市场中的多因素生产力（包括对劳动力、建筑、机械设备和全国产量的衡量）在 90 年代持续保持年度增长

1.5%的纪录。这是之前15年增长率的两倍。换言之，如班克斯所说，澳大利亚仅用了6年就实现了以前需要13年才能实现的增长。

这个经济增长的黄金时代为澳大利亚人民造福了。年度人均GDP增长率达到了2.5%，相比之下，在此之前的20年中，GDP的增长率仅为1.5%。班克斯还指出，在此期间家庭年收入平均增加了约7000澳元。同时，电信、电力、铁路和港口费用等均呈下降趋势。

竞争政策深入到澳大利亚经济的命脉腹地。所谓"非商品领域"的专业职业、服务业和政府机构，曾不受竞争的威胁，但却突然发现它们已身处一个新世界。

随着经济微观改革的深入，菲尔斯和ACCC也为澳大利亚企业文化的改变作出了贡献。旧经济模式被高关税所束缚，并且受到被政府保护（甚至有时是祖护）的国内垄断企业的影响。在那样的经济环境中，新的商业投资和创新，作为经济增长的两个推动器，无疑会受到负面的影响。经济微观改革改变了这一切。澳大利亚公司开始认识到如果它们依旧故步自封，不思进取，那么在进口产品的竞争之下，末日将近在眼前；如果它们想通过和竞争者达成限制性协议来弱化竞争，那么艾伦·菲尔斯和ACCC就会抓住它们不放。在这样的"两路夹击"下，企业提高效率有助于对新的竞争文化的态度转变。艾伦·菲尔斯的巨大影响力使得人们确信ACCC的行政执法官员们（被人们昵称为"无敌团队"）尽职尽责地工作在执法第一线。

时任大卫·琼斯百货公司和加德士公司董事长的狄克·沃博顿是著名的菲尔斯批评者，同时也是《澳洲财经评论》所作的将菲尔斯评选为澳大利亚第三位最有权势的人的调查的评委之一。《澳洲财经评论》调查将沃博顿对于菲尔斯影响力的看法总结如下：

> 最近数年中，他在如此众多的不同领域取得了如此巨大的权威。这不仅仅关乎媒体报道。在商业生活的所有方方面面，他总会以某种方法，通过某种形式，在某个地方参与进来。在

我们考虑要如何作出决定时，他总是第一个出现在我们许多人的脑海中。

显而易见，菲尔斯成功地将澳大利亚企业，以及公众的注意力，集中到了竞争政策上。菲尔斯甚至已深入到澳大利亚人的精神世界。举例来说，2003年初，布里斯班一个广播电台的仿照"星球大战"所作的搞笑节目中，出现了一个名为"菲尔斯领主"的人物。"菲尔斯领主"是一个崇尚竞争的骑士，他使一个不起眼的小国成为太阳系中人人称羡的榜样。

如果改变一种文化是菲尔斯取得的唯一成就，那么它足以堪称一个伟大的成就。

*　　*　　*

对政治剧场的热切粉丝们来说，2003年4月16日是一个不可错过的日子。财政部长彼得·科斯特洛在议会大厦内阁会议室隔壁的"蓝厅"召开了一个记者招待会，以公布两个重要的调查报告，一个是皇家委员会对于价值53亿澳元的HIH保险公司破产案的调查报告，另一个是道森调查关于ACCC未来的研究与建议。

在科斯特洛出现之前，工作人员抬出了一张桌子，放在了演讲台的旁边。科斯特洛要求将调查报告的完整版本放在身边以应对媒体的各种提问。这是一个绝对不能出错的时刻。

这是件异常敏感的任务。HIH保险公司的破产倒闭使得数以千计的投保人失去了保障，并且造成了公司股东数以百万计的损失。正是科斯特洛本人创立了澳大利亚审慎监管局，而那个监管机构眼睁睁地看着HIH保险公司在眼前分崩瓦解，却没有发出任何警报。此外，科斯特洛的另一个新建的公司监管机构——澳大利亚证券和投资委员会也没有在HIH保险公司事件中有任何增光添彩的表现。在科斯特洛举行记者招待会的当天早上，有报道甚至影射皇家委员会并没有被要求来调查政府在此破产事件中所起的作用。HIH 保险公司事件中充满了政治陷阱。

科斯特洛是一个娴熟的表演家。他的法律背景和经过高等教育锤炼出的辩论能力使他成为议会中最令人生畏的部长。在"蓝厅"进行的表演是合格的。他喋喋不休地宣布了诸多的决定：要将是否对 HIH 事件中的重要人物追究刑事责任的决定交给有关部门来决断；要考虑指定一个特别检察官；要解聘 APRA 董事会，同时创建一个新的委员会；并且使媒体相信皇家委员会的确是来调查政府在此事件中所起作用的，还指出了时任部长乔·霍基曾积极主动要求 APRA 调查 HIH 保险公司的事例。

APRA 的未来受到了特别的关注。科斯特洛采纳了皇家委员会的意见，要求保险业监管者在监管中能够更加勇于怀疑，在履行其职责时，要问更多、更切中要害的问题。皇家委员会的调查结果显示，APRA 本身并没有造成 HIH 保险公司的崩溃，但是该监管机构未能注意到许多预警信号中的任何一个。如果该监管机构能够早一些采取行动，崩溃也就会发生得早一些，那么更多的投保人可能就会避免陷入财务窘境。

勇于怀疑、好斗、作风顽强——这是科斯特洛对于 APRA 的梦想公式——这听起来完全是菲尔斯和 ACCC 冲锋在前、全线出击式的行政监管模式。确实，新 APRA 将得到与 ACCC 相似的领导风格。

当科斯特洛将话题转向关于 ACCC 的未来的道森调查报告时，则是个不同的故事了。政府接受了报告的主要调查结果及建议——小企业的集体谈判，对核心卡特尔行为追究刑事责任的进一步调研，以及简化经营者集中审查程序以允许参与集中各方直接到商业行为法庭申诉。

最后，一个媒体记者问到了科斯特洛没有提及的问题。道森提议，以一个新的 ACCC 媒体行为规范的形式，对菲尔斯发出实质上的"禁口令"。当然，科斯特洛没有用"禁口令"这个词，但是表示关于媒体行为规范的提议是"可行的"。他说，执法最好是在法庭中，而不是在报纸上。有些时候，执行过程可能会被夸张。很显然，这是对于菲尔斯的媒体运用方式的一种批评。

"我认为行政执法者们对于证据采取谨慎的态度是非常重要的，"在回答记者关于"提议的媒体行为规范是否会阻止菲尔斯运用'在公众面前揭丑'打击不良经营者"的提问时，科斯特洛回答道："不管怎么说，令公司出丑既不能得到对其的罚款也不能得到法庭的胜诉判决。在我们的法律下，罚款和判决只能在法庭上取得。"

这其中的对比显而易见。政府要让失败的监管机构 APRA 增加执法行为的预见性和积极性，但同时要对极具效率的 ACCC 加以限制。

当然，这两个监管机构的行动具有不同的节奏。作为一个保险业的监管者，APRA 需要谨言慎行以避免引起金融市场的动荡。但是，ACCC 职能涉及消费者利益，并且在法律的要求下，需要对公众公开。政府的两难处境确实玄妙：如何将那不肯叫的看门狗踢上几脚，如何又将那个看似叫得太凶的套上笼头？而恰恰此时，在这个无论是政府本身还是各监管机构都将菲尔斯"吠叫式"行政执法方式引为经典的时候，政府却要作出如此扭曲的抉择。

在一系列重大的公司倒闭发生之际，澳大利亚证券和投资委员会似乎从菲尔斯的监管手册中取来了真经，接连高调取得了对于企业家约翰·艾略特涉嫌破产交易和对于知名的股票经纪人瑞恩·瑞福肯涉嫌进行内幕交易的指控的法庭胜利。药品管理局对于潘氏药品公司也采取强硬态度，命令其将数百种产品下架。

"可能一些其他监管机构逐渐发现，好斗的执法方式并不像你想象的那样危险。"菲尔斯说。可是，对于"菲尔斯行政执法模式"最引人注目的颂扬是从柯尔皇家委员会发出的。该委员会提议按照 ACCC 的模式建立一个澳大利亚建筑和建设委员会以整顿该行业。"建筑业可以从更多的 ACCC 式的行动中获益。"劳工和工作环境关系部长托尼·艾博特这样说。所以，科斯特洛传递的信息中颇具讽刺意义的是，在 ACCC 受到限制的同时，其他监管部门却争相采用"菲尔斯行政执法模式"。虽然他也在小心地称赞菲尔斯，但是科斯特洛发出了"菲尔斯时代"已经结束的信号。他说，菲尔斯已经成为澳大利亚竞争法的象征，并且将竞争法"生动地"普及给了广大消费者。科斯特洛继续说：

> 但是，任何机构都需要继续前进和发展。我们认为现在是时候检查一下，看一看；并且 ACCC 也不再是一个年轻的监管机构，而很快要成为一个壮年的监管机构。我们将不得不考虑在下一个阶段如何运作。

一直以来，菲尔斯说话太直接了，触怒了太多的利益集团。它们在堪培拉权力场中四处游说，以反对菲尔斯。菲尔斯对于媒体的运用掌控能力违反了政府事务的低调隐秘的传统。菲尔斯越过了政客直接面向公众，给了翘得高高的、傲慢的政治鼻子迎面一拳。一言以蔽之，菲尔斯已演变成一股过于强大的势力。

科斯特洛宣布 ACCC 在艾伦·菲尔斯之后将会改弦易辙，变成另一种不同的动物。澳大利亚可能永远不会出现另一个菲尔斯了。

无处不在的 ACCC 和菲尔斯

第二章
缓慢的革命

———————————————————————

对于竞争法，特别是艾伦·菲尔斯式的执法形式，澳大利亚接受得既迟缓又犹豫。虽然竞争文化主导着现代经济，40 年前的情况则完全不同。二战之后的经济繁荣树立起了一个垄断企业主导关键领域的结构商业，并且充斥着固定价格协议和其他能让商家安心的反竞争协议。隆·班那曼，作为商业行为委员会的首任主席，是第一个完整备案了那些反竞争的限制性协议的人。他后来将这些协议比作"一个令人震惊的、绑缚了澳大利亚的大部分工业的巨大网络"。

谁能想到历史可能完全不同。在 19 世纪后期，美国的铁路托拉斯和"橡胶大王"们的巨大权力震惊美国社会，导致美国通过《谢尔曼法》加以抑制。1906 年，在澳大利亚联邦建立五年之后，联邦议会通过了《澳大利亚工业保护法》。以美国反托拉斯法为榜样，这部澳大利亚法律试图禁止跨州的垄断贸易行为。

但是，这个要将竞争文化引入澳大利亚的早期试验失败了。《澳大利亚工业保护法》的合宪性基础受到了置疑。此间，澳大利亚高等法院还驳回了一个控告煤矿和船运公司固定价格的案件。"价格并没有被提高到一个不合理的程度，"法院作出裁决，认为煤矿主们不是"消费者的受托人"。

尽管经过前后几次修改，《澳大利亚工业保护法》的最后命运是滞留在法典上备受冷落。在联邦制度形成初期的大环境下，这可能并不奇怪。联邦制的澳大利亚拥抱了"大政府家长主义"和所谓的"新保护主义"。历史学家曼宁·克拉克说，新保护主义的基本主张很简单：凡向工人支付"公平合理工资"的制造商将会得到（以抵制进口货物的竞争为目的的）关税保护。

保护主义、工业仲裁制度以及具有革命意义的最低工资制度的实行成为联邦妥协后的国内保障。其他的政策还包括"白色澳大利亚"以反对廉价的亚洲劳动力的竞争，以及运用"帝国政策"以抵抗其他任何形式的"入侵"。显而易见的是，在政府保护下而避免了国外竞争压力的澳大利亚工业，当然也不会允许国内的竞争来"损害"行业利益——"澳大利亚俱乐部"由此崛起了。试图在这个新兴的国家实行闭关锁国是澳大利亚在建国早期寻求"安全"和"公平"发展方式的一部分。

"新保护主义"和"政府社会主义"似乎给了澳洲南海极乐世界般的幻境。可是，随着时代进步，澳大利亚在经济发展的阶梯上逐渐落后。在19、20世纪交替之时，对丰富矿藏的开发曾经使其成为世界上最为富有的国家之一。但是，澳大利亚在产品、资金和劳动市场的高度管控对其整体竞争实力造成了很大的负面影响。澳大利亚在发展的道路上，体会到了"不进则退"的感觉。从二战结束之时占据人均收入全球第3的位置，到了80年代后期，澳大利亚已经滑到了第15位。逐渐的，高关税保护和限制贸易行为所产生的负面影响已经达到了不容忽视的程度。操控价格、管制企业的行业协会编织出一张大网，无法拿到入场券的新公司开始大声抱怨。同时，州政府也对串通投标行为深恶痛绝。

这种种愤怒可能会无处释放。被高关税保护着的慵懒的企业文化仍然受到执政党和在野党的联合支持。1963年，澳大利亚制造业协会对当时的商业环境作出了这样的评价："这是显而易见并且无须道歉的事实，"该协会骄傲地宣称，"限制贸易协议的主要根源和目的必须是行业的自身利益。是否能对其他方带来利益，不论利益有多大，只能位居其次，尽管最终能给行业带来利益的必然会有利于国家的利益。"

今天，没有任何一个澳大利亚的商业游说组织胆敢肆无忌惮地发布如此利己主义的言论。事实上，澳大利亚工业组织，其前身即澳大利亚制造业协会现在认为竞争政策是"澳大利亚发展战略的一个重要部分，"但该政策必须被"公正和负责"地执行。

格菲尔德·巴威克，60 年代初期孟西斯政府内阁的自由党司法部长，以为澳大利亚市场注入一些自由为己任。巴威克生长在一个蓝领和小商户家庭。他在法律界耀眼夺目的成就也包括他以律师身份为大型卡特尔和垄断企业辩护的经历。但是，作为巴威克的传记作者，大卫·马尔给出了这样的评论："巴威克本人对于一个更为自由的市场的想法并没有因为他为'一些全国最为过分的市场操控行为和组织'服务的 30 年而改变'。"马尔说："巴威克相信自由事业的本质不仅仅是一种经济安排，而且还是一种道德力量。""那是一个基督教卫理公会教徒的人生观——小人物也可以通过挑战自我而取得进步，"马尔说，"成功是优秀素质的一种体现，但对其的考验必须是公正的：市场就是一个竞技场，而市场必须是自由的。"

巴威克显然带来了一个关于不同的澳大利亚的设想。"限制贸易行为一个最重要的影响是其倾向于消灭或压制企业的动机——包括能使企业更具效率、更为进取、更有策略、更具创造力的动机，"他说。"这是一个社会经济方面的影响；影响到我们的整个未来前景……对于一个发展中的经济来说，这是最不可取的。"当然，巴威克是在卡特尔控制了几乎所有商品的价格时写下这段话的。

莫林·布兰特教授曾引用 1963 年关税委员会调查作为证据，显而易见地展现了当时企业挑战行业协会时的无可奈何，以及固定价格协议在当时的广泛接受程度。在调查委员会前，一个滚珠轴承经销商的代表柯克先生讲述了其公司的经历。为了进入市场，他所在的公司降低了商品价格，但是公司销售部门收到了太多的抗议，直到该公司将商品价格调整到与竞争对手们一致的水平。"我们甚至发现发货单价格被一些公司客户主动更改成更高的价格，"他说。因为顾客们已经太习惯于固定的高价格，他们竟然自己主动将公司给他们的折扣价改回到了固定的高价！

在 60 年代中期，澳大利亚的企业架构可以用两个特征来概括——垄断和行业协会。莫林·布兰特和彼得·卡梅尔在其 1962 年的著作《澳大利亚经济结构》一书中指出，在制造业、采矿业、金融业和零售业，"绝大部分的活动是在垄断或者寡头市场中进行的。"布兰特和卡梅尔指出，行业巨头一家独大的现象在英国和美国几乎不存在；而在当时的澳大利亚，至少有 14 个行业此现象尤为突出，包括钢铁、糖业、玻璃、铝业、铜业、新闻出版业、厚纸和纸板制造业等。

高度集中还反映在以下的行业中：化工、初级金属、机动车、运输设备、橡胶制品、燃料、润滑剂、电力和能源。在这些行业中充斥着固定价格协议、转售价格限制（即产品制造商硬性规定其产品的转售价格）、排斥竞争对手的分销协议，以及串通投标行为。州政府常常困惑地发现他们收到的"竞价"竟完全一致，即使精确到最小的计价单位。西澳大利亚州政府曾报告了 46 个完全一样的竞标结果，涉及的商品从水泥、电缆、线绳、轮胎，到卫生纸，无所不包。

这就是澳大利亚企业界当时的自然规律。在二战结束后的初期，经济可能是繁荣了，但是却被数以千计的行业协会牢牢地控制了价格、供应以及会员制度，许多协会还对违反规定的会员进行惩罚。当然，行业协会们坚信它们的所作所为是正确而适当的。布兰特和卡梅尔记录了西澳大利亚皇家委员会对限制贸易行为进行调查时的一段对话：

问题：你能解释为什么你不赞成政府控制价格，但是却拥护私人企业垄断控制价格吗？

证人回答：是的，因为我们支持自由企业，并且我们支持企业事务上的自主行为无须受制于法律。

1961 年，在未经过内阁同意的情况下，巴威克说服孟西斯在年度议会召开仪式的总督发言中首次阐述了联邦政府自 1906 年饱受挫折的立法之后对于竞争方面的关注。"垄断和限制贸易行为在商业和工业领域中的发展态势已经引起了政府的关注。政府将考虑通过立法来应对这种态势，以保护和加强自由企业。"总督这样说。

"考虑"绝对是一个精准的用词。从那次的总督发言到采取实际行动，整整用了五年时间。巴威克能够倚仗的唯一宪法基础是联邦政府对跨州贸易进行管理的权力，该等权力在 1906 年的立法之后，被高等法院通过司法解释加以限制。内阁和商界对于任何新的措施都持反对态度，与此同时，在野的反对党——工党对此种不作为予以嘲讽。

巴威克展开了进攻。他在全国巡回演讲，宣扬他要创立一个反竞争行为的备案制度，这是一个借鉴了英国实践的主张。作为这一改变的证据，巴威克举了这样一个例子：某行业协会要求一个移民必须在成为澳大利亚公民 10 年之后才可以申请成为会员。他还提供了在法院案件和皇家委员会中披露的 32 个卡特尔的相关文件。

通过秘密备案制度，政府可以选择挑战那些最为过分的卡特尔。此外，巴威克还提议直接禁止以下行为：串通营销和串通投标，为消灭竞争对手而进行的超低价销售和滥用市场力量行为。他的改革还将包括专业职业，就此将医生、律师及其行业协会带入了一个新的竞争世界。

反对势力不断增强。到了 1965 年的年中，内阁中的一个委员会已经在倾听商界游说组织的抗议。当年九月，在悉尼的澳大利亚酒店举行的澳大利亚制造业协会年度晚宴上，孟西斯发表了一个讲话。

据他说，对于限制贸易行为，内阁已经从商界得到了他所听到过的"最为平衡、合理、令人赞叹的好主意"。孟西斯告诉与会的商界人士，所收到的建议"很有帮助，并且很可能会帮助塑造未来"。

"巴威克被抛弃了，"巴威克的传记作者大卫·马尔这样总结道。当然，巴威克在此时已经离开了他原来的政府职位，成为澳大利亚高等法院的法官。他的继任者——比利·斯奈顿引入了《1965年商业行为法》。但是，据马尔说，巴威克轻蔑地予以了否定，认为该法之温和有如"牛奶和水"。在最初的主张中，"备案制"是唯一保留下的一项。商界游说组织们已经成功地说服了内阁。其实，说服当时的内阁放弃对于反竞争行为的彻底禁止（串通投标和垄断化除外），并未花太多的力气。只要备了案，即使是反竞争行为也可能被允许。专业职业仍然被豁免。关于企业集中的法律则根本没有被提及。

这并不是商界和政治利益反对自由市场的改革的最后一次联手。亚当·斯密的名言，"同一行业的人聚会，即便是为了嬉戏娱乐，最终必然以针对公众的密谋，或者涨价的手段结束。"在两百年后的澳大利亚仍然可以引发深深的共鸣。

尽管如此，斯奈顿主导的那部法律成为一个开始。被指定为商业行为委员会首任主席的是司法部出身的隆·班那曼。班那曼身材精悍，是个充满智慧的行政执法者。其职责包括：开始实施备案制；与商界进行限制协议的谈判，以争取改进；将违法情节最为严重的协议呈交给一个新设的，由法官主持的商业行为法庭来裁决。在该法庭上，商业行为委员会主席可以对上述协议进行起诉，由法庭裁决该等协议是否符合公共利益。

班那曼在堪培拉市共同大厦的一个小型办公室正式开衙办公，然后就立即被潮水般的工作淹没。令人瞠目结舌的是，在第一年中，商业行为委员会总计备案了10841个协议。据班那曼报告，协议的种类包罗万象，既有已知的，也有一些以前未知的形式，包括：固定价格协议、分销俱乐部（经常与固定价格协议相关联，用以实施联合抵制贸易）、串通招标、串通投标、以提高效率为名进行的可能会阻碍发明创新的"生产标准化"，以及联合生产协议等。

班那曼向议会提交的最初报告揭示了澳大利亚经济是如何被捆绑束缚的。全国性的行业协会共计 1307 个。据他报告，许多行业协会的协议中包括要求协会成员的账目必须接受检查，以确保其符合行业内部达成的一致价格。分销协议一般会包括转售价格限制，其最初并不被视为违法行为。分销商同意不经销与供货商有竞争关系的商品，作为交换，供货商同意不在特定范围内指定其他代理商或者分销商。羊毛是当时澳大利亚一种重要的出口产品，但是在羊毛购买商中有一个限制在拍卖中竞价的非正式协议。那是一个安全的、类似俱乐部式的环境。当然，在此种环境中，唯一的受损者就是消费者。

班那曼非常聪明地进入了他的新角色。这个由新委员会主席掌控的"秘密备案"的主意成了一个至少能够让行业协会"坦白交代"的"阳谋"。一旦行业协会将其协议向委员会进行了备案，协议可以继续执行，除非被委员会质疑。但是，班那曼利用其对议会的年度报告揭露了许多内容细节，并且特别强调了新法律中的缺陷。媒体因此开始关注起了这个问题。那是早期（如菲尔斯般的）利用媒体的成功范例变种。但是班那曼需要以对议会的报告作为借口和掩护，来向公众披露关于反竞争协议的信息。那就是当时的大环境。

当时，班那曼工作的大环境是不友好的。现在，在堪培拉享受退休生活的班那曼这样形容当时的情形："惧怕，不理解，敌意，受伤。"他说，"企业认为其由来已久的商业行为都是正当合理、符合道德规范的。"

随着班那曼在年度报告中关于限制性商业行为的披露，以及新委员会主席选择冷冻蔬菜和图书方面的具体案例发起挑战，环境逐渐开始变化。竞争，特别是转售价格限制，已逐步成为一个激烈的政治议题。

造成变化的原因之一，是澳洲工会理事会的强势领袖人物鲍伯·霍克介入了这场大辩论。澳洲工会理事会开展了一项新的活动，与位于墨尔本的波尔克商厦集团进行合作，使工会成员能够在波尔克商厦获得折扣价格。但是，以折扣价格购物对于当时占主导地位的零售文化简直就是一种亵渎。在当时，转售价格限制是合法的，生产商可以据此规定最低销售价格。霍克以登路普为靶子，发动了一个高调的抗议活动。作为网球鞋、球类、橡胶产品系列的供应商，登路普很快在工会的高压下投降了。维持转售限制显然是站不住脚的。大企业对于被当众捉到把柄感到十分难堪。它们不是一直声称相信竞争吗？

到了 70 年代初期，联合政府内部的态度也开始变化。当时政府的首脑是倒霉的威廉·麦克马弘。当工会和高夫·惠特兰领导下的反对党工党在利用公众对转售价格限制的反对来提高自身的声势时，麦克马弘于 1971 年底火速通过立法禁止了转售价格限制。高等法院的一个判决也确认了宪法中议会对公司的管辖权可以作为《1965 年商业行为法》的根据。但是，有些麻烦的是法院的判决也使得该法需要进行合宪性修改。

麦克马弘在立法中所预示的，是一个按照英国模式成立的垄断委员会。但是在该委员会正式成立前，麦克马弘政府就在 1972 年的选举中失利了。新一届政府的司法部长莱昂纳尔·墨菲有着全新的主张。墨菲成了澳大利亚史上最为活跃的司法部长之一。他的就任带来了对于经济法领域进行全面改革的计划，涉及垄断、商业行为、公司和证券等领域。他讥讽巴威克式的竞争法是"这个议会所通过的最为无力的法律之一"。

墨菲可不喜欢什么"秘密备案"，或者英国式的有所保留的方式。他直接向更加严厉的美国谢尔曼和克莱顿反托拉斯法学习，借鉴了其中的理念和方式。澳大利亚首次将竞争法与消费者保护法相结合，由一个强有力的委员会进行执法，以法院诉讼程序和最高可达 250000 澳元的罚款权力作为支撑。时政评论员们大为惊叹。"将来，《1974 年商业行为法》可能会被称为 20 世纪最为重要的，影响企业决定的商业法律。"莫林·布兰特和鲍伯·巴科斯特教授在《澳洲经济评论》中这样描述。布兰特是研究澳大利亚商业行为的先锋之一，而巴科斯特后来成了商业行为委员会的第三任主席。

如果说巴威克式的竞争法仍然给澳大利亚留下了一些缺憾，那么墨菲则使得澳大利亚能够和其他先进国家在竞争法方面并驾齐驱。自1974年起，交替执政的各个政府都对竞争法进行了修改，特别是在企业集中法方面。但是，澳大利亚目前的竞争法仍然基本上保留了墨菲模式。这部法律的核心部分是第四章和第五章。第四章禁止了以下反竞争行为：固定价格、直接抵制、滥用市场力量、排他交易、第三线强制交易①（即一个供应商强迫购买商接受其他供应商的产品），以及转售价格限制。第五章则是消费者保护的条款，包括了禁止误导性广告，以及关于劣质商品和产品安全等规定。

虽然墨菲借鉴了美国模式，但是他还开启了被巴科斯特和布兰特称之为"具有澳洲特色的"方式。这部法律原则上禁止了反竞争行为。其中，不加掩饰的转售价格限制、赤裸裸的固定价格以及垄断化被直接禁止。但是，其他形式的运用市场力量的行为，包括反竞争的价格行为、排他交易和企业并购等是可以被授权的——前提条件是新建的商业行为委员会必须认定该等行为所造成的不利影响小于其所能够带来的公共利益。同时，商业行为法庭提供了针对委员会决定的申诉渠道。这个将"禁止"与"在平衡公共利益下的授权"相结合的"双重性"反映了澳大利亚市场规模相对较小的事实。该部澳大利亚法律的特色在于其对于"禁止"与"授权"型的市场力量进行了平衡。被认定为"显著削弱竞争"的行为被禁止，但是如果能够产生抵消性的公共利益，则可以被授权许可。

莱昂纳尔·墨菲显然对他的这个新创造非常满意。新建的委员会最初开始调查的案件之一是关于夏普在广告上宣传其生产的微波

---

① 第三线强制交易是澳大利亚竞争法禁止的排他交易的一种类型，是指"作为向交易相对人供应商品的条件，要求交易相对人同时从第三方购买商品或服务的行为"。——译者注

炉达到特定的澳大利亚标准的事件。委员会认为其并未达标，并且要对此开展调查。墨菲希望速战速决，直接插手该案，通过其治下的司法部提起诉讼。就此，这个新时代的第一案被命名为莱昂纳尔·克斯·墨菲诉夏普案。最终结果是该电器生产商被判罚 100000 澳元。在当时，这可算得上一笔巨额罚款。

隆·班那曼成为商业行为委员会的首任主席，拥有禁止反竞争行为的强大权力。但是，他做的第一件事就引起了墨菲的反感。班那曼向所有企业承诺对反竞争行为（在新法中直接禁止的行为除外）进行临时授权，只要在 1975 年 2 月之前就该等行为到委员会申报。于是，新建的商业行为委员会突然之间被 29000 个反竞争的企业协议淹没，并且这些协议都可以在临时授权下继续执行，直到被委员会调查制止。

"墨菲可不喜欢这样，"班那曼回忆道，"他是事后才知道发生了什么的。我从来也没有事先告诉别人我的计划的习惯。"墨菲可能认为这种做法违反了他推行的新法精神，但是事后来看，班那曼走的绝对是一步妙棋。因为这样一来，澳大利亚的企业界进行了彻底的"坦白交代"，使商业行为委员会得到了一个宝贵的信息资料库。"我们由此在全澳大利亚奠定了未来调查的基础。"班那曼说。

商业行为委员会就此开始调查其认为最为重要的案件——加油站和旅馆捆绑体系，医疗理事会对于广告的控制，以及房屋互助会强制贷款者购买指定保险的行为。但就在那时，惠特兰政府被选下台了。

由弗雷泽为首的新一届政府将商业行为委员会划归到一个新的企业和消费者事务板块，由新任部长约翰·霍华德领导，并且要求对墨菲主导的那部法律进行调查。很多人担心该法可能无法幸存。但是，由时任帝国化学工业公司澳新公司副主席的 T. B. 斯旺森所领导的调查最后却给予了该法广泛的支持。

问题是，弗雷泽政府会不会承认斯旺森调查报告的结果呢？企业界依旧施加压力，希望能够推翻该法，开倒车回到以前的好日子。

但是，斯旺森却向这个保守党政府提出了另一种能使其格外倾心的建议——将《商业行为法》的管辖范围扩展到工会。既然《商业行为法》规定企业不能进行联合抵制，那么为什么工会就可以呢？次级抵制一直是工会武器库中最为有效的一件利器。比如说，当一个企业与其工会就工资上涨问题进行的谈判破裂，导致其工人罢工时，那个企业可能还会发现其邮递业务被邮递工人突然切断。如何阻止这种行为？

在给予斯旺森正式答复之前，霍华德与他的副手托尼·哈特内尔，还有他的高级私人秘书保罗·麦克科林托克进行了讨论。（哈特内尔后来成为澳大利亚证券委员会主席，而麦克科林托克在私人公司任职一段时间后，在霍华德未来的总理任上担任内阁政策组负责人。）"一天晚上，我们在我的办公室里，边喝着苏格兰威士忌边决定了修订案。"霍华德对他的传记作者大卫·巴奈特这样说。在接下来的内阁会议讨论中，工业关系部长托尼·斯垂特持反对意见。但是弗雷泽支持霍华德。就这样，在小酌时形成的修正案45D和45E成为了澳大利亚政界支持竞争政策的基石。

但是，班那曼对于新的次级抵制条款并没有特别大的热情，因为他认为在这方面进行执法会将新建的商业行为委员会推入危险的政治博弈中。他的处理方式是只在确实涉及真正的竞争问题的时候才动用45D，而让公司在受到次级抵制行为侵害时自行根据《商业行为法》进行诉讼。有些公司的确这样做了，但是更多的公司却对此避之不及，因为它们知道这样的行为会触怒工会运动。"它们被吓坏了。"班那曼说。

这样一来，对于次级抵制条款的态度就成了政治势力对商业行为委员会以及其后的ACCC施加影响的风向标之一。联合政府会推动委员会采取行动，而工党政府则会低调行事，基庭更是在90年代初期将大部分的职责归还给一贯处事更为柔和的工业法院。当班那曼的委员会拒绝配合时，弗雷泽政府自行就一两个事件对工会采取了行动。（部门职员后来在调查绵羊运输受到工会抵制行为侵害时发现，其中的一些绵羊居然恰恰是属于弗雷泽和托尼·斯垂特的。）

斯旺森调查的余波还给商业行为委员会扔了一颗定时炸弹。在没有任何预先警告的情况下，霍华德在最后一刻提出了对于墨菲版《商业行为法》的一个新修正案。该修正案给原规制企业集中的条款"掺水"，降低了要求。原法明文禁止"严重削弱竞争"的并购交易。斯旺森建议保留"严重削弱竞争"这一法律标准，但是需要设立一个仅限于大型集中的门槛。最初，霍华德似乎更倾向于将企业集中条款完全删除，理由是企业集中有利于提高公司效率。但是，在最后一刻，霍华德提出了一个新的法律评判标准，即"允许所有不会导致'市场支配地位'的企业集中"。霍华德提议的企业集中的法律评判标准只能限制将会形成垄断或接近垄断的企业集中。

这个效力减弱的企业集中的法律评判标准是从何而来的呢？它好似一个介乎"完全取消规制企业集中条款"与"试图抚慰那些面对恶意收购威胁的企业"之间的妥协。据报道，南澳洲和西澳洲的啤酒酿造商们曾经向弗雷泽进言游说，称他们需要某种形式的企业集中评判标准，以防止维多利亚州极具进攻性的卡尔顿联合酿酒公司可能采取的任何收购。

在当时，霍华德只是一个资历很浅的部长。"我猜想霍华德的建议来自上级授意。"班那曼这样说。但是，后来马尔科姆·弗雷泽曾向一个委员会职员抱怨新闻集团的势力，还说他从没有全面地认识到这个改变所可能造成的后果，而是"将所有一切都交给了霍华德处理"。无论其起源为何，"市场支配地位"这个法律评判标准最终在弗雷泽政府的努力下通过了。

在80年代后期，这个效力减弱的有关企业集中的法律评判标准在澳洲媒体和零售业中造成了影响。霍华德还解除了当时政府否决商业行为委员会的关于企业集中的决定的权力。之前，惠特兰政府曾经数次运用了这个权力。

班那曼那时面临的难题之一是这个新机构的牙齿在被逐一拔掉。当然，弗雷泽的"裁减帮"也帮了倒忙，经费被大幅削减。在一年之中，商业行为委员会的法定预算被减至 43000 澳元。但是，班那曼坚持无论预算削减多少，商业行为委员会必须挺住。他将节俭的个人习惯带到了新机构。据报道，他主动要求减薪——他可能是第一个这样做的官员。汉克·斯派尔是在班那曼领导下的商业行为委员会开始他的职业生涯的，后来成为该机构的首席执行官。他说，不少商业行为委员会的职员都曾在驾驶公车出行时，看见班那曼走路搭乘机场巴士。

在新的商业行为委员会内部，班那曼为能够控制住新委员们而挣扎。其中的 V. G. 文图瑞尼尤其令人头疼，后来弗雷泽政府为了摆脱他，只得将商业行为委员会重组，重新指派政府想指派的委员。（这是一个政府常用的手法，以提前结束某些"捣乱者"的固定职务任期。）文图瑞尼后来私自出了一本关于商业行为委员会的书——《渎职》。该书不仅指控委员会在调查锌业卡特尔中的"无能"，还夸张地指控高层官员与那些"天生的统治者们"之间存在的"尼克松水门事件式"默契。

虽然有着各种"成长的烦恼"，隆·班那曼领导了商业行为委员会（包括其前身）共计 17 年，成为汉克·斯派尔口中的"澳大利亚第一反垄断先生"。班那曼于 1984 年退休。其任职期间取得了若干令人瞩目的大胜利，例如将股票交易所俱乐部的大门打开。在一个有关葡萄糖行业的案件中，商业行为委员会取得了其在新的市场力条款下的首次胜利，作出了在该条款下的首个处罚。但是，也有一些大的失败。一个在班那曼时期启动但是在他的继任者鲍伯·麦克康麦斯任职期间结束的案件成了一个重大挫败。商业行为委员会指控在货运转运行业存在反竞争行为。法院判决委员会败诉并且还要承担所有的诉讼费用。这是一个沉重的打击，而政府后来不得不付了账单。麦克康麦斯顶着巨大的内部压力，决定不再上诉。

麦克康麦斯是一个有烟草工业背景的公司法律师，因此引起了消费者对他的不信任。让人们始料未及的是，他能够反对霍克政府试图将消费者保护职能转至司法部下辖的一个新部门的行为。据报道，麦克康麦斯曾经为了这个问题以辞职相威胁。最终结果是商业行为委员会只是失去了对产品安全的监管权，而在数年后此项权力失而复得。尽管消费者在初期有过种种担心，但是在麦克康麦斯的任期内（1984～1987年），人们看到了全国范围内首次对消费者问题的调查，还有对于具有误导性质的标签和广告所采取的行动。

在委员会职员中还流传着一个关于麦克康麦斯的小糗事。在任职之初，麦克康麦斯觉得他应该更多接触真正的消费者。在一个午休期间，一个消费者热线电话被转到了他的办公室。他在电话中邀请该投诉者来他的办公室面谈。在投诉者到达仅5分钟后，人们看到麦克康麦斯从办公室逃了出来，后面挥着拳头追他的就是那个投诉者。职员赶紧报警，才将那人弄走。麦克康麦斯从此再也没有当面接待过投诉者。

但是，麦克康麦斯时期给人们留下最为深刻的印象恐怕是在企业集中的方面，而且可能并非好印象。80年代是一个企业膨胀的时期。其间发生了一系列的企业集中，而"垃圾债券"作为金融市场的新工具也起到了推波助澜的作用。在80年代后期发生的三个大型的企业集中，包括鲁伯特·默多克掌控的新闻集团收购先驱报和时代周刊集团，大型零售企业科尔斯合并迈尔，以及澳洲安捷航空公司收购东西航空公司。这些交易在今天一定无法通过ACCC的审查，但在当时却通过了是否会导致"市场支配地位"的审查。（现在AC-CC执行的是重启的"企业集中是否会严重削弱竞争"这一法律标准。）当科尔斯要约收购迈尔时，麦克康麦斯曾经找过伍尔沃斯公司，希望其能够公开反对该收购。伍尔沃斯公司拒绝了，而后，该收购就通过了审查。

在财政部长保罗·基庭运用其新的"交叉持股规则"重新塑造传媒业架构的时候，新闻集团对先驱报和时代周刊集团的收购要约使默多克再次踏入了商业行为委员会的大门。此前，班那曼曾经否决过默多克收购先驱报和时代周刊集团的投标，触怒了这个传媒大亨。这一次，默多克的牌玩得更聪明了。默多克在堪培拉近郊拥有一处地产，他开始时不时地跑到商业行为委员会在堪培拉贝尔康纳地区新设的办公室为他的收购案游说。有一天，默多克穿着鼹鼠皮衣从其住处直接溜达进委员会的办公室。一名职员把他当作了街边闲逛的人，要轰他出去。这一次，商业行为委员会的管理层觉得可以与默多克过招了。委员会批准了默多克的收购案，寄希望于通过剥离默多克旗下的部分报纸业务、组成北极星公司而在媒体业引入一个新竞争对手。但是，商业行为委员会的计划失败了，因为北极星之后购买了一个电视频道，由于"跨媒体持股规则"而不得不出售其拥有的报纸业务，该报纸业务随后就垮台了。

麦克康麦斯的继任者，1988 年就任的鲍伯·巴科斯特教授感觉那些报纸业务的剥离可能是预先设计好的骗局，因而启动了一个调查。但是，调查并没有发现任何违反《商业行为法》的行为。默多克该次并购使新闻集团控制了澳大利亚主要城市周一到周六报纸 59% 的发行量和周日报纸 60% 的发行量。在 ACCC，许多人认为 1987 年时的商业行为委员会应该尽更多努力以削弱这种影响。

在公众对于麦克康麦斯的企业集中审查决定表示不满后，身为研究商业行为的学者和法律工作者，巴科斯特也给工党政府带来了不少麻烦。在内部，巴科斯特进行的重要的改革，包括自 1988 年起开始实施的"执法重点和方向"——该传统一直延续到今天。他还创立了商业行为委员会顾问团，将企业界和消费者组织请到一起来讨论商业行为问题。虽然有一些大型企业集中被放行，但是商业行为委员会制止了雅乐思与纳贝斯克并购案。鲍伯·麦克康麦斯从商业行为委员会离任后不久就为雅乐思代理了该案，巴科斯特对此很是恼火。在商业行为委员会里，巴科斯特得了一个外号："不成交的巴科斯特"。

在巴科斯特领导下的商业行为委员会还进行了一些大规模的竞争执法行动，包括卡尔顿联合酿酒公司在啤酒定价中的滥用市场权力，以及彼得森·切尼公司固定汽车零部件价格。但是，巴科斯特时代的里程碑是昆士兰铁丝公司诉必和必拓公司案。该案是一个民事诉讼案件。现在所有关于商业行为的教科书都会引用这个重要案例，因为该案判决将《商业行为法》第 46 条关于"滥用市场力量"条款的适用范围作了重要扩张。在该案中，必和必拓拒绝向昆士兰铁丝公司提供生产野外围栏所需的 Y 型条，而昆士兰铁丝公司将必和必拓一直告到了高等法院。高等法院判定必和必拓拒绝向昆士兰铁丝公司提供 Y 型条"利用"了其市场力量。通过对于"利用"的广义解释，高等法院为第 46 条配备了一把尖刀。但是，有关"滥用市场力量"的规定一直被法律解释所困扰，即"滥用"到底是应该以行为的"目的"还是行为"所造成的效果"来界定？2002～2003年，在对《商业行为法》进行重新评估审视时，这个争议再次浮出水面。

巴科斯特领导的商业行为委员会还启动了第一个以起诉"违背良知的行为"来维护消费者权益的案件。1997 年的斯旺森调查曾经建议用《商业行为法》来禁止或惩戒"严酷或者违背良知的行为"，主要适用于一方滥用其优势的谈判力量。最初，这只是限于与消费者的交易。后来，霍华德政府将相关条款扩展，以保护小型企业。首例案件是澳大利亚国民银行被抓到以"违背良知的行为"取得并且强制执行个人担保。该银行前后经历了四个类似的案件。

"违背良知的行为"后来成为针对消费者和小企业的大问题，特别是在连锁经营的领域。2000 年，在一个有关连锁经营的案件中，法院认定"绝对免揉"烘焙连锁公司的行为不仅是不合理的，而且还是"流氓霸道的"。

巴科斯特跟他的政客领导们的关系处得并不好。他公开活动，要求更多的执法资源和更广的商业行为监管权，还在海港码头、航空业、专业职业方面试图解决微观经济问题。凡此种种都引起了当时的司法部长迈克尔·达非的不满。商业行为委员会曾经申请在其运行程序上作出细微变动，以使其在委员会主席出国期间也能正常运行。达非办公室拒绝了这个申请，并且在回复上加了一句："只要巴科斯特还在委员会主席的位子上，就不可能。"

巴科斯特对工党政府在商业行为委员会的资源配置方面的批评绝不是空穴来风。他说在他卸任委员会主席之后，罚款的上限提高了4倍，达到1000澳元。达非是这样对巴科斯特解释的："你是根本得不到这个的，你对我们批评得太多了。你总是跟我们对着干。我们故意等到你离任，然后才提高了罚款上限。"此外，在竞争行政执法者的职权范围问题上，他也多次跟工党的部长们发生冲突，其中包括对于是否要将消费者事宜从商业行为委员会的职能范围中剥离的再次讨论。"他们就是要削弱委员会，"巴科斯特这样说。

有两个部长警告商业行为委员会，不要在消费者信贷、信息通信和跨塔斯曼运输方面插手。

对这个蹒跚起步的机构进行政治干涉可不是什么新鲜事。在弗雷泽政府执政时期，国家党几乎直接命令时任商业和消费者事务部长沃·法夫终止一起商业行为委员会对香蕉行业提起的法庭诉讼。法夫遵命了。另一个弗雷泽政府的部长——约翰·摩尔，则要求商业行为委员会推迟关于放开股票交易市场的调查。放宽管制在商业银行家联合会强制令的压力下才争取到。

直到80年代中期，商业行为委员会有关消费者保护的案子都需要经过部长们的同意。这就制造了可供游说的巨大空间。商业行为委员会也常常对为何有些行动无法继续推进而感到莫名其妙。可能最为顽固的政治压力来自报刊经销商和对其行业的放宽管理。

艾伦·菲尔斯曾经说过，如果他有时间写一部关于澳大利亚的权力的书，那么报刊经销商将会位居前列，甚至会排在报纸出版商之前。

巴科斯特已看到不祥之兆。在他任期结束时，他宣布将不再寻求连任，而选择在墨尔本居住。但是，他的离任又引出了一个之后各届政府都没有解决的问题：利益冲突。巴科斯特曾正式提议：委员会委员在离任一年之内不得在相关领域从事私人业务。这个问题被忽视了。但是，这个问题是澳大利亚公共生活中一直存在的一个污点，并且不限于竞争行政执法者。巴科斯特重新回到了墨尔本法律界，但是在他离任的一年内，他推辞了所有与商业行为委员会有直接关系的事宜。

巴科斯特、麦克康麦斯、班那曼的时代巩固了 1974 年通过的《商业行为法》。但是，委员会在堪培拉的官僚机构体系中依旧是一个被边缘化的机构。然而，随着艾伦·菲尔斯的到来和 90 年代澳大利亚经济微观改革的开始，变化就要发生了，一个竞争政策的新时代即将开始。

心照不宣的价格共谋

第三章

小鱼儿

要怪就怪历史上对于"异教徒"的迫害吧。19世纪的中期，在普鲁士受到宗教迫害的小股德裔天主教徒开始向南澳大利亚的自由殖民地移民。

根据菲尔斯家族的传说，他们的祖先是从西里西亚的霍亨弗里德堡（位于现代波兰境内，临近捷克和德国边境）的村庄整体移民过来的。

1856年8月18日（周一）的南澳大利亚记录有如下记载：那天，由汉堡出发的名为"八月"的三桅帆船到达阿德雷德，共计承载231名成人和33名儿童。整个旅途耗时超过3个月。乘客中包括弗兰兹·菲尔兹，他的妻子亨瑞塔、女儿玛斯德，以及儿子约瑟夫、弗兰西斯和保罗。他们在阿德雷德以北的七山安家落户。仅仅在三年之前，其他因为信仰天主教而被宗教迫害和罚没财产的德裔天主教徒在七山建立了一个小型的天主教堂，现在叫做圣阿罗依斯天主教堂。

弗兰兹是一位厨师和糖果贸易商，但他在七山开了一个皮匠铺子。亨瑞塔则开了一家小红酒铺，为从布拉运送铜矿石到韦克菲尔德港的牛马大车队提供服务。这个家庭很快就将其姓氏改成了更为英国化的"Fels"（即"菲尔斯"）。

他们的四个孩子各自长大成人，成家立业，开枝散叶。其中一个经历了两次婚姻，养育了 19 个孩子。90 年代中期，菲尔斯家族在维多利亚州拜恩斯代尔举行的一次家族聚会共有约 350 人参加，相互攀亲溯源。当菲尔斯和他的妻子伊莎贝尔入住当地旅馆时，旅馆前台问道："这里所有的人都叫菲尔斯，你们是哪个菲尔斯啊？"

1889 年前后，艾伦·菲尔斯的祖父欧尼斯特·菲尔斯（弗兰西斯·菲尔斯之子）为了去西澳淘金而离开了七山。在此过程中，他在邮电部门找到了一个工作，后来逐渐升任至西澳邮政主管。他的第四个孩子，赫伯特·詹姆斯·菲尔斯，就是艾伦的父亲，后来与他的几个兄弟一起经营一家农场，但是在 1929 年的经济大萧条中被迫放弃。

回到珀斯后，赫伯特迎娶了穆丽尔·斯莱特里，一个生于澳大利亚的爱尔兰裔姑娘。艾伦常跟朋友们开玩笑，称他具有爱尔兰人和德国人的最好品质，但是有的朋友却同样夸张地回应说，艾伦是两个民族的最差缺点的综合体。

在艾伦·菲尔斯（全名艾伦·赫伯特·米勒·菲尔斯）诞生的那一天，1942 年 2 月 7 日，却没有什么欢声笑语，因为那是第二次世界大战中最黑暗的一段日子。两个月之前，美国舰队刚刚在珍珠港遭到偷袭；而在这个小婴儿诞生的同一个月，新加坡陷落了。当时赫伯特是一名空军体能训练官，驻防在达尔文。

就像许多在澳洲东西海岸的母亲们一样，因为担心日本的侵略进攻，穆丽尔带着艾伦和他的哥哥罗伯特迁移到澳洲内陆。

战后，重新团聚的菲尔斯一家在科茨洛郊外海滨的斯特灵公路旁一个住宅区里安家落户。穆丽尔的娘家已经建立起了一个名为"西澳肥皂"的企业。其产品品牌包括 Peak，Zoak 和 Zoff，并声称特别适用于西澳的水质——此类宣传如果发生在今日，很可能会招来消费者保护机构的特别关注。赫伯特加入了他妻兄斯坦的企业，逐步升至公司董事会秘书，并在斯坦去世后的 60 年代接管该企业。后来，股东们将企业出售给了庄臣父子公司。艾伦仍记得小的时候跟随他父亲到位于北弗里曼特尔的工厂，参观肥皂的制作生产过程。

在艾伦印象中，菲尔斯一家是中产阶级中的中产阶级。作为肥皂企业的一名经理级雇员（而非股东），赫伯特有一辆公司用车。穆丽尔在 1953 年中了一个 3000 磅的彩票大奖，这使得她能够购买一辆属于自己的轿车。在那时，拥有两辆车的家庭是很少见的，但是菲尔斯回忆说，以现如今的标准来看，当时家庭开销仍是"比较紧张的"。赫伯特往返奔波于出差路上，以保障公司产品在商店里的持续供货。周五晚上，一家人常常聚在收音机周围，听西澳肥皂赞助的娱乐综艺节目。家庭度假的方式也很节俭，有时候只是开车到班伯里放松几天。直到菲尔斯从学校毕业，他才有机会去东部各州旅行。

不过因为科茨洛海滨就在附近，50 年代在珀斯的童年有着罗伯特·德鲁伊的小说《鲨鱼网》所描述的梦幻般意境。夏天的许多日子艾伦是在科茨洛海滨度过的。

艾伦在少年时代就读于克莱蒙特的圣路易学校。该校以使学生成为精神上、灵魂上、体魄上"完全的人"为目标，身为耶稣会会士的教师为完成该目标而传授课程。宗教对少年艾伦产生了巨大影响。与全家一起参加周日弥撒，参加每周教会组织的其他活动，在学校每堂课前的祈祷，还有耶稣会会士和天主教男孩俱乐部组织的郊游，共同营造着一个宗教无处不在的环境。

穆丽尔在菲尔斯家对面的劳伦佐修道院教钢琴。艾伦每天由母亲教授半小时钢琴，从学校毕业时音乐成绩很是优秀。但是，毕业后，他再也没有弹奏过。"我通过了太多的音乐考试，所以在通过了最后一个考试时，我对钢琴失去了所有的兴趣。"艾伦说。

在学校里艾伦的外号是"小鱼儿"，在所有的体育运动团体中都受到欢迎，学习成绩也是一贯优良。据艾伦的同学比尔·昆因回忆说，像那个时代的许多年轻人一样，他也有一点"小恶人"的成分，比如说藏在杂物间后面抽烟。但另一个同学约翰·法尔说，菲尔斯并没有像他那样成为学校的问题男生，因为菲尔斯从没有逃过学或者从当地的步枪营偷过子弹。"区别在于我们是住校生，而菲尔斯是住在家里的走读生。"菲尔斯接受的家庭教育，包括其对于宗教和成就的重视，使得菲尔斯踏上了一条与他的住校生同学们不同的道路。

有一个事件却让耶稣会会士的教师们也差点失去了耐心。菲尔斯的全班同学在扬切普一日游活动中被发现全体抽烟——其中一些男孩带了许多盒香烟。菲尔斯回忆说他连着抽了两盒香烟，难受得要命。教师们命令全班列队，"教训"了每个男孩六下。菲尔斯从此之后再也没吸过烟。幸好如此，因为他一直有轻微的哮喘。

法尔说菲尔斯后来能够在知识界取得如此成就的潜力并没有在学生期间充分体现。菲尔斯的同窗好友们记忆犹新的是菲尔斯在板球上显现的天赋。"你不会想到他会成为全班最出名的一个，"他说，"小鱼儿没参加过辩论俱乐部。他总是比较内向的。"但是，法尔相信小鱼儿在学术方面的确比他的同学们成熟得更早，在他的伙伴们对于女孩儿们感兴趣时，他已经被经济学所吸引。

为什么给他起"小鱼儿"这个外号呢？"根据他的姓起的。你十岁时能想出更好的名字吗？"法尔这样回答。"他来参加同学聚会时，我们永远叫他'小鱼儿'。"

板球是菲尔斯少年时代的最爱。在他童年的一张黑白照片中，一个小男孩自豪地握着一根与他一样高的板球棒。他八岁生日时得到了一本丹·布兰德曼的自传。"我很快就读完了那本书。"他说。接着，他就成了板球狂。他记住了自 1878 年以来所有比赛的数据，并且花费了无数个小时像布兰德曼那样用家里的墙壁练习击球。菲尔斯会对着墙壁想象着重创所有记录中的辉煌。他各方面的能力全面发展，成为圣路易校板球队的明星，出色地掌握了多种运动技巧。在一场 10 局以下的比赛中，他一个人就超出了对方全队 23 分。

菲尔斯在板球上突出的天分使得他父亲特地请了谢菲尔德盾板球队运动员查理·普凯特给他辅导，成果是少年菲尔斯能够经常得到 50 至 70 分。虽然菲尔斯一直到大学还玩板球，但是菲尔斯有一个古怪的由后脚驱动的击球技巧。这个平衡技巧对于一个少年运动员是可行的，但是随着他的身材和体重的逐渐增长，动作技巧的精确性变得不可控。其实，作为一个少年运动员，也有这个问题。比尔·昆因依然记得菲尔斯有时令人震撼，但发挥不稳定时的击球行动竟然将球击出界外。"但是，他发挥好的时候简直就是不可战胜。"昆因这样说。虽然成为板球职业选手的梦想之门关闭了，但是板球作为菲尔斯一生的爱好，为菲尔斯提供了许多其他机会。他在珀斯、美国和剑桥的大学板球队中都有很好的表现，直到在 70 年代初重返澳洲时才放弃了板球运动。"后起之秀太多啦。"他说。

艾伦的妻子伊莎贝尔认为板球对于艾伦的成长和思维有着重要的影响。"我从未能理解板球运动。"伊莎贝尔说。这可能因为她是在西班牙长大的。"但是，我知道艾伦受板球的影响很大。他说那是一个很精妙的运动游戏。"

菲尔斯的另一个梦想是成为一个作家。十一岁时，他发表了自己的第一篇文章，署名"A. Fels"。那是一篇描述澳大利亚板球队在 1882 年战胜英格兰队的历史性胜利，以及由此开始现代艾氏系列比赛的文章。在名为《鹰》的校刊上，菲尔斯创作了一个关于那场伟大比赛的丰富多彩的小故事，其中包括一个极度兴奋的球迷将雨伞的木把手咬成了碎末，另一个则更是兴奋致死。

快毕业时，在《鹰》校刊上发表的另一篇文章中，菲尔斯用了两页的篇幅分析了莎士比亚的哈姆莱特，称其为"文学史上最伟大的人物创作之一"。此番评论显示了菲尔斯迅速发展成长的思维和视野，虽然可能在句法上还需要一些帮助。"在创作这个人物时，莎士比亚透过表象，直接进入了他内心和灵魂的深渊，剖解他自身的思想和意识，思考人性的秘密，勾勒了如一些剧评家所指出的，被世界所困扰和疑惑的自身。""但是，无论如何，这是一个具有伟大智慧和人性的人。"他这样写道。菲尔斯还经常参加写作聚会，在会上写作新手们可以站起来朗诵自己的作品。

＊　　　＊　　　＊

少年时代的菲尔斯对于神的信仰有些将信将疑——他自称为一个非信徒。但是，他对于耶稣一生对世人的教诲和天主教在社会方面的主张深为认同。这是他社会良知意识的萌芽，是其后向往进入公共服务领域的先兆。天主教对于帮助穷人和公共服务的重视对菲尔斯后来的事业产生了重要的影响。《天主教周刊》在 2001 年宣称天主教教义在很大程度上影响了菲尔斯，使得他能够将对于自由市场的信仰与强有力的社会保障相结合。"一个将人民和正义放在第一位的复仇天使"是《天主教周刊》对菲尔斯访问报道的标题。

在菲尔斯学生时代的天主教圈子里，一个具有远见的偶像式的经济学家柯林·克拉克的学说极为风靡。作为一个国家事务专家，在受洗为天主教徒后，克拉克开始主张对土地的定居开发，建立地区城市，提高粮食产量，降低关税，以及制定针对限制商业行为的强有力法规以挑战低效的产业。克拉克对于 BA Santamaria 运动（主张鼓励移民，鼓励建立大家庭和地区分权）有着深远的影响。通过介绍克拉克于 1958 年出版的《澳大利亚的希望和恐惧》，圣路易斯耶稣会教师向学生们积极灌输了克拉克的具有天主教倾向的社会政策。

在菲尔斯将毕业时，正是这种对于社会的理想在这个少年的脑海中催化了"成为一个公职人员"的想法。对于少年菲尔斯来说，从商没有任何吸引力。虽然曾跟随父亲参观过肥皂工厂，他对此毫无兴趣。其实，那时候，菲尔斯甚至没有将商业看作是对公众的一种服务。"现在，我认识到它是一种真正的服务，并且实际上是一种实在的服务，生产创造出产品和服务。但是，那时候我没有从那种角度来理解商业，而单纯地认为'为公众服务'只是政府做的事情。"

对于他要去大学接受高等教育这件事情，从来没有任何疑问。他的父母对此十分坚持，并且他的母亲一直鼓励艾伦和他的哥哥罗

伯特要有雄心壮志。穆丽尔对于儿子的期望是少年艾伦生命中的前
进动力之一。

作为对他考入大学（包括在拉丁文、数学和音乐上取得的优异
成绩）的奖励，菲尔斯的父母带他到东部的几个州度假旅游。这对
于一个 16 岁的男孩来说是一次重大的经历。他不仅希望看到在悉尼
和墨尔本的板球比赛，而且还想探索成为职业作家的可能性。

在墨尔本，这个年轻的"作家"以初生牛犊不怕虎的精神给当
时文学界的领军人物，著名的诗人、剧作家、小说家万斯·帕尔默
打了个电话。帕尔默正在尝试创作"澳大利亚的诗韵"，突然间收到
这样一个电话，大概有点儿惊异。但是，他要求菲尔斯过来跟他和
他的妻子（同样也是重要的文学界人士的）耐蒂进行了一次面谈。
这三个人一起讨论文学，一连好几个小时。

在墨尔本，艾伦还充分享受了他的另一个爱好——板球。六天
当中的五天都被他用来观看大战英格兰的板球赛。

回到珀斯以后，菲尔斯就读于西澳大利亚大学的文科/法律系。
然后，他的另一个热忱爱好迅速发展起来——学生政治。在菲尔斯
倾心投入学生社团理事会（各种学生组织的联合理事会，包括戏剧、
文学和各系俱乐部等），纽曼天主教研究会，文科联合会以及本科生
联合会时，他的学业几乎被忽视了。同时，他还是文学杂志《西部
人》的联合编辑。

"我太热爱那些活动了，"艾伦说。"那是非常好的学习，认识
了很多人。我喜欢那些为运作委员会和赢得选举所需要的架构、步
骤和技巧。"

后来成为霍华德内阁司法部长的达里尔·威廉姆斯是艾伦在西
澳大利亚大学的学弟，比艾伦低一个年级。他仍然记得那个年轻的
学生政治家。"他的桌子成了一个不断增高的纸张文件的金字塔，"
威廉姆斯回忆说，"那文件金字塔越堆越高，其所展示的工程力学令
人赞叹。我不知道他对文件是怎样分类管理的。也许他只处理堆在
最上面的文件？我真的不知道。"那应该是艾伦·菲尔斯一生之中不

断积累的文件堆的开始。

在大学生活里，至少是在体育运动方面，菲尔斯已经开始思考竞争策略了。艾伦和达里尔·威廉姆斯一起打壁球。据威廉姆斯回忆，菲尔斯曾经说过，他喜欢跟水平比他强的人打球，也喜欢跟水平相当以及不如他的人打球。通过与不同水平的人比赛，他可以取长补短，精益求精，不断进步。"他很友好地指出我属于第三类。"威廉姆斯说。"即使作为大学生，他已在完善竞争政策。"

菲尔斯在大学第一年主攻的是文科/法律，因为他当时有一个成为职业作家的梦想。可是那个梦想渐渐褪色，因为他意识到他"不是下一个崭露头角的柯南·道尔"。他开始转而学习那些对于公共服务职业有用的学科。他的主攻方向继而成为经济/法律——这两个方面都与公共政策密切相连——尽管他认为律师解决问题的方式、方法是有限的。"在那时，我已认识到法律途径的狭隘性了。"他说。

令人不解的是，当时的经济系并不欢迎将法律与经济相结合的模式，这限制了菲尔斯学习可以作为学分的法律课程。菲尔斯随波逐流，选择了两年的公共管理课程作为他的经济学专业中的第二专业。在学分专业认证方面的波折延长了菲尔斯大学学业的时间，但是他对此并不介意，因为这给了他更多的时间从事学生政治。学生政治甚至被菲尔斯放在了学业的前面，他每周至少花四天时间在学生政治上面。他成了学生社团理事会以及本科生联合会的主席。

作为本科生联合会的主席，菲尔斯踏上了多个杰出前辈所走过的道路，包括"小个儿" H.C. 孔幕斯、鲍伯·霍克，以及约翰·士通。同时期在学生理事会任职的还有弗莱德·切尼、罗伯特·霍姆斯·阿考特和他未来的妻子詹妮特。后来，达里尔·威廉姆斯和金·比兹雷也加入了进来。在西澳大利亚大学，本科生联合会是一个很有权势的组织，不仅像大多数大学那样代表学生，而且还管理所有学生设施，包括学生会、餐厅以及一些运动场所。

本科生联合会的活动将菲尔斯带入了全国性的学生政治圈。在澳洲大学生全国联合会的会议上，菲尔斯结识了（现已过世的）彼得·维兰斯基和现在成为高等法院法官的迈克尔·柯比。菲尔斯时期的学生政治受到了各种思潮的影响，包括对于共产主义的态度、工会运动的左翼倾向，还有其对于国际事务和政治的重视。学生们也不例外。菲尔斯还记得那个充满智慧的维兰斯基（后来成为了高夫·惠特兰的一个重要顾问和著名官员）常用的一句聪明口号，来吸引学生参加政治活动。维兰斯基号召澳洲学生应该和那些为殖民地争取独立的非洲与拉丁美洲学生们站在一起。"如果他们选择在他们的国家进入政治圈，那么我们也不应该在态度上轻视政治。"维兰斯基以这种方式为澳洲学生注入激情。他的这种说法对菲尔斯起了作用，此前菲尔斯曾经认为学生政治仅涉及学生事务。

通常情况下，在学生政治中成为领袖人物的好处是可以去参加在国外度假胜地举行的国际学生年会。在这方面，菲尔斯的运气可不怎么好。轮到他的那一年，国际学生年会的会址选在澳大利亚。也许是为了补偿自己，在1964年初，菲尔斯参加学生游去了亚洲许多地方，包括印度、巴基斯坦、尼泊尔和斯里兰卡。第二年，他去了印度尼西亚、新加坡、马拉西亚、泰国、中国香港、中国台湾地区和日本。这些旅行带给菲尔斯对于发展经济学的新兴趣。其后，他将公共管理作为专业，发展经济学作为第二专业。

本科生联合会的活动还使菲尔斯与当权者们有了一些非同寻常的对抗交锋。大学副校长斯坦利·普莱斯科特爵士曾经想要削减本科生联合会的一些权力，特别是其对于一座名为"居里楼"的学生宿舍的控制权。反对校方意见的学生们试图通过正常渠道游说，但是没有取得任何功效。正在那时，学生们听说"小个儿"孔幕斯——该校最有成就的毕业生之一，将要参加一个毕业典礼并接受荣誉博士学位。孔幕斯是澳大利亚最受尊重的官员之一，在他漫长的公共服务生涯中，曾经作过七位总理的私人顾问，对澳洲经济、文学艺术以及原住民政策等方面有着巨大影响，而他也曾经担任过本科生联合会主席。

当时，孔幕斯任刚成立的澳大利亚中央银行行长。菲尔斯又一次显示了他在"电话找人"方面的勇气，直接将电话打到了孔幕斯的悉尼办公室。在当时，对于普通人来说往东部州区打长途电话都是一件大事，更不用说是一个学生直接给央行行长打电话。菲尔斯的诉求直截了当。本科生联合会自孔幕斯任主席时开始，一直拥有代表学生和运营学生设施的双重责任，可是现在有外界威胁要削减本科生联合会的一些权力。本科生联合会为其未来而担心。对此，孔幕斯能帮着说句话吗？

孔幕斯说话了。在整个大学为毕业典礼汇集在一起时，孔幕斯回忆了自己在大学的美好时光——不局限于他所受到的正规教育。他说，他担任本科生联合会主席的经历为他后来在公众服务和银行领域的工作打下了基础。他接下来又说道，他坚信学生组织应该保持独立性。"副校长就坐在那儿听着，"菲尔斯回忆道，"争议就这样结束了。"对于菲尔斯来说，这是幕后游说策略的早期学习和尝试。

在菲尔斯后来的职业生涯中，关于大学政治的问题也曾有些讽刺地冒了出来。在菲尔斯读大学时，学生会会员身份是强制的，即所有大学生都会自动成为学生会会员。菲尔斯自己受到了美国经济学家曼瑟尔·奥尔森的影响，其著作的题目——《集体行动的逻辑》阐述了该书的中心原则。但是，近来的趋势发展更倾向于自愿会员制。作为 ACCC 主席，菲尔斯接到了一份詹姆斯库克大学关于进行强制学生会成员制度的申请。最初，菲尔斯拒绝了该申请，理由是一个竞争执法者必须反对强制式的会员制度。但是，那所大学并没有放弃，并举出了以下观点：无论会员制度是否是强制式的，学生们都会为会费买单，或者是直接交给学生会，或者是以校费形式上交学校，再由学校转给学生会。菲尔斯为此反复斟酌，最终批准了该大学的学生会会员入会制度。

另一个学生事件使得菲尔斯接触到了当时在孟西斯政府任领土部长的保罗·赫斯拉克。赫斯拉克著有《政府和人民 1942～1945》，该书叙述了澳大利亚的二战史。菲尔斯是《西部人》杂志的联合编辑。当时有报道称政府取消了对于《西部人》财政支持，而对于另一个文学杂志《明进》的财政支持却一如既往。《西部人》杂志对此十分愤怒。政府作出这个决定大约是因为《西部人》拥有大学的资助，而《明进》则没有。菲尔斯在大学里结识了赫斯拉克的儿子尼古拉斯（现在是一名作家），并通过他向部长申诉。赫斯拉克的文学背景引发了他对此事的兴趣，他承诺会考虑此事。不幸的是，菲尔斯这个性急的年轻人在《西部人》上写了一篇评论员文章，抨击政府撤销财政支持的决定。赫斯拉克很是生气。"看看，你先请求我调查此事，而现在我却在这儿读到一篇对于我和政府的檄文！"他这样教训了那个知道自己做了错事的菲尔斯。最后，政府财政支持并未恢复，但是《西部人》还是延续了下去。

这不是菲尔斯与赫斯拉克和其他自由党高层的唯一接触。一个在自由党政治中崭露头角、发展事业的机遇在不经意间降临到了菲尔斯的头上。在大学校园里，菲尔斯作为一个学生组织者的声望日趋高涨。一个年长的法学系学生对此十分看重，对菲尔斯发出了这样一个邀请："你看，我是自由党尼德兰兹支部的主席，但是我不能再干下去了。几天之内，就会有一个会议，这个主席的位置就会空出来。我并没有跟许多人说起这件事。你能参加这个会吗？你想当这个主席吗？"

这个提议引起了菲尔斯的兴趣。菲尔斯的父母是自由党的支持者。他从耶稣会会士那里受到了反对工党思想的强烈影响。所以，菲尔斯对于自由党是有所倾向的。在大学里盛行的是无党派。现在，一个从事党派政治的机会就在眼前。尼德兰兹可能是西澳大利亚，蓝缎带保守党的领地最有权势的分支支部。保罗·赫斯拉克是代表自由党的联邦成员，而查尔斯·考特爵士（后任澳大利亚总理）是代表自由党的州府成员。

菲尔斯并不住在尼德兰兹。那时，他的父母已经搬至莫斯曼公园，而菲尔斯仍住在家里。但是居住地点还不是问题的焦点。更为关键的是菲尔斯还不是自由党的党员，这可是竞选党内职务的先决条件。菲尔斯在尼德兰兹会议的前一天以"火线入党"的方式加入了自由党。在第二天晚上的会议上，菲尔斯的朋友辞职了，同时提名菲尔斯为继任的候选人。当时，没有其他的候选人竞选该位置。就这样，这位年仅21岁的全新学生党员被选举为自由党尼德兰兹支部的新主席。

让人惊叹的是，在此后不久，这个充满活力的学生就被选举成为自由党科廷联邦分区秘书，而赫斯拉克是代表该分区的议会议员。这使得菲尔斯成为该党州理事会一员。菲尔斯每周都要有三个晚上用在党务上。"那是一个关于政治团体运作方式的学习。"菲尔斯还花了很多时间向他的朋友们解释，他所参加的不是那个以鸡尾酒会闻名的青年自由党俱乐部，而是那个"真家伙"。

在菲尔斯即将面临大学毕业考试的1965年，他面临着鱼和熊掌难以兼得的选择。他将来到底想做什么？他在自由党党务中的"夜晚兼职"似乎意味着该党可能会在未来支持他取得一个席位。政治事业在召唤他。而他在日间的学业却让他更加倾向于成为职业官僚投身于公共服务业，或者继续进修学习。

1965年，在大学的最后一个学年，菲尔斯终于在学生政治方面有所放松，而转而关注自己的学业。他在经济学专业方面取得了一等优异成绩，并且通过了法律专业方面的考试。在经济学专业方面取得的优秀成绩使得菲尔斯有资格获得联邦政府财政部的职位，所以堪培拉也在召唤他。但是，继续进行学术进修以取得博士学位也对菲尔斯很有吸引力。

是竞选从政，从事公共服务成为职业官僚，还是继续进修学习？人生的道路应该如何选择？从政的吸引力已经开始褪去。在1965年与1966年之交，澳大利亚人对于越战的态度分歧越来越大，并且在执政的自由党内部，支持越战和澳大利亚军事参与的倾向也日趋明显。在西澳洲自由党高层领导中，越战的支持者们成为绝大多数。当时，赫斯拉克成了外事部长，而西澳洲参议员沙恩·帕尔特里奇成了国防部长。那时的菲尔斯从《纽约时代周刊》收集信息，积极关注国外媒介关于越战的报道，进而形成了自己的观点，认为澳大利亚人对于越战的认识过于肤浅。

越战之外，菲尔斯对于党内组织与对党员的要求也开始逐渐厌倦。在他所积极参与的学生政治中，言论自由是有保障的；但是现在，在自由党中，党员们却需要唯其马首是瞻。"当我要每周用几个晚上参加会议，而在会上还要小心谨慎地防止自己发表太多看法的时候，我发现政治会在潜移默化之间让灵魂失去一些活力。"此外，另一个使菲尔斯萌生退意的原因是在西澳洲自由党中出现的分离迹象，其中一部分非常激进——后来演变成了在党内制造了巨大震荡的克莱齐顿－布朗分支。"我曾经设想过，如果我老是和那些人在一块儿，生活会变成什么样。"

在从政的诱惑力消退之际，菲尔斯对于继续学业攻读博士、争取机会更多地了解外面世界的热情随之高涨。希望在青少年时期接受严格的宗教教育之后获得独立的心智，以及他对于发展经济学的兴趣也指向了珀斯以外的另一个世界。菲尔斯在印度的旅行经历使他坚信印度和中国人口的过快增长会对经济造成负面影响——对于避孕措施的反对不应造成对于现实世界的无视。天主教教义认为避孕措施是不道德的，但不能据此得出"人口增长就是好的"这个结论。在纽曼天主教研究会的一次会议上，菲尔斯论述了这其中的差异。与会的神父们对此很是反感。

菲尔斯申请了去牛津大学的罗德斯奖学金，但是在竞争中输给了达里尔·威廉姆斯。"他对此并没有介意，因为他得到了一个去杜克大学的奖学金。"威廉姆斯说。其实，菲尔斯得到的不仅仅是去杜克大学的奖学金，还有西澳大利亚大学帮助学生在美国进修的哈克特奖学金，以及弗布莱特游学奖学金。

此外，菲尔斯被哈佛大学和芝加哥大学录取，但是那两所大学没有奖学金名额，所以菲尔斯最终选择了有"美国南方哈佛"之称的杜克大学。1966年2月，在穿越东南亚的旅行之后，菲尔斯到达了杜克大学的所在地——北卡罗兰纳州的杜伦。由此，生活发生了很大变化。菲尔斯的奖学金来自经济学系，博士研究计划是关于澳大利亚仲裁制度的经济计量学。菲尔斯觉得专业课程的学习很是折磨人。

"我必须非常努力地学习，"他回忆道，"我们阅读量非常大，必须通过很有压力的考试。有点像'蛇吞象'一样，你必须吞咽消化海量阅读内容。你必须面对浩如烟海的经济学文献资料。要全部融会贯通大概得需要十年时间。"

菲尔斯学习的理论大部分是宏观经济学，其重点在于芝加哥学派对于货币供应和自由市场的提倡。在教学中，即使是发展经济学也是作为一个"市场的问题"来对待的。在那里，菲尔斯没有对法律进行进一步的学习，他在大学初期对于公共管理的兴趣将在多年之后才会重新萌发。他让米尔顿·弗里德曼的自由市场经济理论像潮水般冲刷了自己。"但该理论没有被深入接受，没有对我的思维造成巨大的影响，"他说，"我是持有一些怀疑态度的。但是，我还是基本学会了，因为必须通过考试。"

另外一件爆炸性的大事来自学生组织反对越战的活动。菲尔斯作为澳洲学生代表参加了位于厄本那的伊利诺伊大学举行的激情澎湃的美国学生会反越战大会。菲尔斯越来越觉得那场战争是一个错误，但是他没有成为一个激进的反战人士。菲尔斯内心深处的"激进成分"将会为未来的竞争政策而爆发。"我从没有参加反战的示威游行。我只是在理智上作出了反对越战的决定，然后继续回到书堆中。"

但是，菲尔斯的注意力也不仅仅是在书本上。一个偶然的机缘改变了他的一生。因为澳洲学年与美国学年划分的不同，菲尔斯是在杜克大学的学年开始之后才报到的。另外一个经济系新生是从秘鲁来的，跟菲尔斯面临同样的问题。因此，他们决定先在杜克大学的国际学生宿舍里分住一个房间。通过这个联系，菲尔斯进入了杜克大学的南美和西班牙学生圈子。

在一个聚会中，他认识了玛丽亚-伊莎贝尔·西德。她的活力、闪烁的大眼睛，和时尚的盘发使菲尔斯的注意力从经济学的论著中转移开了。伊莎贝尔是一个马德里律师（在西班牙的制度中，这是一个一半是法官、一半是私人法律服务者的职位）的女儿。她比菲尔斯大两岁，是其父母七个孩子中的一个。

伊莎贝尔从小就受到父母鼓励，要接受高等教育并且自己独立。在佛朗哥时期由天主教主导的西班牙，这对于女性来说相当罕见。她在马德里大学取得了文学和语言学的双学位，主要研究拉丁语与罗马语系（如西班牙语和法语）之间的演变关系，还在巴黎教过西班牙文，后来才接受了在杜克大学为期一年的辅导员职位。

两人见面的第一眼就彼此产生了好感。艾伦和伊莎贝尔在杜克大学的大型国际学生团体中找到了许多相约相伴的时间。共同的天主教背景更使两人颇为投缘。虽然菲尔斯对于宗教在精神层面有所保留，但是他和伊莎贝尔一起参加弥撒。伊莎贝尔曾就读于圣心学校，该校被称为耶稣会会士的姊妹学校。作为西班牙人，她对耶稣会会士的创始者圣依纳爵有着深入的了解。菲尔斯很喜欢杜克大学强大的神学院气氛，特别是美国神父们对于思想的启发。他开始对这方面进行广泛的阅读。被纳粹杀害的路德教派德国人迪特里希·潘霍华的著作引起了菲尔斯的共鸣。潘霍华提倡的是一个能够保留基督教价值观而无须超自然的上帝的"非宗教化的基督教"。

可是，时间的局限开始影响到萌芽中的浪漫。伊莎贝尔在杜克大学的一年教职任期即将结束，并且计划要和一个女同学一起游历南美。菲尔斯和一个男同事在南美之旅中紧追其后，在智利和秘鲁与女生们会合。但不幸的是，菲尔斯在那里经历了一次很严重的哮喘发作。其原因可能是整个旅行团队去了位于马丘比丘的著名的印加人山城，而那里的高海拔美景足以让人窒息。

在菲尔斯回到海平面高度时，他的心还在飞翔。在伊莎贝尔回到西班牙后，两人继续保持书信联络。然后，在1968年的夏天，菲尔斯只身来到西班牙，对伊莎贝尔开展了长达三个月的"热恋攻势"。菲尔斯的澳洲弟兄们对此很是不解——这可不像那个他们所熟悉的学究型学生领袖。但女性朋友们却觉得这真是太浪漫了。

伊莎贝尔的父母可能对此也有些疑惑。菲尔斯，这个在此之前对他们来说完全陌生的年轻人，在三个月当中几乎是天天在他们家度过。有时他会带伊莎贝尔出去吃晚饭，但一定会在她父母规定的晚上十点半前回来。菲尔斯甚至跟随西德一家去了他们在西班牙西北部加利西亚省祖籍地的度假别墅。

但是，西德一家接受了这个来自澳洲的追求者，对他很是友好。对于菲尔斯来说，这是他最初的一个"合并任务"，而他对自己的表现苛求完美。伊莎贝尔还记得她的家人问她，她那个澳洲的追求者是不是无时无刻都是这样无可挑剔的谦逊礼貌。为了进一步营造好印象，一天晚上，菲尔斯在马德里昂贵的、始于 19 世纪的"马约尔广场波丁"餐馆举行了晚宴。"为了装成是从澳洲来的百万富翁，我大方地建议在波丁共进晚餐。"他后来这样开玩笑说。"晚餐的账单是以比索计价的，所以那天晚上我并没有去担心账单上那么多的零。之后接连三天，我只能就着水吃面包，才避免出现赤字。"

正式的求婚发生在去葡萄牙的旅行路上，但是对于到底是谁先提出求婚要求这个问题有所争议。菲尔斯认为可能是他先提出来了。但是，伊莎贝尔认为是她求的婚。伊莎贝尔说，他们之间充满爱意。伊莎贝尔记得自己跟菲尔斯说："你就要回美国去了，现在怎么办？我想要知道现在发生了什么，因为我不能就这样被留在这儿，心存疑惑。我这么说了。所以，最后他明白应该怎么做了。我想，他可能是害怕求婚。"但是，菲尔斯运用外交辞令解释说，对此种细节，他不记得了。

艾伦和伊莎贝尔在马德里结了婚，菲尔斯的父母从澳洲飞来参加了婚礼。

在婚礼之前，菲尔斯一直为在杜克大学之后的事业做准备。剑桥大学在召唤他。几十年以来，剑桥大学一直拥有世界最为著名的经济学系，尽管当时已经开始被美国大学的后起之秀们（包括芝加哥的自由市场学派）抢风头了。在二战后，剑桥大学的学术领袖们包括了著名的经济学家约翰·梅纳德·凯恩斯、琼·罗宾逊和尼古拉斯·卡尔多。而新古典主义经济学则被凯恩斯的需求管理和宏观增长理论所取代。

在去西班牙追求伊莎贝尔的途中，菲尔斯访问了剑桥大学，并且约见了主掌剑桥经济系的著名经济学家威廉·布莱恩·雷德伟教授，以申请一个研究助理的工作。因为雷德伟在校园的另一边还有一个午餐会，所以在办公室的见面会很短暂。其间，他问了菲尔斯（关于他那尚未完成的杜克大学的博士论文在经济计量学和仲裁方面的）一个几乎不可能回答的问题。那个问题是关于区分薪金水平和实际收入的难度。菲尔斯被问得瞠目结舌。

"我必须走了，"雷德伟说，"跟我一块儿走吧。"在穿越校园的路上，两人在经过一个板球场时，开始谈起了板球。菲尔斯向雷德伟展现了他令人炫目的对于板球的"学术"分析，不仅仅包括板球的历史，还包括板球评论员们引用的那些竞赛数据。雷德伟当即作出了录用菲尔斯的决定。

"家族"会议

第四章

菲尔斯与凯尔蒂

　　剑桥大学改变了菲尔斯的命运。在那里的经历使他踏上了一条能够在 90 年代初期成为澳大利亚"价格管理技术官僚"的道路。受剑桥大学的学术影响而形成的对于价格政策的理念，还成为他之后能在竞争政策领域担当重任的跳板，而工党在堪培拉执政期间，菲尔斯与澳大利亚贸易工会运动的特殊关系也起到了助推的作用。

　　最初搬到剑桥大学的时候，环境却不尽如人意。1969 年 4 月在马德里与伊莎贝尔举行婚礼之前，菲尔斯曾经来到剑桥大学打前站。他在剑桥周边的一个不是很理想的地区租了一个公寓。几星期之后，伊莎贝尔到达新家的时候，对那个又小又不舒服的地方表示严重的反感。好在伊莎贝尔在剑桥找到了一个辅导西班牙文的工作，并且据此从大学得到了更好的居住条件。新换的公寓本来说好只可供他们使用一年，但是菲尔斯夫妇找到了一个可以让他们当"钉子户"的办法。"通过差不多一年生一个孩子，我们得到允许可以不用搬家，继续住在那里。"菲尔斯微笑着回忆道。他们的女儿伊莎贝拉降生于 1971 年 6 月，而特丽莎降生于 1972 年 7 月。

　　菲尔斯新的研究工作就像他们第一个公寓那样的枯燥无趣。当时，英国的工党政府设想出了一项新的税种——选择性雇佣税。财政部长需要更多的进项，但是个人所得税、公司所得税和销售税已经很高了，所以剑桥大学的经济学家尼古拉斯·卡尔多以闪电般的速度创造了这个根据服务领域公司雇佣的人员数量来缴纳的新税种。这个新税种只针对服务领域的公司，并且很快被外界称为"史上最傻税种"。（后来以泰德·希斯为首的保守党政府将选择性雇佣税与销售税合并在一起成了增值税。这种做法与澳大利亚所采用的将批发销售税和其他一些税种合并为"商品和服务税"的方式相类似。）菲尔斯的工作是访问不同的公司，征询对于开征选择性雇佣税的意见。虽然工作很是枯燥，但是这也给了他对于产品与服务赋税的宝贵基础经验，为他后来督查澳洲"商品和服务税"的实施提供了很好的培训。

如果说他的第一份工作枯燥乏味，那么在剑桥的生活提供了补偿。在伊莎贝尔的努力下新换的公寓就在剑河边的 Causewayside，到菲尔斯工作的应用经济学系走路只需要几分钟。美丽的格兰切斯特就在附近。菲尔斯被这个中世纪的校园深深地吸引了，也被系里那些经济学界领军人物的大名所震撼——琼·罗宾逊、尼古拉斯·卡尔多、詹姆斯·米德，以及布莱恩·雷德伟——还有那些著名的访问学者，包括约翰·加尔布雷斯以及后来获得诺贝尔奖的约瑟夫·斯蒂格利茨。

菲尔斯很快就进入了剑桥板球圈，成为一个小明星。与他共事过的一个研究员达德利·杰克逊（后来成为卧龙岗大学经济学教授）回忆起了经济系与国王学院的一场比赛。经济学家们需要105分才能打败国王学院，但是他们的明星队员们先后过早出局了。菲尔斯带伤出战，得了92分，赢得了比赛。"他把对手们打得四散奔离。"杰克逊说，"从此之后，在剑桥的校园内，大家都知道那个受伤的澳大利亚人是个非常棒的板球手。"

板球在菲尔斯的生活中占据了如此重要的位置，甚至到了他们第二个孩子即将出生的那天，伊莎贝尔在凌晨3点叫醒他时，他身上由于另一次板球比赛造成的肌肉扭伤还没有好。"她把我从床上扶起来，给我冲了杯茶，把我扶进了她打电话叫来的出租车里。"他回忆道，"当我们到达医院时，护理人员错把我当成了患者。"

1970 年，菲尔斯毫无征兆地得到了一个未来发展的大好机会。英国政府决定通过调研来决定全国价格和收入理事会的未来。"波特" H. A. 特纳教授是剑桥的工业关系教授，菲尔斯所在的应用经济学系的一员，同时也是全国价格和收入理事会的一名兼职委员。他提议应该对全国价格和收入理事会在其建立后的五年内所取得的成绩进行一个独立的调研。全国价格和收入理事会很快同意了，并且聘请特纳完成这个任务，而特纳则马上把对此任务兴高采烈的菲尔斯拉进来作他的助手。再后来，全国价格和收入理事会突然改变了主意。特纳怎么能又是全国价格和收入理事会的兼职委员又来作"独立"调研呢？于是，特纳建议让菲尔斯负责整个调研。"谁？菲尔斯是谁？"全国价格和收入理事会问道。"我就自己站了出来，说，'我是一个澳大利亚人，所以我可以做到公正独立'。"菲尔斯说。"我还是薪酬政策方面的专家，我正在杜克大学撰写这方面的论文。论文尚未完稿，但即将成为经典。"他自嘲地开着玩笑。

这个 28 岁的研究员就这样得到了这个任务，并用其后的 18 个月以完全忘我的精神投入了工作，成功地完成了报告。那个报告后来以专著形式出版，还成为菲尔斯在杜克大学的博士论文。菲尔斯将这本书——《英国价格和收入理事会》，视为他最出色的学术成果，并且将这本书献给了玛利亚－伊萨贝尔。菲尔斯忠实于他对独立性的承诺，在报告中既有对于全国价格和收入理事会的好评，也没少拍砖。

这个项目也给菲尔斯上了一趟早课，那就是争议并不一定会伤害事业。他的导师特纳是一个出类拔萃的、具有创业精神的学者和原创型的思想家。特纳既能大刀阔斧地分析解决问题，又能将繁复的研究细节植入全局性的报告中。他还经常设想对于他的研究成果可能会出现的批评质疑，事先准备答案，然后充分享受争议辩论的过程。"被虐待总比被忽视强。"这是他的理论之一。比如，他的一本与菲尔斯的朋友达德利·杰克逊合作的著作就被他取名为《工会能引起通货膨胀吗?》——这个书名充分地显现了他乐于挑战的态度。

菲尔斯在 ACCC 的工作方式在很大程度上受到了特纳的影响，特别是他可以完全理智和冷静地分析任何行动的利弊，包括他自己的行动，然后让他的手下设想针对所有可能的批评可以作出的回应。

1978 年，充满魅力的特纳又把菲尔斯拉进了一个非洲项目，帮助赞比亚制定一个价格和收入政策。菲尔斯刚到赞比亚的办公楼里作研究时，发现那里空气污浊，这种情况持续了两天之后，他发现了造成这种情况的罪魁祸首。原来，赞比亚的政府职能部门曾没收了许多非法捕捞的鱼，并且将"证据"堆到了办公楼的后面任其发酵。

特纳至少在两方面对于青年学者菲尔斯起到了重要的影响。其一是他习惯将有意思的想法提供给身边的人，然后让他们去进一步深入研究。"进一步的研究、检验、开发都是你的责任。"菲尔斯说。其二则是他对于媒体的态度。很多其他剑桥大师们对于为报刊撰写文章持保留态度，但是特纳很快地将他最新的想法发表在《时代周刊》《新府要员》或者《新社会》上。

全国价格和收入理事会主席奥布瑞·琼斯也以他运用媒体的能力而闻名。琼斯是一个具有军队、商业和政治等多重背景的富豪。即使菲尔斯也觉得他有"媒体控"。在他说服全国价格和收入理事会进行调查研究并且公布具有挑战性的报告后，琼斯就发布媒体公告，然后在电视和报纸上挑动商界和工会的反应，成为一个全国性的人物。菲尔斯从他那里学到了什么吗?"啊，我可能学到了一招半式。"他不好意思地笑着回答。

菲尔斯从全国价格和收入理事会得到的最重要的收获是价格和收入政策有可能是应对通货膨胀的最佳对策。凯恩斯的需求管理理论在当时被广泛接受。凯恩斯认为二战后政府设立的全就业的目标必然会导致通货膨胀。当时学术界的普遍共识（直到被芝加哥学派的货币供应控制理论和与之相辅相成的供应面微观经济学所取代）是："能够调控雇主和工会行为的"价格和收入政策可以用来降低通货膨胀率。

这成为在将近 20 年里引导菲尔斯的经济学"信仰"。在他的内心深处，他当然明白在全就业的情况下，具有竞争力的劳动和产品市场也可以降低通货膨胀率。但那些将起到的是长期效用，而受管控的价格和收入却能够起到立竿见影的效果。

菲尔斯从全国价格和收入理事会离开时已经是一个价格法规专家。杜克大学也授予他这方面的博士学位（他将博士论文的重心从工资转移到了价格）。尽管学有专长，但是如何能学以致用、发展事业呢？菲尔斯觉得他在剑桥的事业前景是有限的。即使当一名助理讲师可能都是奢望，因为这里的每一位都是世界上的领军人物。"剑桥的人才超级过剩。"他说。菲尔斯申请了伦敦经济学院的讲师职位，但是在面试时，他错误地理解了问题，因而导致答非所问，使他与这个职位失之交臂。菲尔斯在他澳洲的母校，西澳大利亚大学申请的教职也被拒绝了。"我想要工作的领域，人家不要我，而且他们中的有些人也太了解我了。"他笑着说。

1972 年 9 月，菲尔斯在墨尔本大学得到了一个讲师职位。因为行政安排上的问题，菲尔斯到达墨尔本时比原定计划晚了一周。他到的那天就成了他开始教课的第一天。菲尔斯拒绝了别人替他代课的建议，而在下午 5 点钟准时来到了课堂，尽管他已经有好几年没有接触授课的内容（澳大利亚仲裁制度），并且忍受着从伦敦长途飞行的疲劳。他用 35 分钟就讲完了授课内容，而学生们对此报以热烈的掌声。"那是我唯一一次在教大学课程时得到的掌声。"他开玩笑说。

菲尔斯对于返回澳大利亚感到忐忑。对于他的新家庭来说，这是一个巨大的变化。但是，他希望继续发展他在价格和收入政策方面的学术专长，在英国却找不到这方面的工作。他曾经设想过加入英国的公共服务系统，但是申请过程太过问题重重。"我最后决定回澳大利亚。"他说。

伊莎贝尔对澳洲也需要有个适应的过程。她曾在参加在珀斯举行的菲尔斯父亲的葬礼时短暂地访问了这个充满阳光、令人愉悦的国度。但是，在墨尔本长期居住则完全不同了。"最初的两年就像地狱一样。"她说。那里没有一个西班牙语社区，而且伊莎贝尔不会开车。她习惯于市中心生活的便利和繁华，所以当菲尔斯一家搬到郊区的时候，她所面对的问题就更多了。艾伦觉得他们应该尽早有一个带花园的房子，以供孩子们玩耍。他参加了几个拍卖会，但是受经济条件所限，最后只能选择离城市 20 公里的格兰瓦弗利。那成了一个错误的决定。在他们的经济条件允许之后，他们很快搬到了离莫纳什大学很近的克莱顿。回到澳大利亚后不久，菲尔斯就接受了那所大学的一个资深讲师的职位。

初回澳洲的那几年对于菲尔斯一家来说比较艰难。伊莎贝尔挣扎着适应新环境，而菲尔斯则看不清事业发展的前景。"我们觉得似乎被套牢了。"菲尔斯说。1978 年，菲尔斯很认真地考虑了要去位于伯明翰的阿斯顿大学申请政治经济学系主任的职位。菲尔斯探望了当时在阿斯顿授课的他在剑桥时的朋友达德利·杰克逊。他们两人用了一个周末的时间来写那份职位申请书，菲尔斯也很有可能最后得到那个职位。后来，他们带着伊莎贝尔开车游览伯明翰，以决定在哪里安置他们的新家。而伊莎贝尔在参观市容的半小时之内就果断地告诉菲尔斯"永远也不会把家安在这座城市"。

菲尔斯夫妇也在为他们的大女儿伊莎贝拉担心。那个小姑娘在幼儿园时开始显现出一些令人担心的状况。伊莎贝拉显得非常内向，她会一直揪着幼儿园的老师，而拒绝跟任何其他小朋友交朋友。菲尔斯夫妇花了大量的时间来跟她一起看书，给她讲书里的故事，希望以此来开发她的智力。但是，直到伊莎贝拉经历了一个痛苦的青少年时期之后很久，她才被诊断出患有精神分裂症。

菲尔斯在莫纳什大学的资深讲师职位上一直干到了 1984 年，依然觉得在那个职位上不能充分发挥专长，于是接受了一个"兼职行政执法者"的任务。以惠特兰为首的工党政府刚刚赢得选举，并且在为新建立的正当化价格合议庭寻找合适的人选。对于任何工党政府都具有影响力的澳洲工会理事会推举了菲尔斯。以此为开始，澳洲工会理事会将这个年轻学者先后举荐到了政府机构的不同职位上。

虽然澳洲工会理事会的助推力毋庸置疑，但是核心的驱动器还是在于菲尔斯自己。他从他的英国导师特纳和琼斯那里学到了些展现自我的法门和运用媒体的诀窍。当时，必和必拓公司正在争取涨价，而惠特兰的工党政府在正当化价格合议庭组建之前就已经建立了一个由约翰·摩尔大法官主持的调查。菲尔斯为英国全国价格和收入理事会工作的经历给了他对于此类调查所涉及问题的独特的视角，包括必和必拓公司的资金成本，以及如何能使这个"巨型澳洲公司"提高效率。在这个调查即将开始时，菲尔斯去了《澳洲财经评论》墨尔本办公室，提出他可以根据他在英国全国价格和收入理事会的经历来写一篇关于这个调查应该涵盖哪些内容的建议。具有敏锐眼光的媒体人特雷弗·赛克斯（现任该报颇受欢迎的 Pierpont 专栏作家）接受了菲尔斯的建议，但是要求必须马上撰稿，马上交稿。然后，赛克斯就给了菲尔斯一张桌子和一部打字机。这篇两页纸的文章一见报就立即吸引了澳洲工会理事会的注意。当时，澳洲工会理事会正在考虑要对钢材价格调查提出自己的意见，所以该组织的研究员罗伯·乔里主动找到菲尔斯进行咨询。

后来，乔里邀请菲尔斯在布莱顿举行的澳洲工会理事会的讲座上作了一个关于定价政策的演讲。讲座结束后，菲尔斯让另一个澳洲工会理事会的研究专员比尔·凯尔蒂搭了他的车回城，途中，两人谈得很是投机。菲尔斯认识到澳洲工会理事会正在试图给予定价问题认真与合理的考量。"他们不想被企业蒙蔽，"他说，"他们准备进行合情合理的谈判，所以他们需要一个专家来给他们指指路。"

菲尔斯接受了这个使命。经澳洲工会理事会推举得到的正当化价格合议庭职位是菲尔斯在行政执法领域的第一个职位。菲尔斯是正当化价格合议庭的一个兼职成员，具体职务是独立学术专家。合议庭主席是任职于仲裁委员会的 L. H. 威廉姆斯大法官。"他对待价格管理就像对待仲裁一样，"菲尔斯说，"如果有人要求价格定在 9 元，他们可能最后得到的是 6 元。"正当化价格合议庭的程序是按照法庭程序进行的，由威廉姆斯和其他一些合议庭成员坐在法官席上评议申请。"我们从法官席上俯视那些御用大律师们，包括莫瑞·纪立信和达里尔·道森。"菲尔斯开心地回忆说。纪立信现在是澳大利亚高等法院首席大法官。曾经是高等法院大法官的达里尔·道森爵士则在最近主导了对于菲尔斯领导的 ACCC 的调研评估。

在惠特兰政府执政期间，通货膨胀率高涨至 15% 左右。众多的公司开始争相向正当化价格合议庭提交涨价申请。猛烈的通货膨胀势头致使公司甚至要求因为合议庭的决定延迟而提高其涨价空间。由此菲尔斯取得了很多与商界的联系。凯尔蒂重新出现在菲尔斯的生活里，这次他是作为澳洲工会理事会的代表反对必和必拓公司的又一次涨价申请。在混乱的海量申请面前，正当化价格合议庭由仲裁模式改变为"成本＋"（以成本为基数，加以适当比例的盈利）的定价模式。其间，没有任何人试图衡量生产率的增加量。虽然合议庭的作用被许多经济学家忽视，但是菲尔斯认为正当化价格合议庭在短时期内取得的效力可称得上"惊天动地"。"没有人敢反对我们的决定，因为如果那样工会就会和他们过不去，而且鲍伯·霍克也会批判他们。"他说。

竞争政策并不是正当化价格合议庭所要考虑的问题之一，但是却已经进入了菲尔斯的视野。莫纳什大学经济学教授莫林·布兰特（之后成为澳大利亚竞争政策改革的无名女英雄）向菲尔斯提出希望与他一起开一门关于竞争与监管的新课。课程主旨在于探讨通过竞争对市场进行管理与通过价格监管部门对企业进行直接管理之间的区别与关联。布兰特教授在哈佛大学的博士论文关注的是工业组织，她后来与彼得·卡梅尔一起撰写了那部具有先驱意义的著作——《澳洲经济的结构》。该书揭示的种种限制性措施促发了 60 年代与

70 年代由巴威克和墨菲主导的改革。"差不多所有人类已知的限制性措施都在澳大利亚得到了广泛应用"，这是她在书中较为尖锐的一句评论。

对于正在形成的竞争政策问题，布兰特教授是最先产生积极学术兴趣的学者之一。她的一个仰慕者评论说："莫林发力，举座皆惊。"菲尔斯对于布兰特教授提出要与他合开的"竞争与监管"的新课很感兴趣。"在这之前我从没有对这两个领域之间的联系想得太多。"菲尔斯说。"我对她说：'可以啊，你针对《商业行为法》教 12 堂课，我就如何监管价格教 12 堂课，她说：'不，不，我们必须将这两部分融为一体。'这是一个非常好的主意。当时我还没有真正意识到这个决定是如此具有远见。"

这门合并的课程促使菲尔斯对于竞争政策与价格之间的联系进行深入思考，这种联系将在 90 年代的微观改革时期展现无遗。在课堂上，布兰特教授的主题是卡特尔，而菲尔斯教授的主题则是定价。在课程中引发的一个疑问是正当化价格合议庭是否导致了价格共谋。"比如，石油公司被禁止价格共谋，"菲尔斯说，"可是他们去正当化价格合议庭，然后经过批准得到了相同定价。那么，竞争法与价格监管之间到底是相辅相成还是相互冲突的关系呢？"

这门整合的竞争与监管课程成了菲尔斯逐步认识到竞争政策的主角地位的原因之一。"菲尔斯确实在他必须面对的课题上受到了挑战。"布兰特教授说。如书中之前所述，剑桥大学的凯恩斯学派曾给菲尔斯注入了一个坚定的理念，即价格和收入政策是通货膨胀的克星。与布兰特教授的课程使他开始设想如何将竞争问题引入定价中去。他依然认为工资政策是抑制通货膨胀所必需的，但是作为收入的另一面，价格控制却可能削弱经济发展所必需的投资。所以，"聪明的执法者"在无法以价格控制来换取工会对工资控制的支持时，可以通过调查行业内部的竞争来降低价格。菲尔斯将在他之后对于书籍和 CD 的降价战役中，出色地运用这个战术。

70 年代后期，菲尔斯在澳洲工会理事会的圈子内更为活跃。与凯尔蒂的关系已经发展成了稳固的家人朋友关系。两个人经常一起吃午饭。后来这种午餐的频率发展到每周必有。地点一般就选在墨尔本行业大厦附近的某家便宜餐馆。这种友谊后来发展得如此紧密，甚至 ACCC 的职员开始将他们的办公楼戏称为"菲尔斯与凯尔蒂城堡"。

罗伯·乔里当时已经进入政界，在约翰·凯恩的维多利亚工党政府中担任财政部长。汽油价格演变成了一个重要的政治问题。自由党政府在不断增加的内部压力下承诺要控制价格，从而逼迫凯恩也有样学样。乔里和凯尔蒂极力举荐菲尔斯担任新设立的维多利亚价格委员一职。当凯恩在 1982 年当选时，菲尔斯得到了任命。

在整个 80 年代，菲尔斯代表了"懂法规，能出差"的模范官员形象。他担任了蛋类行业价格专家组主席，在肉鸡加工企业、酿酒类葡萄种植企业，及西红柿种植企业的定价问题上被选为独立仲裁员。此外，他还对律师的收费、收入方面提供了咨询建议，后来还在有关维多利亚商店经营时间专家组中担任了主席。（蛋类行业的工作更提升了菲尔斯的遣词造句能力，比如"浑蛋一样过分的价格""一个蛋就是一个蛋"等。菲尔斯将词句花样翻新的能力不逊于任何娱乐报刊的编辑。）

从那个使汽油价格一直保持媒体热度的行事老练的约翰·凯恩那里，菲尔斯学到了很多如何在媒体前亮相的诀窍。菲尔斯看着凯恩成功驾驭了一个又一个的汽油价格危机，并且取得了公众支持。"他就是懂得如何戳那些公司的软肋，"菲尔斯说，"我从凯恩那里学到了太多。"

凯恩有着能让媒体老板们震惊的能力。有一次，他在与费尔法克斯的董事们共进午餐的时候，着实让这些董事们倒吸了一口冷气。凯恩告诉那些报人，他对于费尔法克斯引为自豪的《年代晨报》上报道的内容不大关注。凯恩解释说，他通过精心安排每日媒体公告的发布时间，可以确保他想要传达的信息能在电视晚间新闻档进入维多利亚的千家万户，其影响力、覆盖率要比《年代晨报》更为广泛。

菲尔斯还学到了成功政治家能够将复杂问题简单化为媒体头版标题的能力。凯恩曾要求菲尔斯对汽油定价作一个详细的调研报告。但是，报告完成之后，凯恩的助手们无法让州长来花时间看这个报告。菲尔斯又从报告中提炼出了一个 20 页的概要。州长仍然没有看。最后，菲尔斯和凯恩的新闻秘书一起写了个媒体公告，并且终于让州长看了公告的头几行字。"然后，他就走了出去，对媒体进行了一番激动人心的演讲，"菲尔斯说，"他说的内容绝大部分都不在我的报告里，但是他就是知道怎样运作。那是一节如何运作象征型政治的绝妙课程。凯恩在讲话中宣布：'每一个维多利亚人都关注汽油价格……我的政府会保护公众，不能让公众受高油价的盘剥……我们有坚定的决心来采取行动……我现在警告各个石油公司……你们的任何错误行动都会导致政府采取相应的行动'。"媒体头条随即宣布："凯恩对汽油动手了。"而实际上，凯恩做的只是在语言上震慑呼吁而已。

油价将在菲尔斯的下一个价格管理职位中起到重要作用。那个职位是 1984～1989 年在霍克政府新建立的价格监督署中担任兼职委员。正当化价格合议庭已于 1981 年被弗雷泽政府取消。此时已担任澳洲工会理事会秘书助理的凯尔蒂在霍克掌权之前就在为一个新的工资协定忙碌。价格监督署的建立被视为工会同意限制工资的一个必要的交换条件。菲尔斯强烈建议凯尔蒂争取将价格监督署的管辖范围尽量扩展，甚至包括由政府机构设定的价格。但是，财政部却希望价格监督的权限仅限于几个特定的领域。

后来，在霍克当选为总理，财政部长基庭着手设立新的价格监督署的时候，凯尔蒂告诉菲尔斯："基庭已经同意让你担任主席。"然后，凯尔蒂就去斐济岛度假了。基庭给菲尔斯打了个电话，告诉他："我只能邀请你担任一个兼职委员。我很抱歉，但是有些事情起了变化。"凯尔蒂的计划的确落空了。新的价格监督署的主席成了希尔达·罗孚，她是一个有着长期行政执法经验的经济学家，还拥有担任悉尼东部胡拉勒自治市两届市长的经历。基庭告诉菲尔斯，澳洲商会对于任命菲尔斯为主席投了反对票。但是，当时菲尔斯已经在"大企业"圈子里建立了很好的人脉关系，从而得知事情真相并非如此。事实是一系列的操控和反操控。凯尔蒂试图推翻财政部中意的候选人，以便推荐菲尔斯；而财政部则拆了菲尔斯的台，因为菲尔斯要将价格监督署管辖范围尽量扩展的建议是财政部极力反对的。

迈克尔·利特尔承认自己是 1985～1987 年间"大企业"在价格监督署的代表。据利特尔回忆，他与菲尔斯在汽油价格上既合作又斗争。利特尔当时是联合利华董事长，还是几家大公司（包括乐富门公司和 Castlemaine Tooheys 公司）的董事。据他说，一旦价格监督署批准降低油价，菲尔斯就会要求加快进度，而面对涨价决定时，菲尔斯的速度就会慢下来。为了这个，利特尔几次向菲尔斯提出了意见，但是双方的来言去语之中还是带了玩笑的成分。利特尔记忆中的菲尔斯对于竞争理念十分执著。目前在努沙附近享受退休生活的利特尔对菲尔斯的事业发展一直保持着兴趣。他认为，菲尔斯是在此前 20 年中一个少有的一直持续努力而又才华横溢的人物。许多曾经在 80 年代叱咤风云的政界和商界领袖们已经淡出了大众的视野，但是菲尔斯还在那里，"对于发生的一切保持敏锐的关注。"那双锐眼将会在 90 年代后期激怒利特尔在澳洲商会的继任者们。

到了 80 年代后期，澳洲工会理事会对于价格监督署在限制价格上的迟缓反应十分不满，认为其无法对应工资协定中对于工资作出的限制。1989 年，澳洲工会理事会游说工党政府，要将罗孚的主席位子让给菲尔斯。因为澳洲工会理事会在工资协定上的巨大影响，这个要求得到了满足。罗孚在离任时告诉媒体，她唯一的遗憾是没有花充分的时间向公众说明价格监督署的确在做着出色的工作。罗孚在那时可能还没有认识到，她需要说服的不是公众，而是澳洲工会理事会。

菲尔斯在挑起价格监督署主席这副担子时，对于未来的任务有着清楚的认识，并且还得到了一些政府的指令。这些可以总结概括为：保持高调，显示对高物价的关注，同时也要避免对经济造成伤害。菲尔斯后来会将其形容成"明白如何进行游戏"。当然，最基本的目标是要使企业界注意到价格监督署的存在，而不是仅仅将其视作在工资协定上对于工会的妥协。这个目标与菲尔斯正在形成的可以利用竞争来促进行业价格调整的观念不谋而合。

很显然，这是一个需要媒体"个性"的工作，所以菲尔斯必须成为一个媒体人物。1991 年，安德鲁·科西在澳洲工会理事会主编的杂志《职场》中这样描述了菲尔斯从学者到媒体明星这一不寻常的转变：

> 在他上任接手之时，我们对于价格监督署需要如何提升形象进行了一番讨论。作为一个"媒体通"，我自己心里想：任何想帮助艾伦·菲尔斯成为一个能够让电台和电视台称之为"出彩人物"的人都需要上帝的帮助……

> 仅仅两年之后，艾伦·菲尔斯的照片几乎每周都会出现在报纸上，一边在加油站加油一边讨论着油价，又或者，他会出现在电台或者电视上，质疑唱片价格、电影票价格，或者殡葬服务价格。据安德鲁·科西的报道，菲尔斯的确上过一节媒体课。"我被告知上电视的时候，应该戴一条红色领带，"菲尔斯这样告诉他，然后就以此开了个玩笑："但是，我很快发现没有其他人戴红色领带。有几个记者告诉我，通过颜色来彰显权威的着装风格已经过时了。所以，我买了条蓝色领带。"

开始吸引媒体注意力的绝不仅仅是那条蓝领带。菲尔斯永远是那么精力充沛、不知疲倦，亲自到超市里查看商品的价格，到唱片店里查看唱片的价格，对于所有"活动的客体"展开价格调查，甚至还将范围进一步扩展到包括一些不能动的，例如葬礼的价格。"这是一个平和冷静又精于计算的人在帮你数着分币。"《年代晨报》给出了这样的评价。"价格监督署揭开葬礼价格的盖子"是另一家报纸起的幽默标题。《年代晨报》在对菲尔斯的提问中，引用了经济发展委员会的言论，认为价格监督署不过是为了鼓励工会接受工资限制的一个公共关系的道具。菲尔斯对此的回答是，这种疑问更加证明了这个工作很不容易。但是，菲尔斯私下里倾向于经济发展委员会的观点，他逐渐更为清晰地认识到竞争政策正在取代价格管控。

部分媒体却对菲尔斯相当不满。菲尔斯否决了大院线发行商企图改变其对于制片商定价机制的计划。菲尔斯的理由是这样的变化会损害小的制片商。菲尔斯还从协助财政部长尼克·博尔库斯的某部长那里得到批准，展开了对于书籍和 CD 唱片价格的调研。涉及书籍和 CD 的问题会在 90 年代的政治中不断演绎——这成为菲尔斯应用竞争而非直接的价格管控来降低产品价格的经典例子。涉及书籍的问题还会在 2001 年重现，那一次，ACCC 试图结束对于廉价的平行进口的限制，但是 ACCC 失败了。菲尔斯捅了个马蜂窝。

菲尔斯与石油公司的争斗继续着。在第一次海湾战争阴云密布之际，菲尔斯发现自己频频出现在电视上向公众解释为什么汽油价格会如此迅速地攀升。当时，价格监督署已经将汽油的定价基准从国内成本转为国际价格。但不幸的是，这个转变发生在导致油价迅速高涨的海湾战争的前夜。在霍克政府与澳洲工会理事会进行又一轮的工资协定谈判期间，每升汽油在短短的五天之内涨了五分钱。菲尔斯正在悉尼与加油站的股东们开会讨论这个问题时，他接到了财政部长基庭打来的电话。电话那端的基庭气喘吁吁，他是在家里的健身自行车上打的电话。他告诉菲尔斯："我们不能让油价这种涨法。这样会毁了工资协定谈判。我们能不能将价格冻结？"菲尔斯答道："你有权将价格冻结 21 天。"

当时通话的时间是上午，差 3 分钟 10 点，而与石油公司们制订的新的定价机制是在当日清晨将汽油提价方案上报，价格监督署则需要在上午 10 点通知他们提价方案是否获批。菲尔斯告诉基庭，如果他想要阻止那天的提价的话，他必须立即挂断这个电话。当菲尔斯及时制止了当天的提价时，石油公司个个火冒三丈。它们遵循了定价机制，而提价方案却被否决了。当天晚些时候，基庭正式下达了 21 天冻结价格的指令。

如果 70 年代后期是菲尔斯的事业踏步期的话，那么随着工党政府在堪培拉和墨尔本的掌权，并凭借他跟澳洲工会理事会的深厚联系，他的事业开始迅速发展。他已经建立起了提供独立学术咨询的声望，他经常被邀请担任各种机构的职务，在各类会议上发表演说，为重要的著作撰稿等。他在那个时期的一些演讲和文章的题目可以显现他那时工作的重心："监管的政治经济学""价格政策与公司""经济学与法律改革的过程"。

学术独立性与政治立场之间存在矛盾在菲尔斯的理念中很清楚。在 1987 年的一个演讲中，他概括了一个社会科学家在一个行政执法机构担任重要职位后所需要掌握的平衡。对于菲尔斯来说，关于社会科学家应该是人民的公职人员还是要效忠于某个政党的问题，根本就不应该是个问题。"在行政执法机构被委以重任的社会科学家是人民公职人员，而他的事业使命将是毫无畏惧地提供最好的技术性咨询建议。"他说，"此外，政党的政治意愿、机构作出的决定是否会受到政治家们的欢迎，以及其他此类的复杂情形一般情况下应该与政策的制定无关。但是，这不表示那个社会科学家就可以仅仅根据自己认为对的观点作出决定。行政执法机构本身的宗旨可能已经受到了相关立法目的或标准的规限，即使那个社会科学家对此有所异议，他也必须接受，并且使相关立法目的或标准在决策过程中得到遵循。"

显然，独立性是有限的，对于这个现实菲尔斯将来会亲身体验。

菲尔斯的学术事业也蒸蒸日上。1985 年，他被任命为莫纳什大学的管理系主任（在任命的过程中，以一票优势险胜对手）。菲尔斯博士成为菲尔斯教授。他是一个非常活跃的教授：将一门现有课程改名为令人激动的"商业管理大师"，引入了学费制，还增加了国际学生的数量。

"我有建立一个公共领域研究机构的想法，我准备把它叫做'公共领域管理'，以赢得更多的支持。"他说，"然后，利用与澳洲工会理事会的关系，我说服了工党政府为一个大型公共领域政策问题的研究学院提供经费。克瑞、凯尔蒂，后来甚至马丁·弗格森都帮我争取到了经费，年复一年。由此产生了很好的研究结果。"每年62.5万澳元的政府投入持续了六年。菲尔斯的公共管理学院很幸运赶上了工党追求知性的时期。工党将对其的资金投入看作是对于政府向私立商学院进行财政补助的一种平衡。

菲尔斯长期以来对于公共管理的兴趣使得他在2003年被任命为新成立的澳新政府学院的首任校长。该学院将培育出一代又一代公共领域的领导者。

菲尔斯在很长的时期内都在同时进行着学者与行政执法者这两个事业，后来全职进入价格管理领域，再后来进入竞争政策领域。额外的薪水固然能够帮助家用，但菲尔斯早年在这两种不同的工作与家庭之间来回穿梭的路上花费了大量的时间。

虽然菲尔斯的事业在80年代后期开始蒸蒸日上，但是他的家庭生活却因为他的大女儿伊莎贝拉的病情在青春期时加重而受到了严重的影响。在青春期病情加重是精神分裂症的一种常见趋势，但是伊莎贝拉直到她二十几岁时才得到了确切的诊断。在那之前，各种不同的医学诊断意见五花八门，比如"发展型障碍"等让菲尔斯一家无所适从。

诊断的延误造成了必要帮助的缺失。两个女儿之间的竞争很是激烈，妹妹特丽莎在学校里如鱼得水，而姐姐伊莎贝拉的学校生活则是分崩离析的。虽然她在学业上成绩优秀，但是她行为古怪，并且还对某些同学产生非理性的关注。菲尔斯夫妇将伊莎贝拉转到了一所新的学校，后来又专门请了家庭教师帮助她在家中自学长达一年。后来，他们又尝试了一家寄宿学校，但是问题依然持续。

"那是地狱，完全的地狱。"伊莎贝尔回忆道。"对于艾伦来说这是非常悲伤的事情，因为他发现跟伊莎贝拉一起生活的压力非常非常大。"有的时候，艾伦和伊莎贝尔不得不到不同的商店里，试图将伊莎贝拉买回来的莫名其妙的东西退掉。有一次，菲尔斯特地戴了顶帽子来掩盖面貌，因为他不想让商家觉得是在面对消费者和竞争机构的首长所提出的退货要求。

伊莎贝尔自己已经适应了澳大利亚的生活。她开始在莫纳什教西班牙文，地点就在菲尔斯家所处的克莱顿附近。这使得她重新感受到了独立性，此外，每年一次的西班牙之旅使得她能与那边的家人们团聚。后来，通过伊莎贝尔母亲提供的一些经济上的帮助，菲尔斯夫妇在普拉汉区买下了一幢老旧的别墅，将其完全拆除，在原址盖起了伊莎贝尔梦想中的家。这是一座受墨西哥建筑师路易斯·巴拉甘影响的建筑。这栋别墅有着内院和抛光的地砖，向街的一面完全被围墙遮挡。"我告诉我们的建筑师，我想有一个完全与外界分离的房子，可以在内院里享受平静，而不是靠近城市的开放式花园。"伊莎贝尔说。"我真的需要一个非常私密的地方，我们可以在那里放松，并且可以在那里营造出反映个人世界的氛围。"

菲尔斯在事业上的成就也让伊莎贝尔欣慰，但是他长时间的出差使得照顾伊莎贝拉的责任大部分落在了她的肩上。伊莎贝尔觉得菲尔斯在事业上的发展会对家庭产生正面的影响，她以奉献自己的精神为菲尔斯做好家庭后勤。

对于伊莎贝拉在多年的心理治疗中都没有被医生诊断出精神分裂症，菲尔斯夫妇很是失望。他们曾经很多次告诉了不同的医生可能的家族病史，伊莎贝尔的两个姐妹的孩子患有精神分裂症，但医生们还是置若罔闻。直到伊莎贝拉二十五岁才被最终确诊。"对于家庭医生来说，他们应该做更多的工作以确保对疾病的发展趋势有早期的认知。"菲尔斯在为《医学期刊》撰写的一篇文章中这样写道，他认为早期治疗可以产生更好的疗效。目前伊莎贝拉主要通过服药来控制病情，但有时也需要住院治疗。

多年以来，菲尔斯一家一直把伊莎贝拉的精神分裂症作为只为近亲好友所知的秘密。在 2002 年，他们决定在澳大利亚广播公司的

《澳洲故事》专栏所作的关于菲尔斯一家的节目中，将这个情况公之于众。伊莎贝拉本人出现在了这个节目中，在节目播出之后，她被所得到的公众支持和观众的认可所鼓舞。虽然公布她的病情可能会伤害她，但是实际上这给了她更多的自信。在此之前，伊莎贝拉已经开始为《大问题》杂志撰稿，用的是笔名"Lisa Fenton"。在《澳洲故事》的节目播出之后，她开始用自己的真名写作。

第五章

我们的友谊结束了

艾伦·菲尔斯与90年代各种因素的合力为澳大利亚带来了竞争的春雷。在菲尔斯和以他为代表的积极主动的行政执法模式开始起主导作用之前，商业行为委员会只能算是一个二线政府行政执法机构。在菲尔斯与新的澳大利亚竞争与消费者委员会（简称"ACCC"，创建于1995年）引领竞争执法的十年中，其权威和影响力是如此深入人心，无处不在。而这也使得反对声音日益增加，反对原因是其"权力大到不可控！"2001年面临竞选的霍华德政府启动了三个不同的调查，分别以道森、维肯森和乌里希为首。其使命是对ACCC的权力进行调查或者改革其组织架构。当然，后者就是针对菲尔斯的代名词。

造成竞争政策在90年代集中爆发启动的原因不能简单地归结为某一个因素。当然，给予商业行为委员会新的权力甚为重要，特别是在企业集中方面法律的收紧，以及允许商业行为委员会跟企业进行谈判，而谈判达成的协议可由法院直接执行。此外，将罚款数额升至1000万澳元的作用也不容小视。1993年希尔默调查导致了竞争政策向经济的几乎所有方面扩展，甚至包括了专业职业和政府机构，同时也将委员会的权限扩展至公用设施管理。1998年的海港码头争议也给工会组织发出了一个强烈的信号，即竞争行政执法者终于要对表现为次级抵制的"呼应罢工"进行关注了。

终于，新的积极主动的行政执法模式给菲尔斯领导的商业行为委员会注入了新活力，随之而来的是大案子、大胜利以及巨额罚款。在两个不同的大型卡特尔案件中，货运公司和它们的老总们被判罚了1400万澳元，混凝土公司和它们的老总们则被判罚了2000万澳元。而在之前的班那曼时期，委员会曾经输掉了一个针对货运转运公司的诉讼。菲尔斯还加强了消费者权益保护方面的服务，对数个人寿保险公司采取了行动。在一个案子中，安保集团因为误导性保险单据向消费者返还了约5000万澳元。在商业行为委员会对于向原住民兜售保险产品时采用误导性销售方式采取行动之后，康联保险集团和诺威奇联合保险公司返还了相关保费。Mercantile Mutual公司也被发现销售具有误导性的保险产品。此外，澳洲电信退还了在电话线路修理中收取的4500万澳元的费用。

1991年，商业行为委员会就看出菲尔斯将会成为他们的新老板。"巴科斯特走了，换得菲尔斯来。"一个职员这样总结。鲍伯·巴科斯特没有追求连任，而具有很大权力的澳洲工会理事会已经将其意图表达得非常明确——他们选中了当时担任价格监督署主席的菲尔斯，希望他也能掌管商业行为委员会。在这个霍克政府与工会进行谈判的灼热时期，澳洲工会理事会与财政部长保罗·基庭被视作澳大利亚的真正权力核心，虽然鲍伯·霍克才是联邦政府的总理。

菲尔斯是显而易见的候选人。在他的领导下，价格监督署已经介入了消费者保护和竞争政策的方方面面。价格监督署对于书籍和CD行业的调查就是在菲尔斯主导下的价格监督署向商业行为委员会管辖范围"悄然扩展"的经典例子。

当时的司法部长迈克尔·达非至少在形式上做得比较正式，包括先公布了职位的空缺，然后组织了一个由资深官员组成的小组对候选人进行审核。那个小组推荐了菲尔斯，然后达非将菲尔斯的提名报给了内阁。提名获得了通过。达非向菲尔斯提出了"别学巴科斯特"的要求，即不能在公众场合攻击政府。

菲尔斯立即看到了将价格监督署与商业行为委员会合并的合理性。在巴科斯特和菲尔斯的分别领导下，这两个机构的职能发生重叠，甚至产生矛盾。例如，在汽油价格问题又一次升温时，菲尔斯和价格监督署惊讶地发现商业行为委员会发布了一个表示其支持货架定价的报告，而该定价方式将会减少价格折扣的机会。随后，在没有进行机构间的协调讨论的情况下，财政部长领导下的价格监督署对于汽油定价展开了自己的调查。

在与财政部长约翰·凯林（基庭已离任，以便为挑战霍克的总理位子做准备）和掌控商业行为委员会的司法部长达非的一个会议讨论中，菲尔斯用了展现两个机构职权重叠矛盾的例子作为支持机构合并的依据。两位部长要求菲尔斯为内阁会议准备一份报告。但是，机构合并的最明显障碍是如何解决"合并后的新机构是应该划归财政部管理还是司法部管理"这个难题。在对权力很敏感的堪培拉，职权范围之争永远是一个重要的问题。

财政部作为经济中的主要角色，对这两个机构未来的态度有些含混不清。一方面，财政部对于其下辖的菲尔斯和价格监督署还是心存忌惮。财政部一直将价格监督署视作向工会妥协的一种政治作秀手段。另一方面，如果价格监督署要与商业行为委员会合并为一个更有权力的机构，那么财政部当然想争取对其的管辖权。而在司法部辖下的商业行为委员会从没有自财政部（或者是司法部）那里得到过太多的支持。

不幸的是，对于菲尔斯的合并建议，官僚主义的铁律得以适用：如果两个部门无法达成一致，那么建议就一定不会被采纳。但是，此事的最终结果是：唠叨的力量战胜一切——凯尔蒂总是在基庭耳边为合并事宜游说。在基庭终于登上总理宝座之后，他再也不想听这些重复多遍的论点了，所以只好同意照办。

而在此期间的1991年，菲尔斯同意担任商业行为委员会与价格监督署的联合主席。商界十分担心菲尔斯会利用他的职权将企业向价格监督署提供的保密信息用于商业行为委员会办理的商业行为案件中。一些令人不适的压力很快出现了。TNT 公司在收到调查通知之后，很快提起了诉讼，指控菲尔斯同时戴的两顶帽子之间有利益和角色冲突。当法庭认定利益冲突可能是一个问题时，调查通知被撤销了。菲尔斯也认识到了可能引起的问题，所以他在 1992 年末让出了价格监督署，大卫·科森成为那个部门的新主席。科森是莫林·布兰特教授的学生，布兰特的学生已经遍布与竞争政策相关的行政执法界、企业界与法律界。

在那个时候，菲尔斯已经清楚地认识到竞争政策，而非价格政策，才是热点所在。在他担任价格监督署主席的最后几个月里，他在《财经评论》的一次访谈中提到："超高的价格一般只发生在缺少竞争的行业中。竞争是价格的最好监控者。"对于菲尔斯来说，这个结论将他从剑桥大学开始的，高举"以价格管理控制通货膨胀"的旗帜的漫长征程画上了句号。有意思的是，菲尔斯曾经从商业行为委员会的首任主席隆·班那曼那里得到过类似的预言。早在 1974 年，刚刚任职于正当化价格合议庭的菲尔斯在堪培拉的一个经济会社活动上作了一个讲话，其间班那曼追问合议庭到底是一个真的法庭形式，或仅仅是一个委员会形式。会后，班那曼告诉他："在此刻，正当化价格合议庭既时尚又高调，众人瞩目。但是从长远看，《商业行为法》才是更重要的。"

17 年之后，在他成为商业行为委员会主席之时，菲尔斯开始意识到班那曼的预言是如此的具有前瞻性。在菲尔斯刚刚上任的几天之后，一个委员会内部报告摆在了他的办公桌上，请示他是否要对新启动的关于企业集中法律的库尼调查呈交意见。

对于企业集中法律发起调查听起来似乎无毒无害，但是企业集中曾经是，并且现在依然是大企业高度关注竞争法规的基石之一。当然，企业集中常常对经济有益，有助于推动管理和产品开发方面的进步，同时也为消费者和股东们带来利益。但是，如果其导致产生了可以操控价格的垄断企业，那么企业集中也可以造成伤害。一个宽松的"市场支配地位"的法律标准意味着竞争执法者只能阻止会导致垄断的企业集中。一个更为严格的法律标准，即可以阻止将会"严重削弱竞争"的企业集中，显然会给行政执法者更多的说"不"的权力，也会让试图进行并购的企业在事前多几番斟酌。

因此，企业集中可谓竞争政策的交锋前沿。在这两个法律标准（"市场支配地位"与"严重削弱竞争"）之间的选择不仅决定着竞争行政执法者看待企业集中的尺度，也会对行业结构产生深远的影响，而且还决定着政府是否会在澳洲这个小规模的经济体中主动支持"国家队"领军企业的产生——有些人认为大型公司是进行有效全球竞争所必需的。这个争议会在数年后变得更为激烈。

到底在哪里划定企业集中的红线呢？如本书第二章所述，自其诞生之日起至1991年的不长时间内，新的《商业行为法》已经分别尝试了较为宽松的和较为严格的法律标准，而弗雷泽政府则作出了采用较为宽松的"市场支配地位"法律标准的决定。

在许多方面，这两个不同的法律标准可以导致竞争行政执法者采取不同的消极或积极态度。在"市场支配地位"法律标准下，竞争行政执法者需要关注的是交易后的企业是否会拥有"市场支配地位"。在实行"市场支配地位"法律标准期间，商业行为委员会使用的标尺是45%的市场份额。如果超过了，那么企业集中的方案可能就会面临不被批准的问题。

采用将会"严重削弱竞争"的法律标准，就意味着行政执法机构必须研究整个市场结构，然后对于未来市场作出判断。这就将ACCC最具争议的权力之一，即相关市场界定，置于聚光灯下。举例来说，ACCC将免费的电视广播公司与付费电视频道的经营者界定为分属不同的市场。所以，在满足有关传媒法规的前提下，一个免费的电视广播公司可以收购一个付费电视频道。但是，如果这两者被视为在同一个市场，那么其收购行为就可能被认定为将会"严重削弱竞争"而受到禁止。类似的，ACCC对于派克电视集团收购费尔法克斯报纸业务持宽容态度，虽然有人对媒体多元性表示担心。AC-

油画：ACCC 主席艾伦·菲尔斯教授

图片许可：Irene Clark、墨尔本 101 画廊
画家 Irene Clark
尺寸 96×127cm
2002 年 Portia Geach 纪念奖决赛作品

终生爱好始于今日：艾伦·菲尔斯 8 岁生日时得到一个新板球拍

（Forest Place，Perth. 1950 年 2 月 7 日）

艾伦·菲尔斯与玛丽亚－伊莎贝尔·西德的婚礼

（西班牙马德里，1969 年 4 月 7 日）

放马过来！在一次油价危机中，菲尔斯面对媒体摆出斗士姿态

2003 年 5 月，菲尔斯在澳大利亚国立大学培育教导下一代人才

在国际舞台上：菲尔斯出席经济合作与发展组织（OECD）
2001 年竞争委员会巴黎会议

图片许可：OECD

"商品和服务税"对消费者意味着什么？
菲尔斯与妻子伊莎贝尔参加"商品和服务税"超市销售测试活动

图片许可：Fairfax Photos

频频出镜：菲尔斯在 2001 年一次新闻发布会上

CC 的理由是其将电视和报纸视为不同的市场。

虽然菲尔斯刚刚上任，但是他本能地知道他需要重回"严重削弱竞争"的法律标准。他的主张受到了商业行为委员会副主席布莱恩·约翰斯以及资深工作人员的支持。"这才是正确的原则，"菲尔斯说，"如果一个企业集中将会严重削弱竞争，那么应该被制止。如果没有这个法律标准，那么银行业集中、石油公司集中都将成为可能。软弱的企业集中法律是澳大利亚经济拥有如此高集中度的原因之一。"菲尔斯还指出，如果企业集中所能带来的公众利益大于其所将造成的限制竞争的影响，那么企业仍可以申请特别许可。根据相关法律，即使企业集中被认为将会"严重削弱竞争"，企业仍可以符合"公共利益"为由申请特别许可。

但是，菲尔斯在1991年面临的问题是他的这个意见被大多数人反对。被广泛接受的是"市场支配地位"这个法律标准。而接下来发生的事情可能是澳洲历史上最为重要的商业政策的大转向之一。

仅仅在两年之前，一个以议会议员艾伦·格里菲斯为首的众议院调查还建议继续保留"市场支配地位"法律标准。这反映了传统的"做大做强以参与海外竞争"的理念，该理念是促使1977年改为采用"市场支配地位"法律标准的原因。当时，作为行业与消费者事务部长的约翰·霍华德说：

> 对于澳洲工业的合理化进程不能有任何不必要的法律或者行政方面的障碍。取得经济上的规模化和提高国际竞争力是符合澳大利亚最大利益的。

工党支持了这一观点。官僚体系也表示了支持。在最近的1989年的格里菲斯调查中，财政部的观点依然是在像澳大利亚这样小的经济体中，在任何市场上只存在一两个有效率的生产商的情况是可能的。"在那种情况下，效率上的考量可能需要相对高的集中度。"财政部说。

但是，反对这种观点的声音也在增加。对于澳大利亚宽松的企业集中法律标准所允许的经济高度集中，工党的经济计划顾问理事会在 1988 年表达了忧虑，并指出该法律标准相对于国际普遍标准过于宽松，还提及海外对于交易后公司不理想的经营状态进行的调查研究。EPAC 对于大企业集团之间"心照不宣的串通"（tacit collusion）发出警告；与此同时消费者协会也在警告，对于此种现象"公众不满的程度"正在增加。

在菲尔斯的前任鲍伯·巴科斯特的领导期间，商业行为委员会的主管们曾试图以平和的方式来说服格里菲斯调查，希望有一个更加鼓励竞争的法律标准。调查委员会似乎有所松动，但是巴科斯特亲自将这种努力扼杀在了摇篮中。他告诉调查委员会，企业界应该得到的是确定性，而不是朝令夕改的规则变换。巴科斯特还相信，"市场支配地位"这个法律标准如果被正确使用，那么也可以是行之有效的。他还举例说明了自己的观点，包括商业行为委员会曾成功地阻止了雅乐思与纳贝斯克的集中，还有在澳洲肉类控股公司案中，法庭发出了将交易后实体进行剥离的命令。

当菲尔斯向工党参议员巴尼·库尼领导的 1991 年的议会调查寻求支持时，环境也在开始发生一些变化。在政府和财政部内部，对于"市场支配地位"这个法律标准可能会允许大型银行进一步集中的担心与日俱增。银行界的四大金刚可能会通过进一步集中而只剩下哼哈二将。

拥护竞争的力量主张采用更为严格的企业集中法律标准，并且这种主张还得到了一个崭新而有力的理论支持。1990 年，哈佛大学的企业管理教授迈克尔·波特接受任命，加入了里根总统的工业竞争委员会。他撰写出版了一本具有里程碑意义的著作，名为《国家的竞争优势》。波特论述了在国内市场上占主导地位的国内公司很少能够在国际竞争中占据竞争优势。该理论颠覆了澳大利亚的传统观念。波特认为，相比之下，创新的速度更为重要，规模经济最好通过出口来完成，而不是通过在国内市场占据主导地位而实现。波特指出：

一个强劲的反垄断政策，特别是针对横向集中、联合与串通行为，是创新的基础。虽然提倡为全球化与创造国家级的行业领军人物而推进企业集中和联合在当下十分流行，这种实践与获得竞争优势的目的却常常南辕北辙。

渐渐地，争议的倾向性开始发生变化，而菲尔斯在其中起到了重要的作用。他对财政部进行了积极的游说。虽然财政部对波特的理论持保留态度，指出瑞典的经济发展与波特的理论不符，但是，财政部还是提出了一个较为严格的企业集中的法律标准。财政部在1988年建立了一个结构政策部门，该部门在90年代初开始积极主张微观改革对于重新启动疲弱的经济是必需的，并且竞争政策是其中的关键。此外，财政部还担心宽松的企业集中法律标准会导致银行业过度集中。

巴尼·库尼是从维多利亚来的一个工党参议员，脾气非常随和。在这次调查当中，他一定觉得自己成了夹在三明治中的火腿肉馅，承受着全方位的压力。其中包括自己的党派，还有作为反对党的自由党和国家党，每一派都站到了不同的立场，并且都以不同的专家意见作为武器。在自己的政党内部，司法部长麦尔克·达非支持保留"市场支配地位"这个法律标准。达非告诉库尼，工党政府内部没有变革的意愿。在与菲尔斯的会议中，库尼表明了自己对变革没有兴趣。菲尔斯请比尔·凯尔蒂去和库尼谈谈。库尼被拉进了一个与凯尔蒂和菲尔斯一起开的会议，并且被非常清楚地告知澳洲工会理事会在该问题上的明确立场。"我记得比尔·凯尔蒂对于艾伦·菲尔斯的立场非常支持。"库尼说。

菲尔斯接下来又对调查委员会中的其他成员开展工作。民主党人希德·斯宾德拉是一个积极的支持者。他的支持是理所当然的，能够在格里菲斯报告后如此之短的时间内组织起库尼调查的原因就是与民主党人达成的协议！菲尔斯还与参议员阿曼达·温思端——一个渴望变革的自由党派人士，进行了讨论。国家党的参议员隆·

博斯韦尔虽然不在调查委员会内，但是也支持变革。博斯韦尔以他一贯务实的风格主动表示他可以跟调查委员会的国家党参议员比尔·欧奇"谈一谈"。不管博斯韦尔跟欧奇说了什么，效果很管用。欧奇对变革投了赞成票。但是自由党的罗德·凯普显得较为顽固，对变革投了反对票。

在工党方面，菲尔斯请来了澳洲工会理事会的重量级人物来帮忙。除了用凯尔蒂说服参议员库尼之外，他还请澳洲工会理事会的总裁詹妮·乔治跟西澳大利亚的参议员帕特里夏·吉莱斯谈了话。当吉莱斯在下一个调查委员会会议上突然表示她会对变革投赞成票时，库尼好像也被惊到了。克里斯·沙赫特是另一个对于变革的坚定支持者。

在此同时，库尼调查还必须面对众多的、强烈要求保留"市场支配地位"法律标准的外部专家。这其中包括两位商业行为委员会的前任主席，鲍伯·巴科斯特和鲍伯·麦克康麦斯，以及前任委员沃伦·潘吉利博士，此外还有澳洲商会、法律协会以及司法部。反对者们的主要观点是"市场支配地位"这个法律标准将有益于提升行业效率和澳大利亚企业在国际市场的参与程度，也就是波特予以明确否定的论点。

1991年12月发布的库尼报告似乎在这两种意见的拔河赛中难以抉择。报告翔实地阐述了变革的各种好处与坏处，然后宣布："调查委员会没有发现可以使其毋庸置疑地接受某一特定结论的任何论点或论据。"

所以，关于变革的必然性并没有能够压倒一切的理论支持。报告对于近年发布的格里菲斯认为应该维持原状的建议进行了政治上的维护，之后，报告给出了支持更具竞争力的法律标准的建议。这个建议出现的方式简直有点像事后补充。对于这个建议的论点支持仅仅限于几段话，包括对于波特理论的引述，对于小企业的考虑，以及需要让澳大利亚在竞争法律标准方面跟上有相似思维的国家的步伐。库尼说，并没有哪个"霹雳闪电时刻"让他和调查委员会被突然说服。"我是在竞争问题和竞争将会如何推动进步的方面被说服的。"他说。

调查委员会的工作取得了胜利。虽然委员会的建议在握,但是权力的游戏还没有结束。接下来,政府必须接受这个建议。

在工党内阁即将讨论库尼报告的几天前,菲尔斯接到了时任财政部长约翰·道金斯的电话。这个电话是代表总理基庭打的,电话的主题是道金斯想要讨论可能的退让余地。能不能在文字上仍然保留"市场支配地位"这个法律标准,而另外附加一些条件,使其更接近于竞争性的法律标准?菲尔斯阐述了那种做法会带来的问题。好吧,道金斯说,那能不能反过来,将文字改为"严重削弱竞争"的法律标准,但是附加一些条件,使得原有的法律标准在实践中依然适用。那样做是没有希望的,菲尔斯回答道。

道金斯问菲尔斯能否想出一个折中方案。也许,菲尔斯说,我们可以看看是否能够建立一个禁止联合市场支配地位或集体市场支配地位的法律标准。在之后的几天当中,菲尔斯与几个海外专家对这些想法进行了讨论,但是很快得出结论说:这些都无法实际操作。"严重削弱竞争"这个法律标准在美国已经有了很多的判例。联合市场支配地位或集体市场支配地位听起来则像串通阴谋,而不是企业集中。"没有办法了。"菲尔斯这样回复道金斯。

达非的任务是为内阁准备一份政府关于库尼建议所持态度的文稿,而他本人还没有被说服。"我就是看不到任何变革的必要。"他告诉菲尔斯。菲尔斯听后,马上就去了他的办公室。在那里他看到了司法部的资深官员们正劝达非在一份向内阁建议保持现状的文稿上签字。在达非面前,那些官员们和菲尔斯开始了一场即兴辩论。会议原计划为 30 分钟,但却在菲尔斯与达非手下的官员们之间你来我往的辩论中延长至大约三小时。这一次,菲尔斯娴熟、系统地阐述了论点论据。达非终于被说服了。

内阁也同意了。历经 15 年的时间,"鼓励规模经营以使得行业能够在国际上竞争"的理论在澳洲失去了市场。虽然在 90 年代后期，企业界又作出了很大的努力，但是原有的那个宽松的企业集中标准不大可能回来了。达非说，内阁的决定在政府内部并没有得到热烈的欢迎。"我依然不能完全确认那是一个正确的决定。"他说。但是，从平衡的角度来看，他相信那是一个最好的决定。"如果艾伦·菲尔斯没有如此执著地推进变革的话，那个变革就不会发生。他对此产生了巨大的影响力，这应该算作他取得的成就之一。"

菲尔斯的批评者们仍然没有在这件事上放过他。对菲尔斯力挽狂澜，扭转工党对于宽松的企业集中标准的支持的做法，已成为影子部门冉冉升起的新星的彼得·科斯特洛进行了讽刺，他说，那个精力充沛的菲尔斯证实了自己对于司法部长等人的影响力，可以反客为主。仅仅在库尼报告发布的几个月之前，达非还说过，政府不认为有任何必要改用"严重削弱竞争"这个法律标准。到底什么起了变化呢？科斯特洛问道。"变化的关键在于……菲尔斯教授作为商业行为委员会新任主席成了一个不知疲倦的说客，去找这个部长、那个部长，去找反对党，去争取一个管辖范围更广的标准。而这个新的标准又碰巧会给予商业行为委员会在决定公司在何种情形下可以购买其他公司的资产或者股权方面更多的干涉权……"

科斯特洛做了一个即精明又损人的演讲，可总结为"好的、坏的和丑的"。他认为，菲尔斯在其中担当的角色是坏的，新的管束"有违良知的行为"的权力是好的，而直接规定"新的1000万澳元的罚款条款对于工会不适用"则是丑陋的偏袒。作为一个理论上应该只是执行政府制定的竞争政策的行政执法者，菲尔斯展现了其可以得心应手地影响甚至改变某些政策的能力。

在这一时期的另外两个变化也给商业行为委员会不断扩充的武器库增加了新火力。其一，工党政府将罚款上限从墨菲时期的25万澳元增至1000万澳元。自由党之前曾经要求将上限提高至500万澳元。在澳大利亚电信管制局立法（其中民主党成功取得了1000万澳元的上限）通过后，达非也作出了相应的提高。如果达非没有为了商业行为委员会那么做的话，参议院也很有可能对他提议的新的企业集中法案进行类似的修改。但是，澳洲工会理事会全力争取并且赢得了对工会的一项豁免，即对其在绝大多数境况下的罚款上限将仍然保持原有的 25 万澳元标准，这是一条显而易见地偏袒工会的规定。

其二，1992 年通过的系列法案引入了"可通过法院执行的承诺"这一概念。1989 年的格里菲斯调查就曾经建议商业行为委员会与参与集中的各方进行谈判的权力应该得到一些立法上的支持。这个变化使得竞争行政执法机构能够进行相应的谈判，然后接受参与集中的相关方作出的书面承诺，以改正其认为企业集中方案中会对竞争造成不良影响的方面。这一权力也适用于更广阔范围内的竞争问题，甚至包括企业的剥离。此类被称为"第 87 条 B 款"的手段已经在许多企业集中的谈判中成为一种强有力的工具。例如，在 1997 年的西太平洋银行和墨尔本银行的并购交易中，各方同意进行关于以下几方面的承诺：营业时间、某些费用的免除，以及自动取款机的使用。在 1994 年的加德士公司与澳大利亚司机石油公司并购交易中，委员会争取到了一定数量的独立加油站。

在此期间，澳大利亚经济其他方面也迎来了给竞争法带来显著推动力的春风。如书中前文所述，至 90 年代中期，希尔默改革将竞争理念推广至经济的大部分领域，包括首次涵盖的专业职业领域、政府机构以及一系列之前未曾涉及的企业。在此前的多年中，人们已经认识到竞争法管辖范围的局限。1977 年，在弗雷泽政府当选后进行的斯旺森调查已经着重指出了《商业行为法》缺少"全覆盖"的实施范围，但是没有起到任何作用。鲍伯·巴科斯特也曾经指出这个缺陷。菲尔斯在成为委员会主席之后，很快就在一个媒体俱乐部的讲演中重申了这一点。

其实，对改革的推力来自于另一个方向。霍克/基庭政府已经开始将澳洲经济进一步国际化，自由浮动澳元汇率，放松对银行业的管控，并且大规模地降低关税。但是，在 90 年代之初，澳大利亚就已经挣扎在深度的经济衰退中，不得不为经常项下的赤字问题与高失业率而担心。保罗·基庭曾将澳洲比作"香蕉共和国"的话不是空穴来风。澳大利亚难道真的要走下坡路了吗？

基庭开始跟各州政府一起探讨怎样扩展竞争领域的问题。让人惊叹的是，尽管一直以来，联邦政府与州政府之间的关系并不是十分和谐，他仍然争取到了联邦政府与州政府的一致同意，为了全面提高澳大利亚的竞争力而开展一次深入的调查研究。"自由和开放的竞争是提高效率的引擎。"基庭说。作为一个工党政府的总理，基庭很是特立独行。由此开展的由新南威尔士大学的澳洲管理研究院院长和主管弗里德·希尔默领导的希尔默调查，成了澳洲竞争政策发展过程中的一座里程碑。

霍克/基庭政府的改革措施，如自由浮动澳元汇率和大规模降低关税，更多是对经济中的商品领域造成了影响。经济中的其他领域，从专业职业到农业营销，还有许多政府机构都没有受到影响。此外，商业行为委员会当时仅仅监管的是公司的市场行为，而并不是其深层次的反竞争结构的问题。

希尔默改革并没有花太多精力在新法规的细节上做文章，而是直指全方位推进竞争的过程，包括：将竞争引入专业职业领域，取缔如蛋类营销理事会之类政府严格管控的行业所制定的限制条件，在核心设施的垄断中引入竞争，以及强制要求政府"企业"参与公平竞争。实质上，希尔默的根本意图在于要将竞争转化为一个社会的价值观、一个公众的集体共识。"如果澳大利亚想要国家繁荣、人民的生活水平不断提高、发展机遇不断增多的话，那么除了提高其公司和机构的生产力和国际竞争力之外，别无选择。"调查结果这样宣布。

希尔默建议，在专业职业领域以及在放松政府管控后的能源和电信市场确保市场参与者的进入权方面，给予菲尔斯的委员会新的权力。为了剔除各州政府设置的种种错综复杂的限制竞争的制度，一个全新的机构——国家竞争理事会被特别创建。希尔默和菲尔斯曾经讨论过，是否可以让即将于 1995 年成立的 ACCC 全面负责整个国家层面的竞争政策，同时保留商业行为委员会原有的对于企业集中、反竞争行为和消费者权益保护方面的监管。"我觉得那样的话，职责就太大了。"菲尔斯说。"我想对于专业职业和公用设施管理等管辖范围的扩大，我们已经有了足够多的挑战。我还觉得，从政治上来看，也可能比较勉强。在大众的目光中，ACCC 必须是强势有力的，因为一个有权威的执法者才比较容易取得结果。我认为，如果在与强大的利益集团们进行角逐较量的时候，我们还要监督政府，特别是州政府和地区政府对国家竞争政策的实施的话，那么任务就太过庞大了。我们会在太多的战线上同时开展战斗。"

菲尔斯的想法是对的。希尔默改革启动了一个庞大的工程，将州政府制定的所有限制竞争的法律法规予以取缔，共计 1800 部。不仅任务极其繁重，而且必然会造成与州政府的交锋。菲尔斯与商界团体之间的诸多较量已经让他够忙的了。

菲尔斯常被指责为"权力狂人"。但是，他拒绝了由新成立的 ACCC 来监督政府实施国家竞争政策这一任务建议。至少这个决定驳斥了对菲尔斯的这种指责。

在得出了澳大利亚需要广泛的改革措施，并且需要一个新的机构来实施其中大部分措施的结论后，希尔默接下来要面对的是如何推销这些可能在政治上并不受欢迎的改变。希尔默准备了一系列小故事来使人们能够更容易理解改革的重要性。其中一个是关于来自美国的汉堡包连锁店麦当劳的。麦当劳为其在亚洲连锁店准备的统一标准的土豆条是从美国的爱达荷州进口的，而不是澳大利亚。为什么？因为依据塔斯马尼亚地区的农业法规，那里从事土豆种植的大多数是小农场，而不能被合并成可以进行统一质量控制的大型经济单位。这个小故事显示的是保护性法规可能会保护几个种植土豆的小型农场，但是同时也会抑制发展新产业的机遇。

但是，希尔默最好的"故事"却是他赢得对基庭的工党政府来说至关重要的工党核心议员对于改革的支持。无论基庭对竞争有什么想法，总会有核心议员反对。希尔默向他们中的一个关键人物请教。"给他们讲一个对付律师的故事"是他得到的锦囊妙计。于是，希尔默站到了该党核心议员们面前，对聚集起来的工党议员们说，改革将打击不动产交易上的法律垄断，而使买房人节省交易费用。"那段话所起的作用比所有的政策讨论和竞争的定义都要大。"他说。

对菲尔斯来说，希尔默的改革疏通理顺了许多竞争政策问题。原来的商业行为委员会被重新命名为澳大利亚竞争和消费者委员会（简称"ACCC"）。最终，价格监督署被收入了同一框架下，皆归属于财政部。各州政府同意将商业行为法的范畴扩展到各自的职能领地，放弃了其原有的"皇冠保护"权利。各州和地区的公用设施现在都要受到竞争法规的管辖。

取得各州政府的合作是要付出代价的。州政府第一次得到了对任命 ACCC 主席和委员的否决权。这将会在 2002～2003 年科斯特洛准备以国家竞争理事会的首长格兰姆·萨缪尔取代菲尔斯时，成为其一个政治上的绊脚石。

在 90 年代，对 ACCC 权力的最后一个助推剂却使菲尔斯个人付出了高昂的代价。1998 年的海港码头争议真正考验着这个竞争行政执法者对于工会次级抵制这一政治敏感问题的态度。最终的结果是菲尔斯与凯尔蒂之间将近 20 年的友谊被迫结束。由于海港码头争议中各方的激动情绪以及 ACCC 在其中不得不接受的角色，菲尔斯与工会组织的紧张关系似乎不可避免。但是，由此造成的与凯尔蒂的分道扬镳给菲尔斯带来了个人感情上的切肤之痛。

海港码头争议的导火索是帕特里克码头装卸公司企图缩减澳大利亚海事工会规模的大胆计划。ACCC 在海港码头争议的后期才开始介入。此前，霍华德政府已经加强了针对次级抵制的立法，将相关条款重新加入《商业行为法》，同时，还非常有预见性地增加了禁止进行反对国际贸易的罢工的条款。次级抵制是工会在谈判中可以运用的一个很有威力的工具。比如，许多公司在与自己的工会谈判中互不相让之时，可能会突然发现公司的邮递业务和其他服务被其他的（与争议完全无干的外部）工会中断，从而不得不向自己工会低头。

原商业行为委员会在这方面一贯采取的是比较含糊的态度。从弗雷泽时期开始，商业行为委员会就与鲍伯·霍克的澳洲工会理事会达成了一个非正式协议，即：如果次级抵制实质上涉及了竞争的问题，那么商业行为委员会将采取行动；而在其他的"行业内部打群架找帮手"的情况下，则不会介入。在第二种情况下，雇主们大可以根据有关次级抵制的法律条款，自行提起诉讼。菲尔斯在任职于商业行为委员会的初期所犯的一个错误是公开承认了这条"潜规则"。反对党的财政部部长候选人（"影子部长"）彼得·科斯特洛（拥有从 Dollar Sweets 案获得的法律背景）立即跳了出来，指责菲尔斯不执行法律。

在与科斯特洛的一次会面中，菲尔斯解释说这种做法是从 70 年代后期以来遗留的惯例。科斯特洛表示他只希望法律被公正而有力地执行，"对老朋友也不会高抬贵手。"这是反对党对菲尔斯与凯尔蒂之间的老朋友关系所表示的明确关注。科斯特洛对此毫不掩饰，他指出所有人都知道这层关系。

菲尔斯否认对工会有任何偏袒，科斯特洛也接受了这个保证。科斯特洛说，菲尔斯跟一个工会领袖的私人友谊本身无可厚非，但前提条件是法律被不偏不倚地执行。这将是科斯特洛对菲尔斯一直重复的说法，甚至延续到了他成为财政部长，从而拥有了对于 ACCC 的部长级监督权之后。

在海港码头争议不断加剧之时，每晚电视上都会播出码头上人群间的冲突，而要求菲尔斯和 ACCC 的管理层采取行动的压力也骤然增加。从业关系部长彼得·瑞斯的办公室及其管辖部门对此不断施压。瑞斯是筹划挑战澳大利亚海事工会对码头的控制权的关键人物之一，其目的在于提高生产率和降低出口成本。

但是，菲尔斯坚持在此争议中不偏不倚。他试图收集两个主要雇主，帕特里克和 P&O 之间串通的证据。ACCC 向雇主们发出了基于第 155 条款的通知，迫使其提供信息。但是，没有任何串通事实能够被证明。当工会组织的罢工场景通过电视报道使众人皆知时，抓到雇主间私下串通的真凭实据更加困难了。

压力还在继续增加。在观看了又一场电视转播的"码头冲突"之后，科斯特洛给菲尔斯打了电话。科斯特洛觉得他看到的是非常明显的次级抵制。"你会采取行动吗？"他想要知道。菲尔斯告诉他ACCC正在收集证据。"我们不会让步，不会手软。"菲尔斯说。

ACCC对于澳大利亚海事工会发出了严厉的警告，后来菲尔斯才知道澳洲工会理事会对此很是不满。在码头上，情势更加危急。为了工会发出的一个针对拖动货轮入港的泊船进行次级抵制的威胁，ACCC的工作人员与澳大利亚海事工会的领导者们在凌晨四点进行了激烈的争论。结果，工会在这件事上退让了，因为ACCC表示将不惜用直升机空投工作人员到船上，以搜集证据。

最终迫使ACCC采取法律行动的是澳大利亚海事工会企图组织针对帕特里克使用非工会成员装载的驶离澳大利亚的货船进行罢工的计划。在委员会中，首席执行官汉克·斯派尔和其他委员们，包括艾伦·艾舍尔，觉得ACCC必须出手了。在此形势下，菲尔斯也表示了同意。ACCC向法庭申请并获得了一个暂时禁止令，要求澳大利亚海事工会不得从事次级抵制并且还要支付巨额罚款。

但是，在ACCC最终采取法律行动之时，海港码头争议的主要各方已经快要达成一个复杂的和解协议了。造成这种局面的背景是，澳大利亚海事工会在法庭上击败了帕特里克消除该工会对码头控制的企图。这个和解协议的内容之一是澳大利亚海事工会将其对于帕特里克、瑞斯和全国农业联合会"联合阴谋"的指控撤诉。澳大利亚海事工会表示拒绝撤诉，除非ACCC放弃其采取的法律行动。菲尔斯认为委员会不能在推进一个如此里程碑式的案例时突然放弃。"我们将坚持。"他这样告诉委员会里的其他委员。他当时并不知道，政府正在幕后拆台，告诉各方政府将使ACCC放弃立场。

工会要求在ACCC办公室开会商讨解决办法。在会上，菲尔斯明确表示ACCC会坚持己见，向法院要求一个对从事进一步工会罢工的禁止令，并且还要向出口商赔付罢工期间的损失。会议中的争议变得白热化，澳大利亚海事工会的首领约翰·孔幕斯有些夸张地抓起自己的文件塞进了文件包，然后就走出了会议室。这可能是在与雇主谈判中行之有效的一招，但是这次可是工会自己主动要求与监管者开会谈判的。在 ACCC 工作人员用过午餐回来上班时，他们看到澳洲工会理事会助理秘书格雷格·康贝特站在办公楼外的水泥地上劝孔幕斯回到会议室去。

澳洲工会理事会开始公开指责 ACCC 是各方达成最终和解方案的绊脚石，此时，ACCC 看到其未来的信誉受到挑战。同时，从另一方面来的压力也在增加。在出口中受到罢工影响而遭受损失的多个公司纷纷向 ACCC 投诉。虽然 ACCC 有很多人认为这些投诉很可能是政府在幕后筹划的，但是他们还是必须面对。

在压力与日俱增的情况下，菲尔斯跟凯尔蒂在他们好友的南墨尔本别墅里进行了一次私下会晤。凯尔蒂对于 ACCC 对工会采取的行动十分不满，认为是"不公平的"。他争辩说，应该先让各方达成和解协议，然后再采用行动，并且需要针对雇主采用行动的理由与针对工会的理由一样多。凯尔蒂的主要要求是 ACCC 必须放弃对澳大利亚海事工会采取的行动。"为什么不起诉我呢？"他甚至如此毛遂自荐。凯尔蒂本人就是工会在码头活动的积极支持者之一。

菲尔斯的回答是 ACCC 只是在尽自己的职责，所以不会让步。并且，需要负责的是工会，而不是像凯尔蒂这样的个人。很明显的，菲尔斯是不会退让了。凯尔蒂勃然大怒，威胁将与菲尔斯绝交。这意味着菲尔斯的事业可能会受到严重打击。菲尔斯在事业上所取得的地位很大程度上源于澳洲工会理事会的支持。在下次政府选举即将举行而工党可能取胜的情况下，与工会领袖的绝交可能会成为对他事业的极大威胁。

凯尔蒂想要恐吓菲尔斯，让他服软而接受和解的企图失败了。作为一个具有"老练操盘手"声望的工会领袖，凯尔蒂的所作所为实在很是幼稚。凯尔蒂想用"老伙计"的个人关系，但是他应该想到的是，对于菲尔斯来说，他不可能在与澳洲工会理事会私下接触后，就回去和 ACCC 其他委员们说，他突然决定放弃了，更不用说要对政府作交代了。

在菲尔斯坚持自己立场时，凯尔蒂更加激动，开始例数他多年以来给予菲尔斯的支持，暗示自己遭到了背叛。后来，他起身离场，边走边说道："我们的友谊结束了。"

*　　*　　*

再后来，此案终于以一揽子交易的形式达成和解。其中，工会同意了 ACCC 的条件，而帕特里克则同意向出口商们支付赔偿。菲尔斯曾经试图通过共同的朋友来联系凯尔蒂，但是没有得到任何回应。这对于菲尔斯个人来说是非常伤感情的。"他的家人和我的家人在 20 年间都是非常亲近的朋友，"菲尔斯说，"我们有着那么多共同的追求。我们一起进行了那么多场战斗。"

菲尔斯的女儿伊莎贝拉也对失去与凯尔蒂的联系深感遗憾。"比尔很生爸爸的气，因为他觉得爸爸不应该对工会采取执法行动。"伊莎贝拉这样告诉澳大利亚广播公司的《澳洲故事》节目。"我对此很是难受，因为我跟比尔·凯尔蒂一起相处得很好，我与他很亲近。我们常常会一起开玩笑，一起在电话上侃大山。但是，这一切再也没有了，再也没有联系了，我很伤心。"

菲尔斯和他的家人亲身体会到，对于力求有效执行竞争法的监管者来说，坚持原则可能要付出非常高昂的代价。

第六章
你拯救了政府

1999 年的一天，当联邦政府总理约翰·霍华德走进一个正在召开的关于政府即将征收的"商品和服务税"的内阁会议时，他听到的第一句话是财政部长彼得·科斯特洛作出的一个关于"工作人员"和"1000 万"的结论。"你是说菲尔斯要求增加 1000 万个额外的工作人员？"霍华德佯作害怕似的大叫起来。

霍华德很快被告知"工作人员"和"1000 万"是完全两个不同的概念。"我们只是向天开价而已。"菲尔斯也有点不好意思地开玩笑说。但是，如果那时菲尔斯真的要求增加大量新雇员的话，他也很可能如愿以偿，因为当时的政府正面临着背水一战的绝境：即将实行的全新税务制度存在巨大的政治风险，而距离下届选举仅仅有十八个月的时间。在这方面，霍华德政府有着深刻的前车之鉴——在加拿大引入了增值税后，当届政府在下一届选举中毫无悬念地惨败。

对于 ACCC 来说，监管新的商品和服务税的实行是一项在政治上最为冒险、在内部最具分歧的任务。当时很多人都预测，如果这个新税种的实施造成糟糕结果的话，那么 ACCC 作为"消费者之友"

的名声，更不用说其专业能力的优良形象，都将毁于一旦。

　　但是，事实证明商品和服务税的实施获得了巨大的成功。稍有遗憾的是，事后要求提交的商业活动报告是由澳大利亚税务部门设计的。有一位部长曾经对菲尔斯说："你拯救了这个政府。"但是，从大小企业由此产生的对 ACCC 的抵触情绪，以及影响委员会内部和谐因素方面来看，商品和服务税的实施成本是非常大的。

　　如果实施商品和服务税是一个捕熊的铁夹，那么菲尔斯和他的 ACCC 是大睁双眼踩上去的。关于这项任命的第一丝消息来自于 1998 年选举之前，科斯特洛办公室给汉克·斯派尔打的一个电话。ACCC 能够监管实施这个计划中的新税种吗？斯派尔对此表示了兴趣，但是有所保留。"为什么找到我们呢？"他想知道。"因为你们有一个执法铁腕的名声"就是他得到的答案。"为什么不让澳大利亚税务部门去做？"斯派尔又问。"我们需要的是肯定能把工作做好的人，而且税务部门本身已经挺忙的了。"科斯特洛的办公室这样回答。

　　斯派尔认识到了接受这项任务所可能产生的负面影响，但是同时他也看到了其所能带来的正面效用——额外的行政经费。在很多方面，斯派尔承载了 ACCC 的机构记忆，他在竞争执法机构供职多年。他亲眼目睹了 ACCC（以及其前身）曾经在行政经费不足（甚至遭受削减）的情况下如何挣扎。在 ACCC 于 90 年代中期创建之始，当时的工党政府所承诺的行政经费从没有兑现过。作为首席执行官，斯派尔意识到额外的行政经费意味着委员会终于可以购置大量的电脑，可以将分布在各州的 ACCC 分支机构与堪培拉总部直接视频连线，从而给予委员会更为全国性的行政执法能力。

　　有一些委员对于接受这项任务很有顾虑，但是有些奇怪的是，一贯站在消费者立场的艾伦·艾舍尔对于商品和服务税将会取消针对服务业的免税制度表示了赞同。斯派尔告诉犹豫不决的委员们，ACCC 在电子信息化办公方面的升级换代就"全靠商品和服务税了"。此外，商品和服务税所能带来的额外行政经费也能弥补多年来的政府投入不足，从而夯实 ACCC 的行政经费基础。

菲尔斯对斯派尔的分析表示同意。他们两人觉得如果在新税法计划于 2000 年 7 月 1 日起施行的一年之后，委员会还在忙着监管的话，那么之前的努力就算失败了。但是，菲尔斯还是以他一贯的全面思维和多角度分析的方式进行了通盘的考虑。"我们突然发现我们被给予了在政府的中心政策中重中之重的角色。在一段时间内，商品和服务税似乎是政府长期以来所面对的唯一问题。我可以从部长、官僚，以及其他相关人士的举动中看出来，我们被视作举足轻重的人物，因为公众普遍怀疑这个新税种可能是政客们给他们设的陷阱。"菲尔斯说。

"从 ACCC 的角度来说，这项任务将我们迅速推至政治舞台的中央，我对此有些忐忑。我们如何监管商品和服务税的实施将会影响到我们未来很长时间内的名誉——这是一件极冒风险的事情。我们可能会被看作完全没有效力的摆设，从政府那里接受了一个绝对重要的使命却无法交差。另一种极端的可能是，我们可能会被视为斯大林式的专权者，用酷法压制企业，并且所做的也没有多少意义。我担心我们可能会被（不满者）起诉，然后在法庭里花费数年时间。"

在科斯特洛办公室举行的一次会议中，财政部长正在着手准备即将带入 1998 年竞选的关于这个新税种的议题，形势显得更为严峻。科斯特洛以毋庸置疑的态度明确告诉菲尔斯，他想从 ACCC 那里得到的是什么——没有太多制度制约的一根"很大的狼牙棒"。那么，会有一个真正的价格管控系统，以及完整的要求公司申报价格变化的制度规范吗？"没有。"科斯特洛说。他要的是巨额罚款，再加上 ACCC 有目共睹的执法能力（以作为威胁）。"我们被视作强有力的执法者，并且有能力向企业施以高压以得到想要的结果。"菲尔斯说。

虽然科斯特洛后来因为其允许税务部门在商业活动报告的设计中使用太多的官僚手腕而饱受诟病，但是对于 ACCC 可以以此新税种对价格进行有效管控这一点，他的直觉直中靶心。当然，企业界会抱怨 ACCC 越过红线了。"酷法"成为一个被超频繁使用的词语。对此，科斯特洛和霍华德已从加拿大学到了相关经验。

科斯特洛的另外一个选择是将实施商品和服务税之后的价格留给市场力量来调整，ACCC 曾认为财政部会倾向于这种方式，或者专门为执行这个新税种而设立一个新的机构。让市场力量直接决定在政治上太危险了。而 ACCC 则是接手这项任务的最佳选择，因为其拥有原价格监督署的专业资源，还有着令人信服的执法记录，再加上其捍卫消费者利益的名声。相比之下，消费者对于税务部门的印象可能跟他们对于一篮子响尾蛇的印象差不多，而即使设立一个全新的机构，那个新机构还是会缺少 ACCC 那种让公众信赖的声望。ACCC 拥有的公众信任是政府仰仗的关键。

科斯特洛的"狼牙棒"计划让菲尔斯也着实吃了一惊。利用商品和服务税进行价格剥削的行为将会被处以最高 1000 万澳元的罚款！现代的价格管控体系一般会有一个行政管理系统，公司可以通过该系统申请价格调整。但是，科斯特洛计划通过立法，对利用商品和服务税进行价格剥削的行为处以最高 1000 万澳元的罚款，并且要求 ACCC 来执法。但是，他还要求此类执法越少越好。挥舞"狼牙棒"的明确目的在于要吓得那些可能实施价格违法的商家们不敢有非分之想。后来，威胁使用"点名批评警告"的方法也反映了政府要将违法行为公之于众的决心。

菲尔斯开始真正意识到了这项任务巨大的工作量。科斯特洛并不是仅仅计划增加一个 10% 的商品和服务税。计划中的全新税务制度是一个极其复杂的组合体，包括：取消原有的批发税以及一些州政府的税种；增加商品和服务税，还有对红酒和豪车的税负；以及对汽油、柴油、酒类等一系列的税费进行变动。之后的变动还包括进一步降低对汽油、柴油、啤酒的税负，以及取消金融机构税和证券交易印花税。

菲尔斯大概估算了一下，仅仅在零售市场内就差不多有十亿个不同的价格。在这个全新税务制度中不同税负增减的作用之下，价格既可能会升高，也可能会降低。因此将引发供应商和消费者困惑，更不用说（不良居心者）借机进行价格剥削的可能性非常巨大。

菲尔斯将科斯特洛的"狼牙棒"计划牢记于心。原价格监督署的主席，也是莫林·布兰特教授在莫纳什大学的竞争法学生大卫·科森被请出山，来担任委员会的商品和服务税特别委员。科森之前曾经任职于毕马威会计师事务所，他是带着"企业的合作是关键"的信念加入委员会的。

在商品和服务税开始占据科森和其他委员们的大部分时间时，整个 ACCC 都似乎在以旋风般的速度运转。雪片似的各种价格指南、说明指南、小企业合规指南，还有网页和价格热线使得相关信息无处不在。此外，一个对于大众商品价格大约会升降多少进行估算的"每日购物指南"还被送到了澳大利亚的每一个邮箱内，而每一份邮件上面都印着菲尔斯友善的笑容。

在两年当中，ACCC 在"消费者知识普及"上面花费了 2000 万澳元，此外政府还在电视和媒体广告上花了数百万澳元。菲尔斯成了一个家喻户晓的名字，几乎每一天都在媒体上解释关于商品和服务税的问题。"好好看住那些商品和服务税价格。"素不相识的老百姓们会在街上这样跟他大声地打着招呼。

但是，商品和服务税仍然是负担。一个由米切尔·胡克（时任澳洲食物和零售食品理事会首席执行官）领导的由关键零售商组成的研究磋商组织发掘出了一些棘手问题。其中一个是关于一大笔钱的问题，大约有几亿澳元，这是在批发税被取消后，将在供货商和大型超市之间腾出来的巨款。这笔钱应该归谁呢？归供货商，还是归超市？ACCC 作出的决定是，这个问题应由交易的各方自己商讨解决，而并不是需要行政执法者判断的定价问题。

一个更大的问题是零售商应该根据价格绝对数还是利润率来制定实施商品和服务税之后的价格。ACCC 在其准备的定价指引草案中，选择了利润率的方式，但是引发了商家爆炸式的反对声浪，他们声称这样做会在实质上将商品和服务税的一部分成本转嫁到他们的头上。举一个简单的例子来进行说明。比如，一件商品卖 6 澳元，其中 5 澳元是成本，1 澳元是盈利。如果通过取消批发税而引入商品和服务税降低了生产成本之后，成本降低了 0.50 澳元，从而达到了4.50 澳元。那么，新的价格应该是多少呢？如果按照百分比表示原来的利润率，即 20%，新的价格应当为 5.40 澳元。而如果原来的利润率是按照价格绝对数表示的，即 1 澳元，则 5.50 澳元应该是新的价格。如果将这个例子放大数以百万倍，你就可以体会到对于零售商来说，在价格绝对数和利润率两种利润表示计算之间二选一作为新税种的定价基础，所导致的盈利上的巨大差异。

ACCC 后来为了顾全确保企业界在合规方面的大局，改变了其原有的立场，而最终选择了以价格绝对数确定盈利的方式。公平地来说，商业的盈利的确不应该为承担商品和服务税的部分成本而受到挤压。

零售业的问题引发了 ACCC 在监管商品和服务税的实施期间一个难得一见的有趣场景。政府和零售商共同召集了一个会议。购物柜台将是消费者体验新税制的前沿阵地，所以政府迫切希望尽量减少问题。在内阁会议室的侧厅，聚集了联邦政府总理、财政部长大卫·科森，科尔斯公司和伍尔沃斯公司总裁丹尼斯·埃克和罗杰·库百特，以及澳洲零售业协会的首领菲尔·内勒和米切尔·胡克。科斯特洛将这个会议视作商品和服务税的实施中最为重要的会议。这个会议进行了五个小时，涵盖了从商品代码到"双价签"中的所有内容。

但是，在会议即将开始时，菲尔斯却仍然不见身影。在所有政要耐心等待的时候，总理霍华德接到了一个字条。他看了一眼，然后向在场等待的人群宣布：菲尔斯教授因为正在举行一个记者会而不得不迟到。

菲尔斯对于媒体的热情终于造成了"不得不"将总理"晒在一边"的后果。其实，菲尔斯有一个很好的理由。他很早就到了议会大厦，所以先去了财政部办公室。在那里，他很快被卷入了关于商品和服务税的"当日热点旋风"问题——涉及的是保险业的问题。财政部长的新闻秘书尼琪·萨瓦临时组织了一个"门口记者会"，并且请求菲尔斯来回答问题。当时，财政部长科斯特洛也希望他能这样做。当菲尔斯最终来到内阁会议室的时候，他受到了一些特殊的礼遇。总理霍华德对他致了以下欢迎辞："感谢菲尔斯教授能够在与媒体见面的间隙，抽出一些时间来与我们会晤。"

霍华德说这话当然是意在讽刺，可是政府真的不应该抱怨什么，因为政府是在心知肚明地借用菲尔斯在民众中的信用与名望来"推销"其设计的混乱而复杂的税务改革。菲尔斯的知名度可以一幅漫画为证。漫画家画的是菲尔斯与总理霍华德和反对党领袖金·比兹利一起走在大街上。"跟艾伦·菲尔斯走在一起的那两个家伙是谁？"一个行人这样问道。

与政府如此紧密的联系使得 ACCC 中的一些崇尚机构"独立性"的单纯人士觉得很不舒服。比如，政府坚持要求所有 ACCC 制作的关于商品和服务税的材料必须经过其审核。对于一个独立的机构来说，这是一个不受欢迎的先例。

商品和服务税正式实施的 2000 年 7 月 1 日临近之时，相关的政治问题更加白热化。ACCC 被卷入了一个政府无法自圆其说的问题当中。这个问题涉及的是汽油的定价。一个咨询报告作出了在通过不同税率变化调整之后油价会降低的预测，而实际上这种预测的情况不太可能在广大的乡村地区出现。但是，主要的政治热点来自所谓的"定价法则"。

助理财政部长乔·霍基在一个讲演中承认，有些价格的总涨幅可能会超过在商品和服务税实施下的 10%。霍基之前曾经为了航空里程积分涨幅超过 10% 这个热点问题咨询过科森的办公室。他被告知，在某些供应商此前未被征收批发税的情况下，新税的实施执行成本就会被转嫁给消费者，而有些商品价格的涨幅则可能会因此超过 10%。但是，当霍基和科森指出了这个显而易见的事实后，周六的八卦早报却立即登出这样的醒目标题——"商品和服务税的痛刺：在10%的新税之上，商家还被允许涨价"，政府立即就此陷入重压之下。

可以想象，这个事件成为工党批判此届政府的天赐良机。《每日电讯》引用了反对党影子财政部长西蒙·克林的讨伐宣言："这是政府第一次公开承认商品和服务税会超过10%。"而政府则似乎已经看到其推行的商品和服务税在价格剥削与公众的一片声讨声中惨淡收场的结局。

霍基立即给ACCC打电话以筹划如何应对。在一时之间找不到菲尔斯也找不到科森的情况下，他将电话打到了斯派尔的家里，急着问道："我们能做什么呢？"斯派尔的态度很是现实："部长，你也知道，他们所说的有一部分是正确的。"他回答道，"我们能不能给个含混的回应？"霍基知道媒体的八卦新闻对于公众对新税制的接受态度至关重要。"不行，不能那么做，"霍基说，"我会跟霍华德谈这件事。"

接下来，斯派尔和科森也互相沟通了情况。委员会给出的建议是正确的，但是对于媒体的八卦新闻来说，可能是有点直率得难以承受。再接下来，霍基的电话又打过来了。他已经跟财政部长科斯特洛和总理霍华德谈过了，而总理的意思非常明确，那就是"修改政策"。霍华德在不久前的选举中刚刚承诺了没有任何价格的涨幅会超过10%，他意识到他的政府的信誉在受到质疑。"总理已经说了，没有任何价格的涨幅会超过10%，"霍基这样告诉ACCC，"我会照此要求委员会的。"斯派尔听后很是愤怒，当时就告诉他，他没有权力这样做。霍基立即回应道，他会跟霍华德再次汇报。然后，他又给斯派尔打来了电话。这次他告诉斯派尔的是，尽管斯派尔说他没有权力这样做，他还是已经发出了媒体公告，宣布其会对ACCC下达命令：执行商品和服务税后的商品价格的最高涨幅将被限于10%。乔·霍基被扔出来承受媒体的枪弹。"乔，你可能要准备为此受些皮肉伤。"霍华德已经在这个商品和服务税问题上给他打了预防针。

就这样，ACCC 被一个政治命令套住了。事实上，ACCC 从来没有接到霍基的书面命令。斯派尔的判断是正确的：政府的确没有这个权力。但是，霍华德的命令却给 ACCC 带来了一个意外的收获。"10 就是 10，就是 10"很快就成了一个众人皆知的口号，从而在很大程度上减少了公众对于可能达到的最高涨价幅度的猜测与疑惑。

但是，在"10% 规则"上 ACCC 所承受的政治上的炮火、公众的曲解，以及商界的敌对态度都是非常痛苦的。事实上，这个规则意味着有一部分企业，特别是此前未被征收批发税的服务行业，被强制要求来承担实施商品和服务税的部分成本。他们被明确告知：现在不论如何要守住 10% 的底线，将来再考虑提高涨价幅度的事。央行后来报告在 2001 年的上半年，出现了一些零售商"恢复盈利率"的迹象，这也反映了在新税种实施之初，盈利率所受到的损失。

一些极为不满的商家威胁说，他们要向法院提起诉讼，诉求法院裁决"10% 规则"是违法的。ACCC 对此的回答是：如果你们那么做，公众会认为你们是在进行价格剥削，并且你们也知道艾伦·菲尔斯在媒体上的影响力。"你们想试试看吗？"这是一个强硬的问题。事实证明，对于这个问题的回答是"那就不试了"。没有任何企业对"10% 规则"提起任何诉讼。其实，此类诉讼很有可能取得成功，因为 ACCC 在这方面的法律依据很是薄弱，这也会在后来得以显露。

ACCC 不是唯一一个使用强硬手腕的。是否对商品和服务税实施之前与之后的商品价格进行"双价签"也成为一个在新税种即将实施之际的热点问题。ACCC 一直反对"双价签"，理由是这样做会给消费者造成困惑。之前与零售商们达成的协议是：如果一件商品被同时标上了两个价格标签，那么消费者将会有权享受那个更低的价格。虽然 ACCC 为新税制定的定价指引也将在新税实施前后一段很短时间内允许"双价签"，但是伍尔沃斯公司却想提前很长时间就开始使用"双价签"。

为了这事，乔·霍基给伍尔沃斯公司总裁罗杰·库百特打了电

话。霍基传递的是一个生动形象的信息：政府并不想看到一个主要
零售商被吊在悉尼广场的电线杆上，但是如果只有这样做才能制止
价格剥削的话，那么也没问题。他实际想表达的意思是：赶快收手，
要不然政府就会让 ACCC 来收拾你们。伍尔沃斯公司服软了，很快
就进行了大型的去除"双价签"的内部工程。"弄下来的'双价签'
车载斗量。"科斯特洛回忆说。

对商界人士可以在幕后做工作，但作为反对党工党所采取的挑
战却是高调公开、针锋相对的。工党当时的竞选战略就是利用公众
对新税制的不满而争取赢得其在 2001 年选举的胜利。所以，他们对
在 2000 年实施的商品和服务税的态度就像开展选战一样。工党的二
把手西蒙·克林不惜在议会里挥舞起用塑料袋装着的卷心菜和儿童
服装，来强调公众对于商品和服务税的困惑和其对该税种坚决反对
的立场。持反对意见的群体，从小商家到房车公园居住者，似乎在
不断地加入一个人声嘈杂的合唱团。

在工党眼里，菲尔斯和 ACCC 就是在执行霍华德政府的命令。
再加上海港码头争议的伤痕未愈，新怨旧恨相互叠加使得一些交锋
尤其尖锐。在一个参议院的听证会上，金融服务的"影子部
长"——参议员史蒂芬·康罗艾这样对艾伦·艾舍尔说："你在推行
的是这个国家有史以来所见到的最为可怕的，针对小企业的一次浩
劫。可是，你却能坐在这里毫无愧色地说，你不认为'双价签'规
定在给人们制造恐慌。"康罗艾接着讽刺三个 ACCC 的证人就像"那
三只不听、不看、不说的智慧猴子一样，在假装那个'10% 规则'
是个合法的规定"。

在一个参议院委员会听证会上，工党甚至指责菲尔斯曾经误导
了 ACCC。在之前的一个会议上，菲尔斯曾要求在下午 6:20 提前离
开会议，理由是需要赶一班飞机。可是在他前往飞机场的路上，他
被媒体围住了，因而不得不召开了一个简短的临时记者会。工党的
人为这个记者会进行了准确的计时，共计耗时 8 分钟。工党因此指
出，菲尔斯原本是可以用这个时间来接受参议院委员会的更多质询

的。工党竟然想到要以给菲尔斯召开的记者会计时的方式来找指责的借口，显示了其想在商品和服务税上面取得政治利益时那几乎无所顾忌的态度。

在种种价格混乱之中将 ACCC 陷于不义，工党的这一企图取得了一些胜利。但是，随着商品和服务税理念的不断深入，工党开始意识到：他们对于"恐怖浩劫"的指控做得过火了，而且他们对于有着"消费者的朋友"之称的 ACCC 进行的攻击在政治上并非聪明之举。

* * *

随着商品和服务税实施日期的日益临近，ACCC 组织推出了一系列的宣传单、教育项目、媒体见面会、公众热线，还发出对企业的严正警告，等等。其展现给公众的是值得信赖的专业精神。但是，在 ACCC 内部，则是一个不同的故事。在如何促进商界在新税制下合规运营的问题上，委员们对于应该采用的方式产生了严重的分歧。应该是"狼牙棒"方式，还是平心静气的合作方式？同时，对于根据商品和服务税针对价格剥削制定的新规能否禁得住法律上的挑战，在 ACCC 内部也有着烦恼的质疑。

让人发愁的是，他们收到的法律意见也证实了他们的担心。关于价格剥削的条款被暂时性地加入了《商业行为法》，指出"通过新的'商品和服务税'实施'不合理的高价'"将被认定为非法行为。"不合理的高价"没有被具体定义，需要考虑的因素包括：供货商的成本、供应和需求的情况，以及……怎么回事？还有"其他任何相关因素"。

"其他任何相关因素"让 ACCC 无所适从。如果按照直接的字面意思，那么在商品和服务税实施之际，一个公司差不多可以找出任何理由来涨价。比如，许多会计师和律师习惯在每个新的财政年度之初重新调整他们的收费标准。因为需要增加一个新的 10% 的"商品和服务税"，而没有可以对应取消的批发税，那么他们是否可以根据在年初调整价格的行业惯例，在年初就将收费提高 10%？

ACCC 强烈要求一个更为严谨的定义，但是其对此的执著努力成了"无用功"。这个宽泛松散的定义其实是由科斯特洛本人亲自逐字敲定的，为的是一个他认为很好的理由。在科斯特洛看来，价格剥削条款的成就在于，将举证责任进行转移，即可以宣布一个价格是"不合理的高价"，除非被指控者能以举证的方式来成功反证。律师们在"绕圈子"，科斯特洛说，所以他自己选择了法律文字。

有没有压力要将定义更加严谨化？"是的。"科斯特洛说。"律师们说，'定义太模糊宽泛了，这个不可能管用'。但是，我的看法是：我们已经将举证责任转移，让不合理地涨价成为违法行为。"科斯特洛将定义模糊的措辞看作对零售商们的必要保护。

这个宽泛模糊的法律使得菲尔斯和 ACCC 成了监管商品和服务税实行的皇帝——不过，是那位传说中的穿着全透明"新装"的皇帝。"我们可没有大肆宣扬这个软肋。"菲尔斯这样总结了在监管实施商品和服务税期间，他在这个问题上的沉默。那么，ACCC 的强硬态度以及威胁对商家使用"点名批评警告"的方法是不是虚张声势呢？"我不愿否认其中有这种因素，但所有这些事都太复杂了。"菲尔斯说。"这个法律规定并不是全无用处。至少，它强调了这一点，价格不应该在因为新税制而造成的变化之外再进一步提高。我的意思是，我们是这么认为的。这个法律并不是毫无意义的，它就是操作起来太难，太难了……"

ACCC 的执行委员会首领艾伦·艾舍尔认为这个法律实际上是无法执行的。唯一管用的办法就是"在法律生效之前，通过制造铺天盖地的声势让商家们相信我们会动真格的"。艾舍尔说："给商家们制造巨大执法压力的气氛本身就是一个很大的任务，因为这样才能促使他们自觉守法合规。我一直是这样认为的，当这些法律本身的合法性开始在法庭上受到挑战时，那么一切就太晚了……所以，关于'10%规则'的问题，我们做了海量的指导和公众宣传。不幸的是，这样的做法使得我们与小型企业之间的关系在一段时间内受到了伤害。"

艾舍尔以他一贯的强有力的执行风格，专门为抓住那些违反商品和服务税相关法律的违法者们创立了一个执法的"快轨制"。其设计的理念就是要将涉嫌违法者在 24 小时内拖入法庭。

艾舍尔在每一个州都建立了执法团队，抽调的是 ACCC 中最精锐的执法骨干，并且还跟私家律师事务所与澳洲政府律师签订合同，根据需要来与他们合作，进行初步调查、文件制作，以及提交诉状。就像艾舍尔的其他的有力执法方式一样，这个"快轨制"方式也得罪了许多企业。

有意思的是，在执法中，艾舍尔避免了使用关于商品和服务税的价格剥削的新法律条款，而是选择根据原有的《商业行为法》中的"虚假和误导行为"条款来进行诉讼。为什么他会故意避免使用关于商品和服务税的法律条款？"当然要躲着啦，"现在艾舍尔承认，"用它你就输定了。"但是，在那个时候，你却没有说过这样的话？"对极了。"他回答道。

商品和服务税的专门委员大卫·科森对此却有着稍有不同的观点。新的法律条款可能是先天不足的，他还曾尝试着作出一些改变以引入更多的市场力量，但是，该条款迫使 ACCC 运用现有的"虚假和误导行为"条款，从而挽救了一些"傻气的法规"。无论怎么说，试图执行一个先天不足的法规从实施商品和服务税的大局上来说也不会是一个明智的决定。

科森还指出了在新税制实行中，ACCC 所担任的一个不为公众所知的角色。在委员会内部，对于应该如何执行商品和服务税有着两种不同的意见，而且两方的阵营势均力敌。其中的一种主张是艾舍尔团队的"狼牙大棒"方式，想要找出几个反面榜样来处罚以立威，从而向公众证明 ACCC 对此的重视。另一种主张是由科森代表的提倡"自觉自查，合规守法"方式，积极推进与主要企业团体进行商讨并签订"自愿合规协议"。

　　科森从毕马威会计师事务所带来了他的部分团队。带着深厚的商界经验，其团队成员开始与大型银行、零售商和食品公司进行关于"自愿合规协议"的谈判。这样，企业总裁们就会在一份份承诺企业将如何根据商品和服务税进行定价的文件上签字。菲尔斯也会公开签署这些文件。从科尔斯和伍尔沃斯公司这样的商界巨头处取得公开的"自愿合规协议"会向所有企业发出强烈的信号——什么样的企业行为才是符合（公众和行政执法者）预期的。但是，获取"自愿合规协议"却并不是如探囊取物般容易的事。企业被要求向ACCC交出大量的关于定价的保密信息，而许多人担心其中的很多信息会在以后被用来对付他们。

　　在商品和服务税即将正式实施的前几个月，与不同企业的"自愿合规协议"正在谈判时，委员会内部在种种压力下产生了裂痕。艾舍尔对于"自愿合规协议"持完全否定的态度。"在我看来，那些'自愿合规协议'就像马丁·路德·金看待宗教改革前的出卖'赎罪权'一样。"他说，"去那些大公司那里，告诉他们来签一份'自愿合规协议'就差不多像给予他们偷窃的权利一样，因为在那之后，我们就无法对他们采取执法行动了。所以，我反对所有这些做法。我觉得这些做法跟我们真正需要做的事背道而驰。与大型企业达成协议就意味着我们只能对小泥鳅采取行动了。"

　　当然，艾舍尔在扭转ACCC之前"追小泥鳅"的执法文化方面取得了很大成就，以他的话来说，就是要"抓大鱼"。在他和其他一些ACCC的工作人员看来，"自愿合规协议"会削弱委员会的立场，使其重新开始"追小泥鳅"，而让大企业为所欲为。艾舍尔使用的马丁·路德·金的比喻揭示了ACCC内部的另一股宗教思维。菲尔斯是一个坚定的天主教徒，而艾舍尔则是一个严格的长老派教徒，他常利用自己的休假时间来盖教堂。

　　在ACCC内部，艾舍尔从堪培拉指挥着执法人员，而科森和他的商品和服务税团队的大本营则设在了墨尔本。连接ACCC各部的电话线和视频连线充斥着忙碌而紧张的电波。艾舍尔的强势个性不时会在会议中造成压力。在视频会议上，当艾舍尔在执法方面发威时，不少 ACCC 的工作人员会禁不住咧嘴吸气。虽然他那冲锋陷阵的方式也制造了一些危险的外部敌人，但是其在委员会内部却赢得了广泛的赞扬，因为这是在多年的"低调执法"后作出的改变。

从这所有的激流漩涡当中浮出水面的两件案子格外引人注目，涉及 Vedio Ezy 音像公司和高档零售商大卫琼斯百货公司。菲尔斯于 4 月 11 日发布了 ACCC 根据商品和服务税相关法律所发出的第一个，也是唯一一个价格剥削警告。接收方是 Vedio Ezy 音像公司。虽然相关法律的先天不足（因此较难据此起诉），但是不容置疑的是，价格剥削警告本身就是一个强有力的工具。其本身就可被视作"不合理高价"的主要证据（除非被其他证据有效反驳）。如果被法院采纳，那么法院可以据此判令违法公司接受高达 1000 万澳元的处罚。

Vedio Ezy 音像公司所涉嫌的指控是：其以"为'商品和服务税'实施做准备"为名，在先于新税制正式实施日（7 月 1 日）数月之前，就开始制定并实施了"不合理高价"。ACCC 收到 Vedio Ezy 音像公司顾客的投诉，称其对顾客说，"现在的涨价是为了在现在就引入商品和服务税，以便大家开始适应多付钱。这样等商品和服务税正式开始时，就不会吃惊了。"

这个价格剥削警告是 ACCC 经过激烈的内部讨论后才发出的。科森团队认为这些都是堪培拉办公室的家伙们在为了抓耗子而大动干戈，相比之下，应该更关注企业合规的大局。

作为回应，艾舍尔团队则将他们的墨尔本同事们的态度视为"害怕开枪"。艾舍尔觉得大案子与小案子没有固定的标准，真正关键的是其象征意义。艾舍尔衡量是否值得为一个案子提起诉讼的标准永远是其所能造成的市场影响——这个案子是否有效地提醒企业管理者们，违法公司可能会受到高达 1000 万澳元的处罚。

通过 Vedio Ezy 音像公司案，ACCC 得到了最棒的象征。因为 Vedio Ezy 音像公司拥有 480 个分店和 350 万顾客，这个案子绝对能使普通的澳大利亚百姓直起身子来关注商品和服务税。此外，ACCC

一直在标榜其拥有 1900 万执勤的"价格警察"，意思是每一个澳大利亚人都会仔细地监督价格。"邻近的录像带店"成为"消费者监督价格"这个概念的完美体现。

这个案子也成为企业界对于 ACCC 对商品和服务税进行的"狂吠式"执法方式表达反感的一个理由。许多企业界人士认为，这个案子证实了 ACCC 是在用对几个倒霉蛋的穷追猛打，来起到震慑其他人的作用。有意思的是，据艾舍尔说，在向法院起诉前，他其实已经非常接近与 Vedio Ezy 音像公司的律师们达成一个协议了。那个协议的内容包括给可能在商品和服务税实行前被多收费的顾客一些免费的租带服务以作为补偿。但是，当菲尔斯在媒体上解释对 Vedio Ezy 音像公司进行的价格剥削警告时，Vedio Ezy 音像公司被菲尔斯的一些言语激怒了，所以那个协议最终未能达成。

当 ACCC 在 5 月 26 日正式起诉 Vedio Ezy 音像公司时，被告不仅仅是公司本身，还包括了三个公司高管，包括总经理彼得·希克卢纳和董事达里尔·麦科马克。Vedio Ezy 音像公司称其是被当作了"替罪羊"。但是 ACCC 却坚持说，公司的行为远不止于几个普通店员的言行，通过其对公司文件的调查，发现了违反商品和服务税相关法律的"很有说服力"的证据。

在 1999 年召开的多个 Vedio Ezy 音像公司连锁店大会上，提及商品和服务税之处不断出现。例如，一处记录是："关于商品和服务税的建议又一次被提出来，以要求对我们的价格进行重新考虑。"另一处记录是："商品和服务税。现在是重新考虑我们定价的好时候了。"这些是否能被法庭视作像"（在杀人案中找到的）还冒着烟的手枪"那样令人信服的证据呢？我们无法得知，因为诉讼最终没有进行到那一步。

公司在私下里抱怨说，向政府提交的（并用来证明 Vedio Ezy 音像公司可能涉嫌违法行为的）文件是不准确的，并且没有发生任何价格剥削的行为。公司总裁罗伯特·梅德门特向狄克·沃博顿寻求帮助。沃博顿是一个极具影响力的商界领袖，大卫琼斯百货公司的总裁，以及央行董事会成员。他还是税务改革企业界联合会的主席，并且为此与科斯特洛有经常性的接触。沃博顿后来向梅德门特反馈说，科斯特洛向他保证 ACCC 的指控是有根有据的。梅德门特一直坚持认为公司是无辜的。

在这个问题被不断推敲的过程中，监督执行商品和服务税的高峰期已经逐渐过去。在 ACCC 内部，一直有一种希望，就是想把这个案子"搁在一边"，直到商品和服务税的高峰期过去。2001 年 4 月，在公众对商品和服务税的关注程度降到像对昨天的报纸一样时，案子各方公布了他们达成的调解协议。科森一直对法庭诉讼持反对态度。Vedio Ezy 音像公司承认其对顾客做了一些虚假和误导的表述，承诺将在大多数投诉的发源地汤斯维尔提供折扣价格的录像带租赁服务，向顾客发送道歉信，在公司内部开展商业行为合规以及工作人员培训，并且承担 ACCC 支出的相关诉讼费用。作为交换，ACCC 同意撤诉。

事实上，从法庭战场上撤退的双方都各自找到了比较体面的台阶。菲尔斯说，ACCC 以严肃严谨的态度办了一个"严重"的案子，但是作出了这样的决定：在初审以及（很可能的）上诉过程中再花费一年时间是不值得的。梅德门特则坚持说公司的行为没有达到触犯价格剥削法规的程度，但也承认 ACCC 对此"有着不同的看法"。科斯特洛则认为"这事幕后是有料的"。

难道 Vedio Ezy 音像公司就是一只被 ACCC 顺手擒来的"替罪羔羊"，以彰显其在监管商品和服务税实施方面惩罚企业的权力？有不少人这样指责。当然，Vedio Ezy 音像公司的连锁店会议记录中的意思是模糊不清的，其中关于商品和服务税的讨论可以作不同的理解。无法获得 ACCC 与 Vedio Ezy 音像公司经理人员的谈话记录。而 Vedio Ezy 音像公司所称的显示"钓鱼执法"的政府记录也同样无踪可循。但无论如何，最终的结果是 Vedio Ezy 音像公司举手承认了一些工作人员的行为不当并且同意进行补偿。

零售商大卫琼斯百货公司董事长沃博顿也与 ACCC 有着不愉快

的纠葛。这个零售商在与科森的团队为"自愿合规协议"进行谈判时，堪培拉的执法团队却开始对大卫琼斯百货公司广告上的价格进行调查。这家公司发现自己处在一个困难的境地，同时招架着 ACCC 的左膀右臂。

经过一番内部讨论之后，ACCC 作出了决定。根据菲尔斯之后对参议院所作的比较复杂的报告，ACCC 认为其无法在法律上毋庸置疑地证明大卫琼斯百货公司的行为触犯了法律。科森甚至认为受到质疑的广告并无不妥。这个零售商也提出可以进行一个关于商品和服务税的广告活动以提高公众认知，并且专门为消费者设立一个问询热线。

本来，关于这个问题的争议讨论都是在内部进行的，但不知何故，《澳洲财经评论》却爆出了这个消息。沃博顿对此很是愤怒。他毫无顾忌地指责 ACCC 违反了公正执法的最基本准则，因为其让无辜的企业陷入了公开的诽谤之中，同时给其造成了难以补救的局面。但是，对媒体透露消息的并不是 ACCC。是《澳洲财经评论》主动与菲尔斯取得了联系，其在采访前已经掌握了相关的信息，而信息的来源可能是针对企业的投诉者。

在媒体爆料一天之后，沃博顿和他的大卫琼斯百货公司团队就与科森和他的 ACCC 团队进行了一次视频连线。沃博顿要求一个解释，并且尖锐地质问"对媒体透露消息"的事是怎样发生的。科森对此无法提供令对方满意的答案。

反对党对此采取了一个完全不同的态度。在参议院的评估中，参议员康罗艾甚至说大卫琼斯百货公司得以脱身的原因是沃博顿是科斯特洛的朋友。菲尔斯对此说法完全不能同意。他说，ACCC"挑战过比大卫琼斯百货公司和沃博顿大得多、有权势得多的大鱼"。ACCC 进行的各种调查诉讼所涉及的名单完全算得上是企业界的顶级名录，其中大概包括了自由党和工党政府中部长们的朋友。"但是，他们从来没有向我抱怨过，并且这也从来不是一个考虑的因素。"他这样告诉参议院的委员会。"所以，认为大卫琼斯百货公司得到了特殊对待的说法是很荒诞可笑的。"

虽然 Vedio Ezy 音像公司案与大卫琼斯百货公司案所引起的风波似乎使得商品和服务税的开局并不乐观，但是新税制的真正实施却进行得出人意料的顺利。虽是这样，商品和服务税开征的第一天（7月1日）依然是一个让人绷紧神经的日子。为了准备迎接这格外繁忙的一天，菲尔斯在清晨就到健身房进行晨练。他在那里买了一瓶矿泉水，但是健身房的老板却拿不准商品和服务税是否会适用于在健身房出售的矿泉水。这显示了对于新税种依旧存在许多困惑。健身房老板提出的方案是："也许，如果这瓶矿泉水是在健身房外喝的，就不需要加征新税了？因为食物是免征商品和服务税的。"于是，菲尔斯跑到健身房外面喝了水。

菲尔斯曾经作了一个提前录制的电视访问，以备在商品和服务税正式实行前的周日早晨播放。但是，在那个访问中，他很意外地在"10%涨价"问题上词不达意。因此，他跟电视台说好要重新做一个实况采访，而在新的采访中，菲尔斯转换了主题。而保险业的巨头们则在那个清晨一觉醒来时，突然得知 ACCC 正在认真地审视他们。

ACCC 事先早就为监控价格变动做了筹划准备。在商品和服务税实施之前，ACCC 就开始监控价格。在实施新税之后，其监控报告的结果是"一揽子普通商品的价格增长幅度基本都在预测之内"。在商品和服务税实施后的 3 个月内，实际平均价格涨幅约为 2.6%，此前的预测约为 3.0%。此外，"所有分类"的消费者价格指数涨幅在第三季度为 3.7%，在第四季度则回落到 0.3%。

*　　*　　*

监督执行商品和服务税的实施是 ACCC 接受的一项庞大的任务。ACCC 总计处理了 51000 件投诉，进行了 7000 个不同的调查，为消费者争取到了 2100 万澳元的退款，针对 11 个事项进行了起诉（其中，Vedio Ezy 音像公司是唯一根据商品和服务税价格剥削暂行法规被起诉的），并且接受了 55 个可通过法庭执行的公司承诺。

企业界则抱怨它们的利润率受到了挤压，其中一些人甚至指责 ACCC 应该对在商品和服务税实施之后澳大利亚的经济放缓负部分责任。但是，澳洲央行对此观点并不支持。同时，ACCC 强势的公众执法风格，特别是其在商品和服务税实行之前发布的购物价格指引，在降低由新税带来的通货膨胀预期方面也作出了贡献。

从政治方面来看，ACCC 和菲尔斯得到了"任务圆满完成"的充分肯定。并且，在公共认知上也是更上一层楼。霍华德的部长们纷纷祝贺菲尔斯。"艾伦出色地完成了使命，而商界却为此记恨上了"是科森作出的总结。"这是超过我最高预期的、最为令人震撼的成功运作。"财政部长科斯特洛这样评价。他当众感谢了菲尔斯的"完美工作"。

ACCC 在商品和服务税实施专项上共花费了超过 5000 万澳元。但是，正如斯派尔预计的，政府对 ACCC 的财政支持迅速增长，从商品和服务税实施前一年的 3800 万澳元，到当年的 5700 万澳元，直至其后一年的 7500 万澳元。并且还包括了一个新的会逐渐增至 2000 万澳元的法律预备基金。菲尔斯对于"政府财政投入增加是对商品和服务税任务成功完成的奖赏"这个说法并不赞同。他指出，财政投入增加是经过以精打细算著称的财政部门审核后作出的。但是，这个决定仍然反映了当界政府的态度，并且霍华德政府当时对于 ACCC 的感激之情是毋庸置疑的。

虽然 ACCC 在多年的紧日子之后，终于得到了政府应有的支持，但是也造成了一些内伤。尽管菲尔斯一心挽留，科森还是决定不连任下一届 ACCC 委员。科森曾经希望 ACCC 可以通过商品和服务税任务而对其强制执法的方式进行一些改变，但是事态的发展并没有如他所愿。"其执法方式是那么的根深蒂固，在我看来是不会改变的。"科森说。他现在是维多利亚州消费者事务总监。

对于 ACCC 来说，其在商品和服务税任务上取得了全胜。但是，由此得罪了的商界却开始盘算如何来对付菲尔斯。连政府也在考虑菲尔斯在公众中树立的新权威意味着什么。这个家喻户晓的行政执法者对政府提供了太多的帮助，但是，他现在的权力是不是太大了呢？

第七章

准备，瞄准，射击！

窥一斑而知全豹，从一个数据也可以体验到 ACCC 在艾伦·菲尔斯时代的故事。1992 年，菲尔斯出任 ACCC 的前身——商业行为委员会主席的第一年之前，该机构的记录是平均每年进行 4 ~ 5 件针对公司涉嫌违反《商业行为法》的立案调查。现在，每年新立案的数字大约为 40 件，而每年同时进行的案子有 70 ~ 80 件。

对《商业行为法》的执法是真正推动菲尔斯执掌的 ACCC 的内部引擎。除媒体的关注之外，这是菲尔斯吸引企业界目光的一大原因。

ACCC 的执法活动几乎触及了企业生活的各个方面。委员们一个普通的每周例会常常会涵盖上天入地的一系列议题，从三文鱼养殖者到澳航，还有澳大利亚数码通信的未来。

举例来说，根据其 2001 ~ 2002 年的年度报告，ACCC 在那一年追究了高露洁棕榄公司转售价格限制行为的法律责任、NRMA 保险公司的误导行为，以及澳大利亚海事工会的骚扰和抵制行为。此外，在电力变压器行业的一个卡特尔案件中，法院向数个公司共开出了1450 万澳元的罚单，涉案公司包括威尔逊变压器公司、AW Tyree 公

司和施耐德电气。阿尔斯通澳大利亚公司则被处以了 700 万澳元的
罚款。

　　ACCC 还对以下企业启动了诉讼，包括：澳航涉嫌滥用市场力
量，多个牛奶批发商和汽油零售商涉嫌固定价格，Wizard Mortgage
公司、Mitro 10 公司、维珍移动和 Total Communications 公司等涉嫌误
导性价格广告，Esanda 金融公司、澳洲联邦银行和西田集团涉嫌实
施有违良知的行为。

　　菲尔斯在媒体的高度关注中代表着 ACCC 在执法文化上的明显
变化。而在幕后，一种不同寻常的力量正在发挥着作用。在 1992 年
菲尔斯刚刚出任商业行为委员会主席的时候，他就遇到了艾伦·艾
舍尔。艾舍尔曾是一个消费者权益保护者，而又刚刚接管了商业行
为委员会重要的执法活动。艾舍尔可不是一个寻常的消费者权益保
护者，他的敌人将他称为"狂热者"，而他自己也为这个外号而
骄傲。

　　艾舍尔曾经作过会计师，但是当看到大客户的财务数据可以被
"无限灵活"地调整，洁身自好的他毅然离去。他作了几年财务分析
师，然后投身法律学习，并于学习期间在《选择》杂志负责一项调
查研究工作。由此，艾舍尔终于发现了他的事业使命，逐渐成为澳
洲消费者协会的首领。他在 1983 年离开了那个职位，去负责海外电
信委员会的公司事务，但是他很快就得出了政府无法经营企业的结
论，特别是政府在处理与顾客的关系方面的不知所措让他着实吃惊。
此外，他还为"在光缆系统明显需要新的资金投入时，海外电信委
员会却仍被迫发放红利"的事感到不满。

　　1988 年在苏格兰度假时，艾舍尔很惊异地接到了一个从司法部
长迈克尔·达菲办公室打来的电话。商业行为委员会中的一个委员
位子即将出缺。而此前，消费者运动对于商业行为委员会对大型企
业合并的宽松处理方式（包括默多克对先驱报和时代周刊集团的收
购、零售商科尔斯合并迈尔，以及澳洲安捷航空公司合并东西航空
公司）很是不满。实际上，澳洲消费者协会甚至发表了一个媒体公

告，其中公开将当时的委员会主席鲍伯·麦克康麦斯比作"负责看鸡窝的狐狸"。这是一个很不公平的说法。因此，艾舍尔需要回答的问题是：他想成为商业行为委员会的一名委员吗？

对艾舍尔之后的任命被自由党人们攻击为"是带有政治色彩的"。艾舍尔的确在多年前作过工党的党员。但是，在一些人看来已经很激进的工党对他来说，仍然是太守旧、太不欢迎新主张了！所以，他退出了。麦克康麦斯则建议他不要去理会那些人身攻击。

艾舍尔来到商业行为委员会后不久，鲍伯·巴科斯特就成为下一届的主席。据他回忆，巴科斯特曾经告诉他"商业行为委员会有着一个'懦夫'的形象"。在艾舍尔看来，巴科斯特开始创立一个更具法律倾向的方式。但是，委员会仍然每年只处理几个案子。当菲尔斯在1992年到来之时，艾舍尔已经负责了委员会的执法活动，他在菲尔斯的全新的积极领导方式下跃跃欲试，特别是在消费者保护案件方面。

菲尔斯和艾舍尔两人共同创造了澳大利亚前所未见的一次行政执法的强强联手：主外先生和主内先生。菲尔斯在外面以他对媒体的掌控能力将新案子所代表的消费者保护信息向公众宣传；而艾舍尔则领导内部的执法常务会做诉讼准备。他们将委员会的执法方式改变为"以结果为导向"，有意选择那些会引发重大关注的案子以起到震慑作用，来确保行业中的守法合规。

他们的经历有时就好似艾略特·耐士和他手下的"无敌团队"追捕芝加哥黑帮大佬一样。艾舍尔将委员会执法的方式做了通盘改变。以前，委员会只是被动地接受澳洲政府司法部门指定的资深律师代理委员会决定要起诉的案子。现在不了。取而代之的是艾舍尔对资深律师的亲自面试。"当时那样做有些惊世骇俗，"他说，"许多人拒绝为我们工作，因为有些资深律师（在当时，可能在现在也会）非常地骄傲认为他们不应该被告知如何去做事。"

委员会还开始对工作人员进行相关的培训，告诉他们："你们是老板……由委员会决定案件的选择，我们再来挑选会以我们的法律理念为主导的律师来进行案件的诉讼。"

在委员会内部，艾舍尔把之前的"对所有的法律问题都调查研究得底儿朝天"方式直接扫地出门。他认为那是种失败的做法，虽然其可能确保减少败诉的概率，但是案件本身也可能因此受到削弱，并且案件在进入诉讼程序前可能会花上数年的时间，使得消费者久久不能得到补偿。艾舍尔对此的解决方案是将这个过程完全简化，指令那些习惯从事复杂调查的工作人员改变方式，"抓大放小"，"挑两三个明显的违法行为，我们就从那儿出发。"他这样告诉手下。

·"准备，瞄准，射击。"艾舍尔命名的这种新方式赢得了工作人员们的热爱。表面上看，艾舍尔可能是一个严厉的老板，在每周五的执法常务会上，他常常会通过视频连线向一线工作人员发出连珠炮式的刁钻问题。但是，他的团队成员对他给委员会带来的迈开大步、积极执法的变化由衷地钦佩。艾舍尔使得委员会成为一个让人振奋的工作地。

艾舍尔并不满足于仅仅追究公司的违法行为，他开始对违法公司高管人员的责任咬住不放。相关罚款已经在 90 年代之初得到了大幅的增长，对公司的最高罚款为 1000 万澳元，对个人的最高罚款则为 50 万澳元。在艾舍尔看来，对公司的高额罚款对行业巨头来说并不比一张乱停车的罚单严重多少。"一个公司可能被处罚 100 万澳元，而其首席执行官为此受到的影响呢，最多不过是下回去墨尔本俱乐部或其他周末消遣地时，被他的一些老伙计开玩笑。"艾舍尔说。"如果罚款中的一部分，哪怕只是十分之一，是必须由他个人支付的，那么这个处罚才会被认真对待，起到以儆效尤的作用。"

因此，现在的许多公司负责人都在忙于应付委员会针对他们个人采取的诉讼行动。这方法的确戳中了痛处。当梅茵尼克莱斯公司的执行董事威廉·柏思韦受到了 4 万澳元的个人处罚，并被商业行为委员会在媒体通告上称为"在快运行业卡特尔起到核心作用的角色"时，该公司感到被伤及了要害。

除此之外，艾舍尔还在法院上诉方面表现得十分执著。麦克康麦斯曾经在委员会第一个快运案子败诉之后，放弃了上诉。现在，艾舍尔开始积极地运用法律上诉程序来与对手斗争，同时也向司法部门指明了《商业行为法》需要更加严格执行的领域。

一个委员会内部的知情人这样总结了艾舍尔的电闪雷鸣方式："他教给了菲尔斯'主动出击'执法以及充分使用法院程序的益处。我不是说菲尔斯原来的观点有所不同。但是，艾舍尔是这个战术的具体实施者，细致到每一个螺丝。如果他选择了一个案子，那么他就会把这个案子进行到底，可以追踪违法者一直到天涯海角。他有可以一直坚持那样做的充分精力，并且可以带动和感染其他人来做同样的事。他在诉讼方面简直让人惊叹。他的经验是：'你自己充分运用法律程序，并且防御别人用程序来阻碍你。'一般情况下，诉讼可能会拖延很多时间。财大气粗的一方经常故意花钱耍花招来拖延诉讼时间，将对方拖得筋疲力尽，直至取得胜利。但是，艾舍尔绝不允许这样的事情发生。不管另一方使出什么样的招数，他总会有对策。他永远在争取让委员会工作人员多看一步棋，占得先机。他将这个地方的整个文化改变了。我的意思是，他基本上改变了这里。"

委员会内部的文化变化是与委员会本身职权的增加相辅相成的。更加严格的企业集中法律、与企业谈判获得具有法院执行力的承诺，以及更高的罚款，这些都仅仅是开始。随着时间的推进，在希尔默报告的作用下，竞争法在90年代中期扩展到了专业职业和政府企业领域。1998年，在瑞德调查对公平交易进行审查后，霍华德政府授权 ACCC 来制止大企业对小型企业实施的"有违良知的行为"。AC-CC 有权对总额小于100万澳元的交易进行干涉，来制止强势的一方以残酷或者压迫的手段与处于弱势的小企业进行交易。商品和服务税实施期间，ACCC 还被赋予（临时性的）监管价格剥削行为的权力。

另外一个因素也对 ACCC 的权力扩张起到了很大的作用。政府作出了不设立一系列特定行业的专门监管机构的决定，而是让 ACCC

总揽全责。在电信服务业开放之后，对该行业的竞争与经济方面的监管就由菲尔斯执掌的 ACCC 主要负责。根据全国天然气管道第三方接入法令，ACCC 还被赋予监管天然气传输的权力。

学术界批评者沃伦·潘吉利教授对 ACCC 的权力如此的扩张十分不满。"当苏联海军不知道如何处理其核潜艇产出的核废料时，他们通常就将其直接扔进北海里，对这样做所可能产生的长期影响则并不怎么介意。"他说，"在这个国家，我们对于监管的态度差不多是一样的。"

批评者们可能说些怪话，但是这表面的混乱之下也有着其内在的道理。相对于专门的行业监管者来说，一个监管多个行业的统一的行政执法机构可以确保竞争执法在不同的行业中得到统一执行。此外，这也可以防止势强权重的行业俘获其行业监管者。

当然，除此之外，艾舍尔和他的执法团队也有其他执法利器。墨菲版《商业行为法》给了委员会强制公司提供信息和文件的权力。委员会（或者其主席）可以直接对公司发出强制要求——要求其提供文件，或者要求其高管来委员会接受质询。此类强制措施根据其所依据的相关法律条款被称为"155 号通知"，该等条款还赋予了委员会"进场调查取证"（或被称为"突击搜查"）的权力。

但是，委员会不能用这样强悍的手段无缘无故地进行调查。其前提条件是"有理由相信"要调查的对象具有关于可能涉嫌违法的行为的信息。这就要求委员会在发出一份"155 号通知"之前，必须已经有了在之后的法庭诉讼中站得住脚的"可相信的理由"。

对于"155 号通知"带来的权力震撼，企业界和法庭都花了些时间才适应。一个商业行为委员会官员在向法庭提交的一份书面证据中这样描述某公司高管收到"155 号通知"时的反应："你……你可以去……你要……你是一个……我不会接受这个……你……"法官看了这个证据好一阵子，然后不得不让那个官员解释："那么多的省略号，到底是怎么个意思？"

近年来，随着执法行为的加强，ACCC 对于"155 号通知"的使用呈爆炸式增长的趋势。1998～1999 年间，委员会发出了 84 份强制要求提供信息或者接受质询的通知。2001～2002 年间，这个数字增至 438 份。

"155 号通知"之外，随着企业集中标准的严格化，委员会还得到了所谓"87B"的权力（在本书的第五章已经有所描述），授予其可与企业谈判，以达成"可直接通过法庭执行的谈判承诺"的权力。在此之前，委员会只能与企业达成自愿的协议，其中有些因为得不到执行而失败了。而最为失败的例子就是：作为澳洲安捷航空公司收购东西航空公司案中的一部分，委员会却无法强制执行事先公司同意的 TNT/News 对于出售 SkyWest 公司的承诺。

格里菲斯和库尼议会调查都曾经建议委员会与企业谈判达成的协议可直接通过法庭执行。

ACCC 将企业集中协议比作结婚承诺。在结婚前，承诺可能包含了整个世界，而婚后则可能会演变成一个不同的故事。"87B"的作用在于帮助确保承诺的兑现。

新的"87B"权力给艾舍尔和菲尔斯的武器库中添加了重型火力。其所带来的是在与企业打交道时一种新的态度。之前是"咱们法庭上见"的对立，而现在菲尔斯和艾舍尔可以直接与企业谈判并达成公司有法律义务必须实施的承诺协议，而不需要公司律师方阵在其间介入阻挠。差不多所有在近年来与委员会谈判过的公司高管们都有着自己的"战斗故事"。但是有趣的是，"87B"承诺使得许多可能会被委员会否决的交易得以通过。"87B"在委员会的许多工作方面都发挥着作用。在委员会没有权力发出某种命令（比如让企业进行内部的合规培训）时，法院尤其鼓励"87B"的运用。1999～2000 年，在新税制即将实施的前夜，ACCC 与不同的企业共达成了 74 个独立的"87B"（承诺），其中 16 个与商品和服务税相关。

艾舍尔的行事方式是直接接触企业首脑。例如，安保集团的首领发现他们不得不亲自与艾舍尔直接谈判，议题是委员会对该公司的误导性保险单的调查。在会前，艾舍尔自己起草了一份为受害的投保人准备的集体诉讼状，尽管在当时（甚至是现在）对于"委员会是否有权（代表受害者）起诉"还存在争议。在会上，艾舍尔将这份集体诉讼状的复印件递给了公司的首脑，告诉他们"如果不能与安保集团达成和解协议的话，委员会明天就会向法院递交诉状"。安保集团立时三刻接受了条件，向投保人们返还了超过 5000 万澳元。

对于澳大利亚企业界和委员会（ACCC，包括其前身商业行为委员会）来说，他们之间的交锋变得越来越直接和个人化。艾舍尔将这比作为"结束了在第一次世界大战中的那种交战双方的军官间可以（在交战之外）彼此友好相处的精神"。"交锋变得白热化，因为我们将交锋的胜负当作了个人使命。"他这样反思道，"我觉得这应该是企业界与委员会之间一些敌意的起源。"

在菲尔斯出任委员会主席的第二年末，商业行为委员会已经以每年超多一打的速度进行立案调查，并且这个速度还在不断攀升，为的是保护消费者的利益和粉碎价格垄断卡特尔。

其中最大的一个卡特尔粉碎行动是针对航空货运行业的。在菲尔斯到任之前，商业行为委员会曾经因为这个行业的一个案子的败诉而碰过一鼻子血。1990 年 5 月，商业行为委员会开始调查关于固定价格的新指控。这个案子经历了种种上诉与申诉，历时共计 4 年。委员会指控的主要内容是：三个重要的公司（TNT 澳大利亚公司、澳洲安捷航空公司，以及梅茵尼克莱斯公司）多年来通过共同约定的协议来确保在这个行业内没有竞争。因为这三家公司共同占有该行业销售额约 90% 的市场，旗下包括了 TNT 快运、Comet、Kwika-sair、Wards 快运、Ipec 航空，以及 Jetpress 航空快递，对于卡特尔成员来说，保护自己的市场免受新的竞争对手的威胁，其中的利益不言而喻。在卡特尔联盟的作用之下，独立运营商难以立足。

该卡特尔协议在其成员中被赋予了不同的代称，包括"和议""协定""安排""放松计划"等。卡特尔的成员们会定时举行会议来固定价格、串通投标、对彼此间相互偷抢的客户生意进行相应的补偿，并且还会协调安排涨价（比如忽悠彼此的客户）。所谓的"相应的补偿"不但有现金的支付，甚至还包括"故意触怒客户"，以达到"归还客户"的目的。"故意触怒客户"的手段是指突然涨价或者降低服务质量，这两种手段都足以让那些不愿在价格或者交货时间上"不断受惊"的客户们乖乖地回到原来的服务商那里。这是一个典型的卡特尔。委员会的调查证据充分揭示了在 80 年代末期和 90 年代初期，这些公司的高管们不可告人的行为准则。

在一个梅茵尼克莱斯公司的内部会议中，帕特·卡恩斯（时任该公司运营总监）说道："我从 TNT 那里得到了好多抱怨，抱怨我们在偷抢他们的客户生意。你们大家必须得守规矩。别再招惹 TNT 了。别抢他们的客户，在他们涨价时，你们得给他们掩护。他们也会为我们这样做的。"

在 TNT 位于悉尼 Mascot 的办公室里举行的一个卡特尔会议上，保罗·布朗（时任 TNT 总经理，以及由所谓的竞争对手们共同召开的会议的联合主席）致了以下开幕词：

> 谢谢大家出席会议。我们到这里是为了共同商讨我们之间的安排，以及发生的一些与这个安排相关的问题。最近发生了太多的相互偷抢客户生意的事件。我们在这里会晤是为了对由此造成的对各自公司的影响进行相互的补偿。我们还要对彼此保证：我们每一方都会严格遵守我们之间的安排，并且当场对我们之间产生的争议加以解决。

另一个在悉尼丽晶大酒店举行的会议上，约翰·马伦（TNT 和澳洲安捷航空公司的代表）这样说道："我们都在外面做了一些蠢事。我们必须共同设置一些最低的价格，然后遵守那些价格。"在巴威克推出了那部具有里程碑意义的法律的 25 年之后，这个行业内的态度仍然是让人如此汗颜。最终，梅茵尼克莱斯公司被处以 770 万澳元的罚款。TNT 和澳洲安捷航空公司则放弃了申诉辩护的权利，而通过和解分别支付了 410 万澳元与 90 万澳元的罚款。这 3 个公司的 16 名高管也被分别处以了 4 万 ~7.5 万澳元不等的个人罚款。

菲尔斯将这个案件称为"澳大利亚竞争法的成人礼"。克莱德·

卡梅伦（惠特兰政府的前部长和牧主）向菲尔斯发出了一封非比寻常的祝贺信。"当我每一次在报纸上看到你的照片时，我知道我看到的是一个伟大的澳大利亚人的面庞，一颗不可被收买的灵魂。"他说。"我真的希望我们能有一整个议会的艾伦·菲尔斯！"

在90年代中期，ACCC还赢得了其他引人注目的胜利。1995年，联邦法院对三个大型混凝土供应商和它们的高管在布里斯班、黄金海岸，以及图文巴市场串通价格的行为处以了共计2000万澳元的罚款。博罗公司、先锋公司、CSR公司分别被处以660万澳元的罚款，同时，6名高管也被分别处以了5万~10万澳元不等的个人罚款。

那个混凝土卡特尔为了固定价格和固定各自的市场份额而举行定期会议。他们同意不会互相竞争彼此的重要客户，并将那些客户称为他们各自的"宠物"或"小考拉"。甚至还雇用了一个会计师来监控三个公司间的相对的市场份额变化。

对混凝土卡特尔的粉碎也展现了ACCC的新执法方式——通过与企业的直接谈判来处理竞争方面的违法行为。在收集了相关证据之后，ACCC告诉那3家公司，将会很高兴地陪着他们上法院。那些公司选择了谈判解决。因为新的罚款上限是每项违法行为1000万澳元，而ACCC罗列了一系列的违法行为，粗略地估算了一下就超过了4.5亿澳元。公司这边当然极力反对，辩称罚款的数目应该低得多。

因为各方所报数额的差距太大而无法达成一个可以上呈法庭的和解协议，三个公司的首领，博罗公司的托尼·伯格、CSR公司的杰夫·凯尔斯，还有先锋公司的约翰·舒伯特，提议要为菲尔斯和艾舍尔在ACCC堪培拉总部做一个联合的报告。整个会议超过3个小时，3个首席执行官为了争取降低罚款而讲得口干舌燥。

"你们谈的数字还是太低了，我们要的在这里——"执法者们一面这样说，一面指着数字区间的上方。于是，在ACCC墨尔本办公室又举行了一个3小时的会议。这次，菲尔斯和艾舍尔充分解释了需要更高罚款的理由。最后，在周五晚上6点半，协议终于达成了：总计2100万澳元罚款，由每个公司各承担700万澳元。后来，法庭最终将罚款定为每个公司承担 660 万澳元，同时还对 6 个高管分别处以了 5 万～10 万澳元不等的个人罚款。

如果卡特尔曾为昆士兰主要建筑工程固定了混凝土价格的话，那么另外一个"咖啡俱乐部"则固定了消防设备的价格。在 ACCC 将 38 名个人与 20 个公司诉至法院后，对于"咖啡俱乐部"的惩罚最终达到了 1500 万澳元。1999 年第一批接受处罚的包括 Tyco Australia（前身为 Wormald 公司）、格林内尔亚太公司、F&H Pty Ltd、Sensor Systems 公司和它们的高管。

这个咖啡俱乐部在布里斯班不同的俱乐部内举行会议。会议内容包括串通投标和固定价格等行为，充分显现了一些行业中"亲密无间"的氛围。企业高管们还同意互相提供"掩护价格"——故意报一个竞标的高价，以便"俱乐部"另一个指定的会员能够顺利竞标成功。这个组织还制作了一个记载竞标工作分配的电脑记录。

呈交法院的证据揭示了企业界的打算。"组织安排好的竞标，钱才好赚。"一个卡特尔的成员对另一个成员这样说。多年以来，那些"安排好的工作"包括了主要的公共建筑，如医院、办公楼和公寓大楼。

"咖啡俱乐部"案件还成为第一个为避免 ACCC 的调查而组织销毁文件证据的案例。拉尔夫·哈德（Wormald 公司的前雇员）交代了一个公司主管是如何命令他将 Wormald 公司最近 7 年没有赢得的合同标书档案全都找出来销毁掉。在一份呈交给法庭的书面证词中，哈德为其后所发生的事情提供了生动的画面。

> 那天晚上，保罗·特拉奇和我把文件装了整整两车。我装的是一辆公司的车，保罗·特拉奇装的是他自己的车。当我们把所有的文件装完时，两辆车都完全塞满了，包括脚下、副驾驶座、后座等所有的地方……那些文件是关于警报与喷水装置系统和服务的……第二天（周五），我们将满载的两部车开到了我的妻弟位于 Edenville via Kyogle 的 Edenville 路边的房子。他在我们到来前根本不知道我们要来。我们到的时候大约为 8 点或 8

点半……然后整整烧了一天的文件，形成了四个巨大的篝火。

内部告密者成为委员会能够揭露卡特尔的重要信息来源。并不是所有的告密者都是出于反对固定价格的正义怒火。其中一个告密者就是因为在发现了他的妻子与公司老板出轨后才决定出手的。

2003 年，ACCC 公布了一个新的针对卡特尔告密者的宽大处理政策，赦免条件是其必须是第一个告密者。美国和英国都有类似的政策。美国的反托拉斯执法者们认为该政策给卡特尔成员造成了重大的心理压力，因为它们会一直担心是否会被同谋者出卖，以换取赦免。也许它们自己就应该成为第一个告密者以得到赦免吧？

其他大型的卡特尔案件来自与海外竞争执法机构的联系。菲尔斯不懈余力地推动与海外机构的联系，以求在与跨国卡特尔的斗争中取得先机。在其中的一个案件中，委员会在得到了其海外同行提供的线索后，粉碎了一个由大型跨国公司（包括罗氏制药、巴斯夫、罗纳普朗克和武田制药等公司）组成的动物维生素卡特尔。在澳大利亚的罚款共计 2600 万澳元，而各个公司在海外的罚款则超过了 10 亿美元。

艾舍尔对案件的热忱给菲尔斯造成了深刻的影响。实际上，菲尔斯将艾舍尔列为五位真正影响他事业的人物之一。（其他四位包括菲尔斯的母亲、剑桥大学的 H. A. 特纳教授、墨尔本大学的莫林·布兰特教授，以及澳洲工会理事会的比尔·凯尔蒂。）

在委员会内部，菲尔斯和艾舍尔之间的权力平衡也颇有意味。他们两个的工作风格差别很是明显。一方面，艾伦·菲尔斯有着耶稣会会士一向崇尚公共服务的精神、自谦的幽默、平和的处事态度，以及能够展望委员会发展大局方向的能力。另一方面，艾伦·艾舍尔有着强势的长老派教徒型的动力、严厉专注的处事态度，以及严肃的表情。但是，这个合作成功了。艾舍尔在内部实施新的执法方式，菲尔斯则以他那有点特别的教授姿态，向政客和公众推销着 ACCC 全新的、充满活力的形象。

无论怎样评论委员会在 90 年代 10 年的工作，其工作的效力是无可置疑的。菲尔斯的充沛精力使得他绝不会像他的一些行政执法同僚们那样，在下个 10 年之初的大企业破产丑闻中，被人指责说在方向盘后面趴着睡大觉。《报道》的记者马克斯·沃尔什将菲尔斯的赫赫战绩与监管保险业的澳大利亚审慎监管局在 HIH 保险公司破产中的失职作了鲜明的对比。沃尔什评论说，菲尔斯主动进攻的工作方式和他在 ACCC 内部鼓励倡导的文化，与澳洲从英国那里继承的"圈子"文化相比，更接近美国的直接与公开的风格。

具有讽刺意义的是，菲尔斯的 ACCC 在经过沃里斯调查创立了澳大利亚审慎监管局和澳大利亚证券和投资委员会之后，就失去了金融监管的权限。虽然菲尔斯有"掌控全局"的能力与气概，但是与他在那两个金融监管机构的某些同僚们不同的是，ACCC 从来没有被人指责其疏忽了细节，当然其中也出过差错。

作为 ACCC 的主席，菲尔斯的平易近人和亲历亲为的风格使得委员会每周三早上的会议都有着积极友好的氛围。因为委员们都是由联邦政府和州政府共同投票选举的，每届任期五年，所以他们可以与现任政府之间保持一定的独立。当然，就像堪培拉的其他地方一样，他们对政治的风向也不能完全充耳不闻。

因为委员会的庞大工作量，每周三的会议通常都会进行整整一天。会议一般在委员会位于 Dickson 总部七楼的那个巨大的会议室中召开。人们在其间的午饭休息时，常常会看到委员们步行到不远处的唐人街中国餐馆去吃个不带酒水的工作便餐。会议议程包括商讨委员会需要决定的事项，还有由特定的委员和资深职员向委员会汇报他们目前的工作重点。菲尔斯给每个委员都分配了需要负责的专业领域。在整个 90 年代，电信方面都是由从财政部来的罗德·首仁负责的。专业职业领域由赛斯·博加尼负责，而在小企业方面则是由约翰·马丁负责。

委员会会议本身的气氛有点儿像流水席。工作人员们你来我往，轮流向委员们汇报他们的案子。在听汇报时，委员们从他们的座位可以眺望到堪培拉的市政中心直至议会大厦。视频连线系统还可以将各州的工作人员连接至会议室。秘书们进进出出地传递着各种信息。人们时常离开主会议桌到旁边进行小组讨论。会议当中经常响起的手机也能让人匆忙跳起，跑到走廊中去接电话。

委员会的文化鼓励工作人员主动承担任务，向委员会提出自己的计划设想，或者建议开展新的诉讼调查，然后用证据和论证来争取委员们的支持和批准。其中所涉及的文件数量可以说是不计其数。在委员们的座位后面，放置着一个贴着"保密垃圾"标签的大纸箱子。人们不断地往里倾倒着各种文件。

在委员会会议上，用正式投票形式达成决议的情况很少。菲尔斯通常会从会议召开的过程中得到大家大致的意见，并且在做最后总结时特别留意一下资深委员们（如琼斯和博加尼）的反应。工作人员在回忆起菲尔斯在一次会议中进行正式投票，而他的动议却遭到意外否决时，仍然忍不住要偷笑。

菲尔斯喜欢花充分的时间与大家一起探讨各种问题。因为委员会拥有巨大的权力（包括在电信行业和能源领域的广泛监管权，以及对参加企业集中的各方取得具有法庭执行力的谈判承诺的权力），几乎在实际意义上制定着行业政策，所以需要研究讨论的事情太多啦！尽管工作量实在很大，但是工作气氛可以是轻松的，甚至有时有些混乱。大家互相间还会开些玩笑。委员们有时会传递一些手写的玩笑纸条，当外地的工作人员通过视频连线参加会议时，他们可能会为委员们由此发出的笑声而感到摸不着头脑。

每一个呈交给委员会的行动建议都会附一份媒体公告的草稿。这个做法是菲尔斯的指令。虽然这在内部引发了许多关于菲尔斯的媒体热忱的玩笑，但是这样做是有目的的。菲尔斯认为这样做不仅可以使得大家能够对所涉及的重要问题迅速聚焦，并且可以强迫委员会从消费者和企业的角度来审视自己的行为。

执法常务会在每周五召开例会。在90年代，会议是由艾舍尔主持的（现在由赛斯·博加尼主持），并且向所有想要参加会议的委员开放。会议的主要内容是通过与各州办公室的一系列的视频连线，来遥控指挥执法的进程。各州的办公室一般是接受大多数消费者投诉的地方，但有的时候，部长们也可以要求委员会开展一个专项调查，此类案件在委员会内部被戏称为"镜子案子"（注："镜子"与"部长"在英文中谐音），意思是"是的，部长，我们会看一看"。

在堪培拉总部与各州办公室之间，以及执法常务会与委员会本身之间，对于"谁主导执法"的问题，有着一些不可避免的摩擦。在菲尔斯/艾舍尔时代，这带来了一些有意思的"猫追老鼠"似的游戏。鉴于艾舍尔在执法方面的行动力，菲尔斯基本上让他放手去干，只是偶尔参加一下执法常务会的例会。

"菲尔斯很欣赏艾舍尔，因为他能把事情办好，他把案子起诉到法院，然后在法院胜诉，菲尔斯喜欢这个过程。"一个内部人士这样评判。"但是，艾舍尔有时候会做一些菲尔斯不喜欢的事。这也是菲尔斯/艾舍尔关系中的一个组成部分。菲尔斯经常想的一个问题是：'我怎么能让艾伦·艾舍尔奋力驰骋，但在同时也要勒紧缰绳？'比如说，所有的一切都在无可挑剔地运转，但是突然会出现一个状况，让菲尔斯对艾舍尔生了气。菲尔斯由此设定了一些程序制度，以使自己从执法常务会中能更及时地掌握重要情况，但是收效并不明显。"

显而易见，菲尔斯担心的是：执法常务会的行动可能将委员会被动地卷入一个案子，或者可能在其他的委员们不知情的情况下启动案件。如果一个部长拿着投诉来质问菲尔斯时他却毫不知情，那么面子上肯定不好看。

值得庆幸的是，出错的数量很少。但是，其中有一个错误让不少人的脸红了。1997年10月，ACCC向法院申请了禁止令，以制止福斯付费电视公司和Australis公司（三个深陷运营困境的付费电视运营商中的两个）的企业合并计划。委员会的观点是：这两家企业的集中会将第三家付费电视运营商——澳都斯公司，基本上完全挤出市场。如果澳都斯公司关门大吉了，那么这个市场上的竞争就会衰竭，剩下来的大企业澳洲电信公司的市场主导地位将更为强势，然后就会向消费者提高收费。

这个付费电视运营商间的合并计划提出时，正好是电信语音市场面对竞争、全部开放的时候。这对于委员会来说是一个并不舒服的选择。在那个时候，委员会认为本地语音市场全部开放竞争是竞争政策中一项最为重要的任务。

在 Australis/福斯合并案不断发展之际，《澳大利亚人》的企业栏目撰稿人布莱恩·弗斯引爆了一枚重磅炸弹。据他报道，ACCC 接受了澳都斯公司提供的法律资源。事情的真相原来是这样的：澳洲政府律师办公室与 Gilbert & Tobin 律师行（澳都斯公司的律师）达成了一个协议，向该律师行借用两个律师以协助 ACCC 办案。其中的费用安排让人震惊。澳洲政府律师办公室向 Gilbert & Tobin 律师行（按照澳洲政府律师办公室的规定标准）支付每天 250 澳元的律师费。但是，真正的痛处在于：Gilbert & Tobin 律师行会向澳都斯公司收取律师费的差价，使得总收费达到该律师行的正常收费标准。据估算，为了支援澳洲政府律师办公室对此项合并交易的反对，澳都斯公司实际上支付了大约 5.8 万澳元。而澳都斯公司对于反对此项交易有着直接的经济利益。

事件发展的最终结果是：福斯付费电视公司放弃了该项合并计划。但是，澳都斯公司对于 ACCC 法律团队的支持却留下了话柄。ACCC 声称其直到后来才知道澳都斯公司补贴律师行正常收费的安排。在这个问题上，众议院金融机构和公共服务常务委员会打了 ACCC 的手板。据报告，后来澳洲政府律师办公室作出让步，与 Gilbert & Tobin 律师行改变了协议，将律师费改为正常收费标准。对于 ACCC 来说，这是一个非常令其难堪的事故。

相比之下，另外一个较小的瑕疵是：委员会从事的针对公司的合规培训在受到竞争者的投诉后，不得不停办。Gardini & Co. 和澳洲法律协会投诉 ACCC 在对公司就与其达成的 "87B 可通过法院执行的承诺" 进行培训时，实际上进行的是商业运营。作为一个提供类似培训的服务商，Gardini 认为行政执法机构不应该与其在这方面竞争。律师协会提出的问题包括：公司是否会为了讨好委员会而专门选择其来进行培训？在培训中，ACCC人员是否有保密义务，还是可以在发现问题后，直接起诉？

所有这些问题构成了一个地雷阵。ACCC向众议院委员会（其职责包括监督ACCC的行为）表示"会完全撤出来"。但是，一些已经接受过前期培训的公司对此大为不满，因为它们现在必须花更多的钱向别处购买"合规培训"。

在菲尔斯执掌的ACCC内部，有着这样一种理念：如果委员会一直非常积极主动地尽职尽责，那么即使出现一些小的纰漏，也是可以接受的。总的来看，ACCC在绝大多数情况下取得了胜利。1991~2002年，委员会共计在58.7%的案子中取得了胜利，在4%的案子中失利，另外37.3%的案子达成了和解。在所有法庭诉讼中，委员会取得了94%的案件胜诉率。在这个时期，几乎所有的ACCC诉讼都是依据《商业行为法》的企业市场力量条款（第四章）以及消费者保护条款（第五章）进行的。

虽然说金无足赤，但是在菲尔斯和艾舍尔的领导下，ACCC的执法方式改变了外界对其的看法。如果成就可以用工作成果和业界声望来衡量，那么ACCC不再是那个在商界和消费者保护方面的小卒子了。委员会已经以自己的战绩证明了其不惧强权的特质——无论是在大问题、大企业，还是大工会面前，都绝不会讨饶。

菲尔斯对此改变毫无悔意。对他来说，ACCC每一天都在与澳洲社会中最具权势的一些团体打交道，包括大型电信集团、石油公司和银行等。"我认为我们应该被对手们看作是强势有力的，而不是软弱可欺的，这点十分重要。"他说，"如果我们被当成不好惹的人，那么我们就能更加出色地执行《商业行为法》。"

2000年，艾舍尔在他的第二届任期期满后离开了委员会。在他任职期间的最后几年，他出任了委员会的副主席，并且是公认的消费者保护的代表。离任后，他先后为英国消费者协会和英国公平交易办公室工作。

　　艾舍尔空出来的委员会副主席的位子在菲尔斯任期的最后两年半中，一直没有被补上。这个空缺的长期存在也给外界制造了很多的关于菲尔斯、财政部长科斯特洛和各州政府之间对于人选争议的想象空间。甚至专业的猎头公司也曾经被雇佣来推荐人选，但是最终毫无结果。委员会的人不禁猜想，是不是霍华德政府其实并不想指定一个新的消费者代表人。也许艾舍尔的热忱让一些人暗地里有了"不能再吃二遍苦"的心理。但是，相关的工作并没有落下。委员赛斯·博加尼接替了掌管执法常务会的工作，工作行动的节奏较之前来说也没有多少变化。同时，ACCC 的工作还开始向新的前沿发展，包括对涉及反竞争行为的公司的代理人，还有纠正性广告进行起诉。

　　追究代理人的"协助行为"对各个律师行和广告公司都敲起了警钟，它们当然一直将自己看作单纯的顾问，而绝不是违反竞争法的潜在从犯。菲尔斯和博加尼给了广告公司足够的警告，警告它们虚假广告可能对它们和它们的客户造成的风险。1999 年，一个西澳洲的法律顾问——科纳尔·欧图勒被认定曾经为当地的房地产机构起草了反竞争行为的协议，并被法庭命令今后不得从事类似行为。

　　1998 年，在 ACCC 第一次起诉广告公司时，一位联邦法院的法官给予了很大的支持。对于为尼桑汽车做的误导性广告，阿德莱德的广告代理商托马斯·怀特曼被处以 1 万澳元罚款。在此案的判决书中，冯杜萨法官将广告公司形容成"守门员"，认为其负有判断其为客户准备的广告是否符合消费者保护法规的责任。

　　广告中的"小字注释"是另一项行动的针对重点。在 2001 年的一场胜利中，联邦法院命令澳洲高斯基公司播出纠正性的电视广告，以纠正其在之前宣布的"对每一件衣物"都会减价（但同时没有充分强调在小字注释中排除了许多商品）的广告。这个纠正性的电视广告在电视上播出时还带着联邦法院的徽章。这对澳洲高斯基公司的母公司科尔斯迈尔来说是非常难堪的事件，该公司还同意进行合作，来监督其零售集团广告中未来将刊登的小字注释。在纠正性的电视广告中，澳洲高斯基公司还收回了之前对于菲尔斯的批评，说他的 ACCC 采取的是"先起诉，再沟通"的方式。

纠正性广告只是一方面。ACCC 还通过《商业行为法》修正案得到了可以向法院申请处罚性广告的权力，要求违法者将其违法行为广而告之。但是，这条还没有被具体操作过。到时，人们将会很有兴趣地来探究，谁是处罚性广告的执笔者——是违法者自己，还是 ACCC。

在艾伦·菲尔斯的时代即将落幕之时，ACCC 的内外一个没有被解答的问题是：菲尔斯积极执法的政策（先由艾舍尔执行，后由博加尼执行）是否会延续？在一个竞争法活动的晚宴上，受邀的演讲者对班那曼之后的三任委员会主席的执法方式进行了机智而精准的概括。他开玩笑说："麦克康麦斯跟所有的人沟通，没有起诉任何人。巴科斯特没有跟任何人沟通，起诉了所有的人。菲尔斯跟所有的人沟通，并且起诉了所有的人。"

"大富豪游戏"

第八章
全五频道攻势

司法部长迈克尔·达非的态度曾经十分强硬。1991年，当鲍伯·巴科斯特正准备卸任商业行为委员会主席一职时，达非视察了商业行为委员会的珀斯办公室。其间，达非对那里的职员们说，他并不知道巴科斯特的继任者会是谁。"但是，我要说明一件事，"他说，"下一届主席不会是像巴科斯特那样的媒体噩梦。"

很显然，巴科斯特所犯的错误是公开批评了工党政府对竞争监管机构的支持力度不够。对于堪培拉政府文化（特别是其对于公众服务及相关机构进行严密管控的趋向）极具讽刺意义的是，工党政府委任的下一届商业行为委员会主席竟然会让"媒体噩梦"巴科斯特相形见绌，相比之下，巴科斯特会显得过于害羞与平和。

由于艾伦·菲尔斯对公众媒体的运用，有些人甚至会称之为"媒体控"，这不仅仅使他的名字家喻户晓，同时还造就了一个"媒体人物"，他对于所有事情的看法（从减肥到板球）都被媒体频繁引用。对公众媒体的运用成为菲尔斯执掌竞争监管机构的一个明显的特质。商界的批评者可能会抱怨"被媒体审判"和"媒体操控"，但是菲尔斯从没有在与其对手们进行的"媒体战"中退步，并且他常常会成为战胜者。

这为他赢得了一个名声，至少在消费者的眼里，他成为那个扶助弱小、伸张正义的义侠"罗宾汉"——这是霍华德政府的金融服务和监管部长乔·霍基给予他的称号。当然了，哪里有"义侠罗宾汉"，哪里肯定也会有"邪恶的诺丁汉郡长"。不幸的是，（某些）企业大亨自愿地扮演起这个角色。

与许多商界人士不同的是，菲尔斯从未惧怕过公众媒体，或者对将问题暴露在公众视野中的做法游移不定。对那些质疑ACCC行动的人们，他的回答通常是："好吧，至少这样我们可以公开地辩论这些问题，并且知道大家的看法，而不是关起门来，求助于政客们。"

与此同时，政客们也很乐于从菲尔斯的"消费者之友"形象中借力获益，就像他们在推行商品和服务税时那样。当然，菲尔斯对此也没有反对。在他那庄重严谨的公众学者形象背后，有着一些稚气的、想要用媒体来制造和引导话题的"顽童"意识。但是，这是为了赢得政策辩论的胜利而对媒体进行的娴熟运用，还是为了个人的沽名钓誉？对此，普通的澳大利亚民众与"诺丁汉郡长"阵营中的将士们的看法大相径庭。

菲尔斯不仅仅是运用了媒体的力量。他对于媒体的操控能力在近来的官僚政客中无人能敌。并且，菲尔斯看上去也很享受这个过程。如果一个监管者可以经常用他的周日休息时间来回复媒体电话，那么他本人肯定是乐在其中。有媒体报道，菲尔斯曾经开玩笑说，那是"我的最爱"。但是，他在90年代作为商业行为委员会主席的事业开始之时，并没有一个很高的媒体知名度。事实上，如之前所述，政府当时想找的是一个低调的继任者来取代巴科斯特。面试菲尔斯的公共服务委员会曾经问过他，会采用怎样的方式来与政府沟通问题。这其中暗含的问题是：他会不会像巴科斯特那样在公众面前给政府制造难堪？显然，菲尔斯的回答给他此后的工作带来了很大的灵活度。

菲尔斯在出任商业行为委员会主席的初期发现，引发媒体对委员会工作的兴趣是件不容易的事情。他的策略是"寻找可能目标，以点带面"。这意味着先找到几个支持竞争政策的记者和媒体评论员，然后争取让他们对某些问题（譬如说图书的不合理高价）产生兴趣。在这种方式的帮助下，几个问题开始逐渐引发了更多的关注。

90 年代初期发生的一件事使得当时同时执掌商业行为委员会和价格监督署的菲尔斯看到了竞争问题较低的影响力。菲尔斯曾经在商业行为委员会召开了一个关于未来几年委员会的竞争法执法重点的记者会，但只有一个商业记者出席。之后，他开着车穿过墨尔本市，来到了价格监督署召开的关于取缔一分与两分硬币对市场影响（特别是消费者们关注的，由此可能造成的商品价格相应的提高或降低）的记者会。那个记者会人满为患，媒体对取缔小额硬币的报道铺天盖地。菲尔斯由此得到的经验是：那些会影响到消费者口袋的问题是媒体追寻的热点。

后来，随着 ACCC 对一系列大型卡特尔案件开展调查，以及希尔默改革和其后推行征收商品和服务税中对委员会权力的进一步扩展，菲尔斯在媒体中的频繁出现使得他成为澳大利亚最为出名的人物之一。

菲尔斯是如何做到的呢？对于任何一个想要与媒体有良好互动的人来说，第一要素是"保证接触通道"。菲尔斯规定委员会的每一个重要决定都必须附有一个媒体公告草案。所有正式发布的媒体公告都附带着 ACCC 的公共关系经理林·昂莱特的电话联系方式。而且，重要决定的公告还会包括艾伦·菲尔斯本人的联系方式。并且，菲尔斯的确会回复电话，直接回答记者的问题，或者在广播电台上进行访谈。

参加 ACCC 会议的人们可能会对菲尔斯为了接受一些重要的媒体电话咨询而暂停会议感到惊奇。据菲尔斯的妻子伊莎贝尔回忆，他经常在度假时的海滩散步中接到这样的电话。作为公共关系经理，昂莱特可以随时向菲尔斯汇报媒体访问的要求。菲尔斯对各种问题的掌握是如此的全面透彻，他通常可以随时随地接受媒体的电话提问，而无须提前准备。

保障媒体报道的第二要素是"拥有热点话题"。在这方面，菲尔斯是幸运的。他常常挂在嘴边的话题包括：不合理的高价、欺诈消费者、官僚主义造成的失误（例如奥运会售票事件），还有商界的恶行。所有这些都是媒体的大餐。在委员会中曾经有这么个说法："如果你去挑战澳洲电信公司、银行，还有石油公司的话，那么永远也不会做得过分。"这些家伙们的所作所为使他们自作自受地暴露在了菲尔斯的锋芒之下。

第三个诀窍是理解媒体的需要。通过与媒体记者打交道多年以及他本身对媒体的关注，菲尔斯对媒体的运作有着充分的理解。在媒体方面，他做到了知己知彼，他知道哪些商业专栏作家是他的盟军，而哪些是商界大鳄们的座上宾。

只有几家像《澳洲财经评论》那样的报纸对关于《商业行为法》的法理辩论感兴趣。比如，该法第46章（"市场势力"）是应该采取一个"目的"还是"结果"的裁定标准可能会引起商界读者的重大关注，但是大众读者需要的却是"追捕"中的刺激。那种"我们找到了坏蛋"的方式通常能给予枯燥的竞争法争议以吸引公众的看点。

菲尔斯明白这点，并且努力将其"为我所用"。如果你去旁听他和记者的"一对一"面谈，你可能会听到他使用像"角度""着色"和"截止日"这样的媒体报道中的常用专业术语。在一些没有重大新闻的"安静日子"里，他可能还会主动为记者们设想出一些新的报道视角，再打电话联系后续报道。对于那些渴求从复杂的问题中找到故事的记者们来说，菲尔斯就如同"及时雨"一般。政客们对于媒体对菲尔斯的关注"羡慕嫉妒恨"，但是他们常常无法想象菲尔斯为此所作出的巨大努力。

为什么菲尔斯会这样做呢？其中一部分原因可能在于前辈学者如剑桥的特纳教授和政治家约翰·凯恩的言行与成就展现了争议与

公众关注对于事业的推动作用。同时，菲尔斯在任期之初就意识到执法监管者需要媒体的报道来向公众们证明其决心与成绩。他在价格监督署的前任希尔达·罗孚在离任时曾经懊悔没有花足够的时间说服公众。这个例子也向他证明了"在公众眼中没有积极表现"的危险性。"一个智慧的执法监管者必须确保其机构与媒体建立强劲透明的联系。"2001 年，菲尔斯在巴黎举行的一个国际会议上这样说。"当某些代表商业利益的组织企图影响记者对于一些问题的看法时，记者必须能够与监管者取得联系，以获得监管机构对于该问题的立场，来'换个角度看问题'。这点十分重要。这就是为什么监管者的大门必须永远敞开。'在媒体面前害羞'是一种危险的做法。"

对于菲尔斯来说，媒体是一件武器。他明白媒体的广泛报道给予了他和 ACCC 更多的权力。在与既得利益者们（包括垄断者和卡特尔）的长期斗争中，权力的彰显是那么的重要——能够使对手自乱阵脚，能够打开政治领袖们的大门，能够让批评者们在舌战中甘拜下风。这同时对 ACCC 也是一种保护：一个工作积极高调的执法机构不会那么容易被对手击倒。

在大众媒体——电视、广播，甚至八卦杂志——中的高曝光度是菲尔斯的重要目的。他还有意识地提供一些"幕后故事"（这也体现了他对于媒体用语的熟练掌控），比如有关生活方式的软文。菲尔斯曾经亲眼目睹了那些在严肃报刊和商界媒介中不断出现的攻击声音是如何削弱之前商业行为委员会对于商业的监管。"我的对策是攻其不备。"他说。在那些严肃报刊中的评论员攻击他利用大众媒体是"媒体的妓女"时，菲尔斯呵呵地笑了。

菲尔斯在媒体上占据的言论高地常常被用作谈判中的筹码。当公开讨论最高为 1000 万澳元的罚款可能性时他经常这样做，相关企业会很快"心有灵犀一点通"。澳洲电信公司曾经向 ACCC 投诉，认为"媒体报道"被用来"偷袭"这个电信巨头。对于菲尔斯来说，彰显权力是为了得到结果。"取得结果"是运用媒体的重要目的。菲尔斯自己也担心商界巨头会利用某些媒体评论员给自己来个偷袭。

　　不断的媒体报道使得菲尔斯和 ACCC 显得无处不在，无所不能。商界对手们不仅仅要考虑在法庭上与菲尔斯争斗的胜算，还要同时应对媒体战。这张"媒体牌"不时会被委员会的官员们打出来。"你不要忘了，菲尔斯可是跟媒体打交道的好手。"这句话常常被用在谈判中以抢占高地，达到有利的和解结果。

　　媒体成为菲尔斯可以娴熟运用的一个工具，就像其他 ACCC 的正式职权一样。比如，他会提出，某个重要的问题值得采取"全五频道攻势"战术，意思是会为此按下所有的媒体按钮。作为运用媒体的老手，ACCC 让许多企业觉得盲目挑战其权威毫无益处。在推行征收商品和服务税时，其会对价格剥削行为发布"点名批评警告"的威胁足以让大多数企业"三思而后行"。

　　但是，媒体报道有时也会错误地暗示 ACCC 有着其并不具备的权力。2000 年 6 月，在推行征收商品和服务税的前夜，就发生了这样一件事情。ACCC 的一份出版物上出现了这样的话：ACCC"可以对那些没有将'减税所得'转化为'降低商品价格'的企业进行巨额罚款——每次可对公司进行最高为 1000 万澳元的罚款，对个人进行最高为 50 万澳元的罚款"。委员会可能是在用全力宣传的方式警告商家在执行商品和服务税的调价中谨慎行事，但是，事实是委员会并没有权力直接对任何企业或者个人进行罚款。只有法院才有这样的权力。

　　学术界批评者沃伦·潘吉利教授将这个错误向 ACCC 的上级监察组织（相关的议会委员会）进行了投诉，菲尔斯也为此接受了质询。其间，菲尔斯对潘吉利教授教授能够在 ACCC 编撰的几十种关于商品和服务税的出版物中找到这个瑕疵，表示了"祝贺"。他的这个反应被看作"不愿接受批评的态度"。

　　但是，从大方面着眼，在面对来自商界波涛汹涌的批评时，菲尔斯通常会耸耸肩，然后接着做自己的工作。在评价菲尔斯与他的商界对手们之间的媒体战时，这点是不应该忘记的。ACCC 与商界巨头们之间的拔河战并不是一头独大。商界巨鳄们雇佣了成群的媒体操控炒作专家，其中大部分人的薪水比菲尔斯都高。而所有这些人都使尽浑身解数来争取媒体，以推销自己一方的故事和说辞。

虽然如此，这其中有一个很大的区别。许多公司公关的主要目标是尽量避免公司被媒体报道——当然，除了一些事先安排好的活动或者产品推广之外。还有，公司公关部门的一个经常性职责是保护那些在媒体面前犯怵的总裁。商界没有意识到菲尔斯对媒体敞开大门式的"可接近性"在媒体战中是一个获胜的法宝。

同时，在他的工作所带来的权力与媒体的环绕中，菲尔斯保持了自己的谦逊作风。当他在 2002 年末宣布自己将提前离任时，澳大利亚广播公司的商业记者艾伦·科勒对他进行了下述的采访：

> 科勒：你被大家称为澳大利亚第三位最有权势的人、澳大利亚最为枯燥无趣的人，以及一个邪恶天才。这其中哪个最接近事实？
>
> 菲尔斯：第二个当中可能含着一点真相。

菲尔斯的这种脚踏实地的形象更加赢得了公众的信任。菲尔斯虽然掌控着巨大权力，但是他对于权力所能为个人带来的"附加值"却并不在意。在 2002 年末一个关于他的提前离任的记者会前，众多媒体聚集在议会大厦的参议院入口，准备进行一个"台阶访问"，所有的电视台摄像机镜头都聚焦在了菲尔斯的轿车将会驶来的地方。突然，记者群中发生了惊愕的骚动，因为一个电视摄像师偶然抬头看了一眼路上，叫了起来："他自己走过来了！"（值得庆幸的是，这次菲尔斯记得他的车停在了哪里。在一年之前，他曾经把自己的车"停丢了"一次，从而给 ACCC 制造了一个小小的事件。）

一些现实的商界领袖意识到菲尔斯在媒体战中取得了胜利。"他是我所见过的在运用媒体方面，最为智慧老练的人物。"这是其中一位对他的评价。为了"控制"菲尔斯，商界巨头们需要联合起来对政府进行游说。这件事本身就反映了菲尔斯在媒体战中取得的不凡成就。

但是，来自于商界的批评者们还是没有领悟到菲尔斯的真正目的。来自商界的不断声讨是关于"被媒体审判"。"这样的事情应该在私下解决"是一种非常澳大利亚式的态度。但是，媒体对于菲尔斯来说，不仅仅是在权力斗争中的工具；媒体在一个更为广阔的战场上发挥着作用——那是一个争取成为更有竞争力的社会的战斗。在商界领袖中能够具有足够公信力，并以商界视角来探讨更广泛的社会议题的人，可以说是寥寥无几。

来自商界的批评者们所犯的另一个错误是他们选择了攻击菲尔斯个人，而不是菲尔斯所代表的立场。举例来说，零售商格里·哈维公开宣称他"恨"菲尔斯，并且他还将 ACCC 比作了德国纳粹。哈维说，他一想起菲尔斯这个名字，就不由自主地怒火四射，然后就会想要出去狠狠地抽打高尔夫球——言下之意就是他也很愿意将菲尔斯作同样处理。

相比之下，菲尔斯采取的沟通方式则更像一位平和耐心的教师，将事实论据娓娓道来，其中有时候也会加上些讽刺与幽默，以使他要传递给大众的信息更具吸引力。针对那些声称其声誉因为频频被媒体曝光而遭受损失的企业，菲尔斯的回答是："事实可能的确如此，但是，我同时还意识到，盗马贼和重婚者们的公众声誉也不是那么好。"

多年以来，那些商界批评者们的最大失误是他们低估了菲尔斯。一个具有学者背景的监管者，即使他能在媒体上不时发声，到底能有多大的威胁啊？即使将来会出现点儿问题，我们商界也可以传统的方式来解决问题——即通过"在背后游说当权政客"这一惯用绝招。曾经有很长一段时间，商界完全没有看到在其眼皮底下发生的一个既成事实：菲尔斯成功地越过政界领袖们，直接与公众建立了信任，在大众眼里，他成为保护消费者权益的"义侠罗宾汉"。这使得他成为一个不能轻易地以"惯用的政治游说"方式来解决的目标——哪个政客会公开选择与"大众消费者的忠实朋友"对着干呢？这个"菲尔斯现象"需要商界拿出比以前复杂得多的策略来应对解决。直到 2000 年"分支经济运动",商界才意识到其需要用新的武器来击败菲尔斯。

在 ACCC 内部,对菲尔斯对媒体宣传的使用也有不少议论,甚至还包括一些来自其他委员的批评。有必要永远保持这样高调吗？ACCC 在宣布公诉行动之外,需要对此进行评论吗？工作人员担心菲尔斯在媒体上的频频发声可能会有言多必失的风险,而他们担心的事的确发生了。菲尔斯对于抢占媒体高地的喜好也造成了几次"过犹不及"的失误。而菲尔斯对此类质疑的回答是：媒体宣传所引发的公众认知将会帮助 ACCC 建立着眼于未来的长期支持。他的意思是：如果媒体对那些能让公众拍手称快的行动进行广泛宣传,就会为 ACCC 建立起广泛的公众支持作为基础；那么,未来的一些可能不那么受欢迎的决定也会比较容易被接受。

其实,促使菲尔斯在媒体中不知疲倦地为竞争政策进行宣传还有另外一个原因。在他内心深处,他担心未来的一届政府可能会在竞争政策方面打退堂鼓。作为一个在最近几十年才开始推行的比较新的政策理念,竞争政策还没有建立起坚实的根基。有没有可能导致其退势会像其来势一样迅猛？菲尔斯在公众媒体宣传中花费了大量的精力,原因之一就是他的一种近乎传教士式的信仰——需要将竞争的基因努力植入澳洲文化中去。所以,如果 ACCC 有一段时间没在媒体上露面,他就会感到不安。

"我一直有一种教育者的理念,你知道,就像一个站在讲台后的学者。"他说,"我相信教育的力量和重要性。所以,我一直喜欢为大家分析事实,并且我坚信公众会接受理性的立场。当然也有一些时候,我会特意寻求媒体的关注,以使我们永远在公众视野中占有一席之地。我一直认为 ACCC 权力的外在体现是很重要的。"菲尔斯承认,有时候"过犹不及"的事情也会发生。比如有一次,ACCC 就操之过急地卷入了塔斯马尼亚州的画廊之间为了一幅画作的竞拍而涉嫌串通的争议中。

商界巨鳄们不是唯一需要调整策略来应对菲尔斯的媒体攻势的

团体。政界领袖们也是同样感到被丢在了热瓮之中。有些部长们将媒体宣传视作其当然的职权，而不是行政执法监管者的工作范畴。其他人可以直接说是妒忌。一位工党的后辈部长对菲尔斯半开玩笑地抱怨道，他花了一年的时间来为一个重大决定的宣布做准备，而在决定宣布的当晚却发现占据晚间新闻头条的还是菲尔斯。当然，在一些其他的情况下，比如推出商品和服务税的时候或者是处理一些敏感的商业交易时，政客们倒是喜欢让菲尔斯打头阵。

ACCC 在公众中"保护消费者的斗士"形象在政客们眼中也是一种无形的权力源泉，确保了 ACCC 能与部长们有更好的联系。这是堪培拉联邦政府的运作法则。从没有一位部长公开命令菲尔斯结束对媒体"敞开大门"的工作方式，虽然这样公开的暗示不绝于耳。有的时候，菲尔斯的政治领导还会在公开场合中说些带刺的话。比如，2002 年 7 月，财政部长科斯特洛就曾对《澳洲经济评论》说，菲尔斯对于媒体的运用"可能有些过火了"。

发表这番言论的时机揭示了其背后的暗流。作为财政部长，科斯特洛刚刚宣布要对《商业行为法》进行重新评估审查，并且这项任务将在前任澳洲高等法院法官达里尔·道森爵士的领导下完成。同时，菲尔斯的工作也在 ACCC 对加德士公司的搜查事件中（在本章中将会有详细介绍）受到了最强烈的公开攻击。这个搜查本应该是 ACCC 在接到一个内部告密者关于固定汽油价格协议的揭发信后进行的突然袭击，结果却成为一个公共关系的灾难。在"汽油搜查"以及相关的媒体报道上，财政部长科斯特洛附和了商界对于"把事情做过了头的"广泛不安。

"我觉得商界关注的问题是：ACCC 不应该用其巨大的权力来影响媒体报道。"财政部长科斯特洛在涉及 ACCC 未来的道森调查过程中这样说。"当然，公众教育有着重要的作用和地位，但是你必须确保将执法行动放在第一位，而把媒体宣传放在从属的位置。我认为这是一个重要的问题，应该在本调查过程中得到解决。"

财政部长科斯特洛是想在两块夹板之间走钢丝：一方面，要在商界的压力下控制菲尔斯；另一方面，也不能对公众爱戴的"消费者保护神"公开攻击。反对党的影子财政部长鲍伯·麦克马伦很快就从中找到了政治上的把柄，指责财政部长科斯特洛没有支持保护消费者权益的行政执法者的工作，而是选择与攻击菲尔斯的力量站到一起。当然啦，这时的工党已由在"海港码头争议"和推行"商品和服务税"中对菲尔斯的反对立场，转变为在"汽油价格"上对他的支持立场。

从其强大的媒体覆盖率（以及其引发的反对声浪的强度）来看，人们可能会觉得菲尔斯一定有一个巨大的媒体操控机器为其服务。但事实上，菲尔斯领导的公关宣传团队十分"骨感"。除了林·昂莱特（曾经担任过记者以及前任财政部长约翰·凯林的新闻秘书）之外，只有汤姆·康纳斯（杂志专栏撰稿人）和一个演讲稿件撰稿人。昂莱特曾经有一个助理，但其在服务了几年后，于 2003 年离职了。

令人震惊的是：这么几个屈指可数的公关文宣人员每年制作的媒体公告达三百个左右，平均每个工作日都会有一个多。这些媒体公告所涉及的众多议题也反映了竞争法在经济社会中的广泛应用。举例来说，在 2003 年 2 月一个寻常的星期内，发布的媒体公告就包括了以下内容：一个家具商的误导性报告，遗嘱撰写者联盟因为对其连锁会员的误导而被命令支付 33.5 万澳元，一个减肥产品推销商被处以 9000 千澳元的罚款，ACCC 决定不反对澳洲水泥控股公司与昆士兰水泥公司之间的合并，药品行业中的竞争问题，以及关于提振电力行业投资的选择方案。

这样的由媒体公告所构成的滔滔洪流有着一个正规的目的。ACCC 在《商业行为法》第 28 章的要求下，必须公开其行动。ACCC 的方针是不公开其调查，而会在正式起诉时或者法院判决时，发布媒体公告。昂莱特说她的处理方式是：媒体公告的措辞必须"平和而准确"，这个形容词被一个法官用在了一个关于 ACCC 运用媒体方式的案件中。一般来说，ACCC 发布的书面媒体公告并不会惹什么麻烦。菲尔斯在记者会上对于媒体公告的扩展性评论则可能要另当别论。

澳航首席执行官杰夫·狄克逊说，菲尔斯"练就的一种特别的功能"是可以突出强调针对公司的指控。他说，这种做法"可能会对公司的声誉和品牌造成即刻的伤害和长期的损失"。

加德士公司和大卫琼斯百货公司董事长狄克·沃博顿曾经为了商品和服务税中的价格问题，在与 ACCC 对抗的 Vedio Ezy 音像公司案中失利。在一个《澳大利亚人》的访谈中，沃博顿这样描述了商界巨头们对于菲尔斯的不满。"一旦事情暴露在公众视野内，他就会开展迅猛的闪电攻势，而他进攻的尺度在我们看来会很过分。"沃博顿说。"面对同一类型的事件，澳洲证券和投资委员会主席大卫·诺特会简单回答媒体说，'是的，目前是有一个调查。'然后，就停下来。但是，艾伦却会说，'当然，目前是有一个调查。我会制止所有这些进行价格串通共谋、价格垄断的罪魁祸首们……'由此一来，就会给涉案公司造成强烈的'有罪'暗示。问题是，在加德士公司的案子中，我们无法为自己作辩护，因为没有任何事情需要辩护。没有直接的指控，有的只是这样的暗示。"沃博顿在这里所指的是被广泛报道的，ACCC 在 2002 年 4 月对加德士公司进行的搜查。但是，在那个案子中，ACCC 受到争议的处理问题方式并不是其完全自主的选择，而在某种程度上是被"逼上了梁山"——因为案中的内部告密者除了将她的揭发信交给 ACCC 之外，还将其指控行为的副本寄给了《每日电讯》。事实上，ACCC 每年都会低调地进行数千个质询以及多个"突击搜查"，而对这些都不会进行公开的媒体宣传。一般来说，直到 ACCC 要采取正式的法律行动时，媒体才会介入。

ACCC 对于媒体的公开方式会不会像一些人指责的那样，造成"媒体审判"的局面，从而产生对商界的不公平待遇呢？对于这个问题，很难找到一个完全没有偏向的答案。但是，牛津大学的法律讲师凯伦·杨博士通过其研究所得出的结论是：事实上，并不存在"媒体审判"的现象，但是某些媒体活动可能会对 ACCC 的信誉造成负面影响。杨博士以 ACCC 为研究对象的论文是为了回答这样一个问题："利用非正式的负面媒体宣传是否是一个正当合理的行政执法的合规监管方式？"杨博士的研究背景是在信息社会里不断变化发展的媒体运用。她指出，通信技术的日趋进步带动了信息交流的"专业化"，而这意味着在政界、商界，以及民事社会生活中，经常会需要职业媒体人的服务。与之相对应的是，在政治和机构文化中，"注重于营销/推广的策略"出现了蔓延的趋势。公共行政管理者们也卷入其中，曾经对媒体害羞的政府机构现在也在积极地争取媒体的注意。

杨博士分析研究了 ACCC 在 2001 年发布的所有的媒体公告。基于对公司或个人进行调查的信息最有可能对相关公司或个人造成不公正的损害，她发现 ACCC 的媒体公告中只有非常少的一部分——仅占"1.5%"的比例——是真正涉及调查阶段的信息。仅仅在一个案子中，一个未曾自我暴露身份的"嫌疑人"的名字是通过媒体公告被点名的。

在对所有涉及法院诉讼的媒体公告的研究中，杨博士发现其中 26% 是关于正在进行的诉讼，74% 是关于法庭判决或经过谈判达成的和解结果。在开庭前发布的媒体公告数量在 ACCC 所有的媒体公告中所占的比例为 10.3%。"这个研究结果对于菲尔斯所提出的'因为 90% 的媒体公告是在结案后才发布的，所以不能被认定为媒体审判'的主张起到了一定的支持作用。"她这样总结道。

但是，并不是所有的研究结论都是正面的。在媒体公告的内容平衡与论调方面，杨博士的研究发现，只有"25%"的媒体公告提及了被告的立场，而其中只有几个明确地指出了 ACCC 的指控尚未被法庭确认。"这些结果不能被看作平衡中立的报道，而似乎提供了 ACCC 企图操纵媒体言论的明确证据。"她说。另一方面，当 ACCC 宣布正式的法庭程序进展时，其采用的方式是谨慎的，不会在具体事宜上加以评论。对于这些复杂的调查研究结果，她的总体结论是这样的：

ACCC 的媒体战略具有类似于古罗马的两面神般的特征。从监管执法的有效性方面来看，ACCC 对媒体积极主动的运用，对于其建立起作为一个有权威的、为了保护竞争和消费者的利益而不懈余力的、积极主动的执法监管者的信誉来说，作出了贡献。

但是，从宪法原则的角度来说，ACCC 对媒体宣传的追求可能会削弱其作为一个需要确保可能违反《商业行为法》的公司或个人得到公正对待的公平执法机构方面的信誉。[①]

法院系统则提供了另一种不偏不倚的视角。商界大佬们总是想通过法庭来申请到可以对抗 ACCC 行动的强制令，或者在 ACCC 胜诉的案子里提出来，法庭应该考虑到该公司在诉讼中因为过度曝光而已然蒙受的损失，从而降低法庭判决的罚款数额。

在菲尔斯时代开始之前的 1977 年，联邦法院的斯密瑟斯法官开创了这种做法。在当时一个案子的判决中，他考虑了由该案件的公众宣传所造成的对公司的负面影响是否应该被用来作为一个减轻对南方机动车箱山公司处罚的因素。委员会曾经发布了一个媒体公告，指责该公司先后两次将一辆汽车作为"前 GMH 公司高管专用车"来销售，而事实上那辆车只作过租赁用车。但是，当这个案子进入法庭诉讼后，这个指控并没有在法庭上出现。"在我看来，在本案中，考虑到由提起诉讼的政府机构所发布的媒体公告……被告被叠加惩罚的危险真实存在，并且该因素应该被当作确定惩罚的背景的一部分，"斯密瑟斯法官作出了这样的决定。"据此，我作出了相应的判决。"

在菲尔斯时代的 1996 年的一个案子中，欧拉夫林法官则采用了

---

① 资料引自："Is the use of informal adverse publicity a legitimate regulatory compliance technique?", Dr. K Yeung, Paper presented to the Australian Institute of Criminology Conference, Current Issues in Regulation: Enforcement and Compliance, Melbourne, 03/09/02。

一个不同的视角。在那个案子中，Cue 设计公司称其受到了负面报道的伤害，因为 ACCC 通过媒体公告宣布要对该公司采取行动并且指控其涉嫌在新服装产品上配备虚假和具有误导性的价格标签。该公司列举了电视和报纸报道中提及其名字的地方。"我觉得在本案中，像 ACCC 所作的措辞'平和而准确'的媒体公告起着非常重要的作用。"欧拉夫林法官说。"以斯密瑟斯法官的话来说，媒体公告'在内容和论调方面，表现出了适当的克制'。如果没有这个媒体公告，媒体就只能自己去找答案，并且从中得到自己的结论。如果这样做的话，那么有可能因为意外因素，从而更加增加出现不准确报道而对被告造成更大伤害的风险。"欧拉夫林法官认定了所产生的公众影响是该公司本身的行为造成的，因此拒绝降低罚款。

关于 ACCC 的起诉行动，以及媒体在"被封锁消息后"可能作出的反应，这位法官所作出的判断是贴切的。在没有媒体公告的情况下，报刊和电视台很可能在猎取"事实"的过程中"野性发作"。媒体虽然并不完美，但是对于其监督职责是极其珍视的：被封锁消息的 ACCC 案子肯定会被像猎物一样追逐。那样，在疯狂的新闻追逐中才真可能造成"媒体的错误判决。"

另一个要求减轻处罚的案子则展现了一个被告的"厚脸皮"。1996 年，《全国新闻》向法庭控告说，ACCC 发布的一个媒体公告中对于该公司在 18 项指控上的无罪宣告只是进行了轻描淡写，从而导致媒体只是着重报道了该公司在 6 项"误导性陈述"上的有罪判决。《全国新闻》是《每日电讯》的出版商。这个一贯以虚张声势的巨幅标题和轰动性的报道来搏人眼球的娱乐报刊的代表竟然在抱怨政府机构的"选择性"报告！不管怎么说，ACCC 的媒体公告其实已经分别提及了各项有罪和无罪的判决。在此案中，法庭没有采纳任何减轻处罚的理由，因为"虽然有一些媒体选择了不去报道无罪判决的部分，但是这并不代表 ACCC 的媒体公告就是不公平的"。

与此相似的是，冯杜萨法官也曾经驳回了尼桑公司以 ACCC 在诉讼过程中发布媒体公告从而造成公司损失为由，要求减轻其罚款的诉讼请求。"总的来看，我不认为媒体公告的内容或者形式是不公平的，也不认为其本身会造成'负面'宣传的影响。"冯杜萨法官说。"我在制定处罚时，不会因为'所谓的负面宣传的影响'而降低处罚的数额。"但是，法官也指出，如果媒体公告中出现不准确的内容，那将会被作为计算数额的一个因素。

以媒体公告为由控告 ACCC 诽谤的企图也都失败了。联邦法院驳回了澳大利亚长颈鹿世界对于 ACCC 通过"在互联网发布媒体公告，指出新南威尔士州公平交易部门应就该公司对于一款医疗用垫的误导性广告采取行动"的方式对其进行诽谤的指控。同时，法庭判定长颈鹿世界触犯了《商业行为法》。法庭还指出，ACCC 在媒体公告上说明某个案子"可能成为实验型案例"的做法没有不妥之处。

但是，并不是所有来自法庭的声音都会对 ACCC 的媒体宣传方式表示支持。事实远不是这样。2002 年 9 月，联邦法院黑尔法官为了一个关于"ACCC 针对广告公司采取行动"的演讲和杂志文章，以法律向菲尔斯开火了。"我们可以承认 ACCC 有权告诉公众，它们采取了法律行动以及行动的大概性质。但是，如果在正式的法庭审判前，相关事实就被广为传播，那么就有可能对被告造成无法弥补的伤害。"他说。

更具色彩的批评来自联邦法院费恩法官。1999 年澳大利亚电力供应联合会曾因电力合同而指控 ACCC，费恩法官对该案发表了评论。虽然他驳回了澳大利亚电力供应联合会的起诉，但是对于菲尔斯称原告资深法律顾问的意见"荒诞无理"并且还威胁要对"与 ACCC 在电力保障方面不同的认识"采取法律措施的做法，费恩法官很是不满：

> 这种做法可能在公众眼里很有舞台效果。但是，这样做是否代表着好的公共管理方式则完全是另外一个问题。ACCC 对于该法第五部分第二章的理解很有可能会被法庭认定是不准确的。就目前来说，ACCC 的律师已在本案中正确地承认到："隐含的

条件"是否以及如何适用于电力供应合同是一个具有争议的问题，争议双方对此都有各自正当的理由。在这种情况下，将支持其中一方的论点称为"荒诞无理的"，是很接近于恶意的做法。

费恩法官的话还没有完。他接下来分析了 ACCC 要对澳大利亚电力供应联合会或其供应商采取法律行动的威胁。"ACCC 所采用的立场，至少在对澳大利亚电力供应联合会或其供应商采取法律行动的威胁的某些方面，有可能被理解为具有想要压制争议的企图。"他说，"作为一个有如此强大的权威和影响力的公共执法机构，要采用这样的方式是值得指责的"。

啊哦！实际上，澳大利亚电力供应联合会还是输掉了这场官司。当然啦，既然菲尔斯选择了在公众舞台上挑起事端，那么他就应该准备好应对回击。菲尔斯知道在使用媒体工具的同时，他是踏在一条高压线上。不仅对手们会千方百计地在法律上反击，还有成群负责监督监管者的机构组织站在他身后，审视他的一举一动，包括申诉机构、调查组织，以及政治上的领导等。具体机构包括：作为联邦法院的一个分支的澳洲竞争法庭、监察机构、议会的委员会、财政部长，还有特别指定的调查组织，如近来的道森、乌里希和维肯森调查。

* * *

菲尔斯对于媒体宣传的使用可能在对加德士公司的搜查中达到了高峰。2002 年 4 月 24 日（周三）《每日电讯》头版头条刊登了巨大的标题"汽油搜查"，副题是"独家新闻：内部告密者引发有史以来最大的汽油垄断价格调查"。这个头版新闻还包括一张四位 AC-CC 官员端着纸箱子的照片，所附说明是："ACCC 官员昨天从加德士公司位于 Martin Place 的总部带走了成箱的文件"。

对于媒体来说，这个故事涵盖了多个热点，包括汽油价格、石油公司之间的串通勾结、公司搜查，以及内部告密者等。同时，它也呼应了澳大利亚公众面对一直以来不断上涨的油价而产生的"一定有人在幕后捣鬼"的怀疑——"啊哈，我们早就想到了！"事实上，加德士公司后来自己进行了一个公众意见抽样调查，其结果显示，在那些知道加德士公司受到 ACCC 搜查的人中，有 74% 的人相信价格垄断的指控是真实成立的。

这个搜查的导火索是 ACCC 在 2001 年 12 月初收到的一封使用了绿色信纸和斜体字的匿名信。据那个内部告密者指控，某些人在为一个石油公司工作期间，看到了一些文件，文件内容很可能证明加德士公司、壳牌，以及美孚在一起讨论了石油产品的销售问题，并且达成了协议。虽然指控主要涉及供应给市政部门的沥青，但是也提及了汽油。

告密者所提供的资料中有一些用的是石油公司的正式公司信函用纸。对于多年以来一直关注石油价格的 ACCC 和价格监督署来说，这就好似从天上掉下来的馅饼。ACCC 打出了告示，请求告密者再次联系。她按要求做了，在圣诞节前夕又寄来了一封信。接下来，一位男士（可能是告密者的丈夫）给 ACCC 的一个官员打了一次电话。不幸的是，再一次打来的电话却没有被接到。此外，对传真号码和资料中所提及的人员也进行了常规的核查。似乎都没有什么问题。

ACCC 征询了法律意见，并且得到了确认：ACCC 根据其收集到的资料，"有理由相信"违反《商业行为法》的行为可能已经发生，因此可以颁发一个"155 号通知"以进入相关场所并收集相关信息。

但是，为了稳妥起见，ACCC 仍然需要更多的信息，就此又发了一份要求告密者进一步联系 ACCC 的告示。《每日电讯》在报道这再一次的联系时，还炫耀似的加了一个注脚："告密者给我们也发了一个副本"。

让人难以置信的是，告密者的确这样做了。在接到《每日电讯》的记者凯西·丽帕利打来的电话，得知她有一份给 ACCC 的第二封信的副本时，ACCC 震惊了。很显然，在告密者看来，从首次接触算起，已经过了将近三个月，而 ACCC 还没有采取行动。告密者要用"抄送"媒体的方式来逼迫 ACCC 尽快行动。

"对于 ACCC 对我所提供的信息迟迟不采取行动的做法，我深表失望。"告密者传来的信息还是以她那招牌式的斜体字来表达的。"我已经提供给你多个关于【经删除的保密信息】的不正当行为的信息。我还向你提供了另外一位女士的联系方式，她已经不再受雇于【经删除的保密信息】，还有两位男士，他们在你们的说服下可以提供更多的信息。我还寄给你们办公室多个函件来往的副本。现在，我将再提供给你另一个额外的信息……【经删除的保密信息】"

菲尔斯和 ACCC 的执行总监布莱恩·卡西迪对此又惊又怕。如果《每日电讯》发表了这封信，那么整个调查就可能前功尽弃。文件可以被及时销毁，就像在"咖啡俱乐部"案中拉尔夫·哈德的所作所为，重要的文件可以被很快地装进车里，扔进灌木丛，然后烧掉。

卡西迪和菲尔斯竭力请求丽帕利不要发表那封信。最终，他们之间达成了一个交易：如果《每日电讯》暂缓报道，那么 ACCC 将会及时通知其此案的未来进展，但是对于是否会是"独家报道"并没有协议。报社同意了。可是，ACCC 面对的仍是一个两难的处境。《每日电讯》可以在未来的任何时候报道。而对于文件可能随时被销毁的担心总是挥之不去。

发出"155 号通知"进行搜查，以收集更多信息的决定就是在这种压力下作出的。这将是一个大规模的行动。ACCC 将对 8 个不同的场所同时进行搜查，包括：加德士公司、壳牌以及美孚的总部办公室，加德士公司在 Banksmeadow 的终端站，美孚在 Spotswood 的终端站，一个位于 Smithfield 的加德士公司分销商，以及两个位于 Newcastle 地区的分销公司。搜查人员共计 90 余人，包括 ACCC 官员、律师、电脑信息专家，以及联邦警察以确保搜查人员能够顺利进入公司场所。搜查团队还需要自己携带复印设备和文件箱以便带走文件，因为被搜查的公司没有义务向 ACCC 提供此类帮助。

　　菲尔斯将突击搜查日定在了 4 月 23 日。菲尔斯之前在 Alice Springs，专程回到悉尼来掌控全局。在搜查开始之前，ACCC 通知了每一个公司的律师，并且发给了他们"155 号通知"。有意思的是，这些律师都向 ACCC 表示了愿意配合搜查的态度，而 ACCC 原以为这些公司会立即试图挑战搜查通知的合法性。加德士公司当时觉得，如果那样做了，就会显得他们心虚了，有东西要藏。

　　在搜查前的头天晚上，卡西迪给丽帕利打了个电话，告知 ACCC 现在可以跟她讨论那封信了，并问她明天早上是否能到办公室来，"是不是搜查就要开始了？"丽帕利问道。"明天见面再聊"是她得到的回答。ACCC 从来不会事先公布"搜查计划"，但是在这个案子中，对于丽帕利却有着一个义务，因为《每日电讯》遵守了其诺言没有刊出那封告密信。

　　当丽帕利在第二天上午 11:30 到达时，搜查行动早已开始了。菲尔斯和卡西迪向她通报了大概的情况。《每日电讯》非常想要一个独家报道。但菲尔斯和卡西迪不能给出这个保证。ACCC 没有公布搜查行动，但是因为此次行动规模庞大，他们觉得肯定会有消息漏出来。丽帕利被告知，如果其他媒体为此来联系 ACCC，ACCC 必须给予答复。

　　"那么，能照一张照片吗？"丽帕利问道。卡西迪知道一些 AC-CC 的工作人员将会很快从加德士公司位于附近的 Martin Place 总部办公室回来。那里的文件搜查工作没有像其他地方那样顺利。在那里出现了关于受"法律职业信息保密保护"的文件问题。ACCC 向《每日电讯》提供了可以为从那里搜查归来的工作人员们照相的机会。但事实上，那些工作人员带回来的是没有用过的、空的、ACCC 自备的文件箱。

　　关于这次搜查的消息在当天并没有被泄露出来。当天下午的晚些时候，丽帕利又一次联系了卡西迪：ACCC 接到其他得知搜查消息的媒体的联系了吗？没有。

《每日电讯》意识到，它得到的是一个独家新闻，然后用了足足三个版面进行了独家报道，其中包括了搜查地点的地图、ACCC之前用以联系告密者的告示复印件，还有丽帕利自己讲述的，关于该报如何与ACCC合作以确保搜查"不会由于泄密而前功尽弃"的故事。报道同时还包括了那张照片，其下的标注为"ACCC官员从加德士公司总部搬来成箱的文件"。在与报道同时发表的文章中，专栏评论员瑞·彻斯特顿表达了公愤，将汽油价格的同时默契变动比作团体花样游泳表演，并且作出了这样的结论："除了串通舞弊外，没有其他可能的解释。"

其他媒体对此的强烈反应也让菲尔斯始料未及。傍晚时分，《每日电讯》已将其独家报道放到了新闻集团的内部系统里，而菲尔斯则不得不为此回应默多克旗下其他报刊源源不断的电话。在他于晚上十点到达墨尔本时，所有的电视台和不顾一切的费尔法克斯报刊记者们便开始对他穷追不舍。当他在回家的路上停下来买一份《先驱周末》（隶属于新闻集团）时，他被想要得到更多信息的记者们团团围住。为了应对媒体铺天盖地的采访，菲尔斯在第二天早上召开了一个记者会。

几天之后，菲尔斯出席了一个由央行行长伊安·麦克法兰举行的晚宴。加德士公司董事长狄克·沃博顿也在场。"我希望你没有在计划更多的搜查。"沃博顿这样对菲尔斯说，引来了其他宾客们的一片欢笑声。但是，就在短短几天之后，玩笑声就消失了，沃博顿给菲尔斯打来了电话，要求在他的办公室与菲尔斯见面。加德士公司发现了在报纸头版刊登的照片中出现的箱子实际上是空的。沃博顿对此十分愤怒。照片下所附的不准确的标注使得加德士公司能够在媒体上针对ACCC的搜查展开有效的反击，特别是在那些要看《每日电讯》独家报道笑话的费尔法克斯集团的报纸上。

虽然那个不准确的照片标注是《每日电讯》写的，但是却成为商界大佬们用来反对ACCC在媒体宣传方面的"错误的做法和造成的伤害"的集结号。尽管在当天的晚些时候，ACCC的官员们的确从搜查中拿到了文件，但是反对者们对此视而不见。

"那个照片标注是错误的，"加德士公司在其向道森调查呈递的文件中指出，"ACCC 明知此事，但是却没有采取任何措施来纠正对于其官员的行动的误导性报道，比如要求《每日电讯》发表一个更正说明或者道歉。'箱子里装着加德士公司的文件'这个错误信息对于加德士公司的声誉是一种巨大的伤害，因为这暗示着重要的（很可能是'有罪'的）证据已经被收集起来。"

当卡西迪告诉参议院的一个调查组，进行搜查的一个原因是 ACCC 担心相关证据会被销毁时，加德士公司又一次被激怒了。"加德士公司抗议说，其名誉受到了伤害。"菲尔斯说。"ACCC 没有维护石油公司声誉的责任——对此，公众心中自有公论——而 ACCC 所负有的责任是执行《商业行为法》，并且继续尽职尽责，毫无畏惧，毫无偏向。"后来，加德士公司在 2002 年向联邦法院提出请求，禁止 ACCC 通过再次发布"155 号通知"的方式来获取更多的文件。

如果 ACCC 可以选择重新来过的话，可能就不会给丽帕利那个照相的机会了。那一步越界了。ACCC 觉得其必须向《每日电讯》提供信息，出于该报在对告密者所提供信息的保密方面的合作。但是，给予那个照相的机会使得两者之间的关系显得过于紧密了。

搜查的巨大规模（包括 90 名工作人员和警察）在 ACCC 内部也曾经是一个争论的议题。在石油行业中，还流传着一些更有声有色的故事。其中包括，全副武装的警察把手放在离枪很近的位置，告诉公司雇员们，在搜查过程中打电话可不是一个好主意。这样的故事完全是毫无根据的道听途说。ACCC 和加德士公司都指出，警察们并没有进入公司场所，而是让 ACCC 官员们自己进去了。

对于 ACCC 来说，搜查在一开始就不顺利。多份"155 号通知"以传真的方式发给了加德士公司法务总监——海伦·康威。但是，传真的正反面在发送时被弄错了，所以她收到的只是空白页。这个延误使得 ACCC 搜查组逗留在加德士公司前厅内，在焦急等待中来回走动，直到 Conway 阅读了被重新传真的文件，然后让他们进入公司内部。据她形容，ACCC 搜查组在公司的前厅内兴奋地走动，就像在一场大型比赛前热身的橄榄球运动员们一样。

从其搜查的多个场所（包括加德士公司的总部、位于公司外的文件储存库、其他的公司和炼油厂，等等）中，ACCC 收集了大量的信息。信息总量占满了约 75 台电脑的存储空间。但是，在其后的月份里，随着对信息的逐步过滤，一个渐渐清晰的现实是：其中并没有"那把还冒着烟的手枪"。"在这类案子中，特别是涉及大型石油公司的案子，你必须拥有很好的证据。"菲尔斯说。"我们有一些信息，但是你可以看到，这些信息并不能让我们在一个大规模法庭诉讼中取胜。"

之前，ACCC 就曾在与石油公司的一次交锋中失利。那一次，在 1994 年 12 月收到了一封告密者的揭发信，以及发现了一个"显露罪行"的电子邮件后，ACCC 试图指控某些石油公司进行了价格垄断。那封信火药味十足，指控大型石油公司之间的价格垄断是由公司的最高层直接参与的。信中详细描述了在宾馆房间内以"行业活动"为掩护而召开的会议。告密者称价格垄断的协议写在了一张 A4 纸上，一共包括 12 项内容。告密者根据自己的回忆在信中举出了其中的 6 项。

"如果你发现不同的公司在 1991 年 6 月至 7 月期间的公司内部文件中对同样的问题，以同样的顺序，采用同样的方式，用相近的文字进行描述的话，那么，在我看来，这就需要一些很好的解释了。"告密者这样写道。一共 4 页的信纸详细地描述了价格垄断的协议安排是怎样自行瓦解的，其中的原因包括行业内部存在的现实的竞争，公司间相互的不信任，以及一些公司高管们的无能。"虽然价格垄断协议自行瓦解了，但是的确曾经有过这样一个协议。"告密者说。但是，法庭认为一份告密信或者一个电子邮件组成的证据不充足，否定了 ACCC 的起诉。

随着 2002 年对加德士公司、壳牌，以及美孚的调查进入僵局，ACCC 加大了寻找告密者的力度。有一段时间，其甚至认为找到了告密者——一个加德士公司的雇员。当发现搞错了时，又向她道歉。在加德士公司事件中，ACCC 对于寻找告密者的执著有一点奇怪。从之前的案子中，其就曾经见识过告密者对于被发现的恐惧。"如果我被发现是提供给你信息的人，那么我肯定会被解雇的，我无法承受那个后果。"1994 年的告密者这样为自己的"匿名"选择道了歉。

委员会发出了新的"155 号通知"，要求提供雇员的具体信息。加德士公司表示反对。对于 ACCC 和未来的"155 号通知"的接收者们来说，这个案子涉及了一个有意思的法律问题：ACCC 有权力通过该等通知来调查价格垄断，但是该等通知是否赋予了其获得公司雇员信息的权力？

这个问题没有得到回答，因为在 2003 年 3 月 28 日，在搜查结束了差不多一年之后，菲尔斯鸣金收兵，宣布"ACCC 结束了其调查，并且不会采取进一步行动"。从所收集到的材料中不能得到确切的结论，并且告密者也没有再度现身。随着他本人的离任日期将近，菲尔斯觉得他应该亲自结束这场围绕"石油搜查"的争议，而不是将这个负担留给继任者。如果如此结束这个事件会产生负面影响，菲尔斯要自己来承担起这个责任。

"不幸的是，告密者们通常没有调查员似的思维方式，所以他们不会告诉我们哪里可以发现关联信息。"菲尔斯说。"在这个案子中，因为要在所涉及的海量信息里大海捞针，我们差不多需要被告知'去七楼的第 14 号文件柜'。此外，对告密者的真实身份的怀疑也不断增加。所提供的书面信息显示其是一个女性，但是打来电话的却是个男子。"

通过反思，菲尔斯承认搜查的规模与告密者提供的信息不成比例。他还认为 ACCC 应该在搜查前对案件的背景进行更为深入的了解。"我们应该研究我们掌握的资料，"他说，"我们应该低调地研究这个行业，分析出我们真正应该找的是什么。在一个没有什么收获的搜查之后，你会倾向于这么说。可是，在其他的一些案子里，在我们掌握了一些证据后，我们直接冲了进去，然后取得了重要的成果。"

对于这个搜查对 ACCC 的形象所造成的影响，菲尔斯进行了很现实的分析。公众对此的反应形形色色，一部分人认为 ACCC 至少在努力，另一部分人将那看作是一个失误，但对长期而言没有大的影响。但是，商界巨头们将这看作他们的一个重大胜利，并且将其用来支持他们对 ACCC 在媒体宣传方面的过度与失控的批评。"这个事件可能鼓励了他们对我们进行更多的挑战，"他说，"这让他们觉得我们并非不可战胜的。在这之前，他们已经差不多开始将我们看成不可战胜的了。"

在堪培拉方面，菲尔斯认为这个失败的搜查可能会给商界反对给予 ACCC 更多的权力留下话柄。但是，一个对于 ACCC 的正面影响是，这个案子有可能会鼓励对保护告密者规定的立法。

面对商界对搜查事件的愤怒，菲尔斯拒绝退让。"在最近的日子里，有一阵强烈的，似乎半组织化的，针对 ACCC 的行政管理与媒体宣传方面的攻击。"在搜查结束的几个月后，菲尔斯这样对全国媒体俱乐部说。"ACCC 不会被吓住，也不会从其职责中退缩，即尽职尽责地执行《商业行为法》，毫无畏惧，毫无偏向，不论所涉及的是在政治上或者经济上如何强大的力量。"

但是，这个失败的调查成了菲尔斯的软肋。财政部长科斯特洛说道："我觉得这个事件凸显了监管者应该如何应对媒体的问题，我觉得其中的教训是监管者可能需要在与媒体的互动中相对低调。"

这代表财政部长科斯特洛对于菲尔斯与媒体之间关系的看法有了一个显著的变化。科斯特洛曾在想要支持竞争监管者与回应商界的批评者之间徘徊游移。他的口号曾经是"执法第一位，媒体第二位"。现在，他要的是一个"低调的"媒体形象。曾几何时，在推行商品和服务税期间，政府给 ACCC 的指令是要在媒体中尽力高调。当然啦，那个时候，ACCC 与菲尔斯的高调形象是需要被用来挽救政府的。

第九章
在圣诞节前，CD 唱片的价格会降下来

——艾伦·菲尔斯于 1993、1994、1995、1996、1997 年

如果说艾伦·菲尔斯与一线记者们有着令人艳羡的关系的话，那么他和媒体与出版界商业主管们的关系则可以用冷淡来形容。事实上，对于出版业、音乐唱片业，以及在媒体与通信行业中称雄的澳洲电信公司来说，"洪水猛兽"可能是一个对菲尔斯更好的形容。

在澳大利亚，上述三个行业都通过不同的形式享受着垄断地位所带来的好处。而菲尔斯则用他的"竞争权杖"捅了这三个马蜂窝，引发了敌意的反击。举例来说，图书出版业就宁可舍弃自己的商业利益，也要报复菲尔斯。

本书的出版过程就体现了这点。菲尔斯"义侠罗宾汉"似的公众形象、其身为澳洲最具权威的人物之一的社会地位，还有其作为悉尼社交界一线明星中唯一一个堪培拉政府机构的监管者的特殊身份——所有这一切都使得他的故事具有畅销书的一切特征。

但是，出版商们却拒绝看到这一点。对于本书的写作计划作者从大型出版商那里收到的是普遍的负面反应，某些商业出版社甚至直接拒绝给予其任何考虑。而有一些小型的大学出版社却表示了兴趣。后来，一个重要的全球出版商——企鹅出版社，表达了很强的

兴趣。在对本书的内容进行了常规的讨论后，企鹅出版社的出版总监罗伯特·赛森斯说，他将"非常高兴地"对本书的出版发出要约。但是一个月之后，赛森斯就被迫收回了他的要约。

赛森斯说，他的公司高管同事们认为，他们不能支持出版关于菲尔斯的书。这些高管们认为菲尔斯曾经试图破坏整个行业，无论其是无心之过，还是有意为之。

赛森斯在他的回复中非常坦率地直言，他并不赞同他的同事们的意见。他写道，这个决定并不是否决，但是由于整个团队都反对此书的出版，坚持推进出版的过程将会是极其艰难的。简而言之，虽然赛森斯个人认为此书是会成功发行的，但是对他的公司而言，这个主意已经被否决了。

这个经历本身就提供了一个非凡的视角，显示了商界的某些部分对于菲尔斯的敌意是如此之深。当一个出版总监认定了此书的出版在商业上的可行性，认为其具有成功畅销的所有因素时，他的高管同事们对菲尔斯的仇视却使得他们拒绝出版此书。具有讽刺意义的是，由澳洲出版业协会所代表的广大出版界目前正在宣扬的立场是：在由菲尔斯发起推动的首轮改革后，整个行业欣欣向荣，因此目前不需要进一步的改革了。

菲尔斯触怒图书与唱片出版业的原因是，他打破了收益丰厚的进口卡特尔，迫使相关商品降价，因此打翻了垄断集团的钱篮筐。但是，菲尔斯所要推动的最终目标——为"平行进口"而全面打开澳洲图书市场，即在没有澳洲版权所有者的允许下，直接进口具有海外版权的书籍，目前却受阻了。2003 年 3 月在参议院，民主党与政府经过谈判达成了关于开放计算机软件平行进口的协议。民主党所赢得的交换条件是对于书籍进口的限制将继续保留。

菲尔斯对图书与唱片行业中的问题有着深刻的个人体会。他热爱阅读：在他墨尔本办公室后面的私人房间和家中书房内，总是放满了各种报纸和书籍。他对于竞争和经济政策领域的最新国际刊物尤其关注。音乐唱片是他的另一个喜好。菲尔斯还有一整箱关于哲学和历史的磁带，供他在开车的时候播放，有时还会与新南威尔士州州长鲍伯·卡尔交换磁带。

80 年代末期，价格监督署发现的一个奇怪现象引起了菲尔斯的极大兴趣。价格监督署那时负责监控在澳元升值后的价格变化。在正常情况下，进口商品的价格应该随之降低。但是，书籍和 CD 唱片的价格却与众不同，其进口价格在强势澳元下没有丝毫反应。其幕后的原因是垄断澳洲市场的英国出版商们的贪婪，而他们也将为此付出沉重的代价。

菲尔斯向尼克·博尔库斯（时任霍克政府的助理财政部长）提议，价格监督署应该针对澳大利亚的书籍价格做一个大规模的调查研究。博尔库斯同意了。

这项针对书籍的任务对价格监督署来说，最合适不过——"雷声大，雨点小"。在英国工作的时候，菲尔斯曾经看到了全国价格和收入理事会在寻找其自身定位时的挣扎，直至后来运用其在价格方面的权力来提高管理效力。与之相似，价格监督署也需要彰显其在价格方面的作用，而同时也要避免吓走投资。书籍价格方面的问题既引人注目，同时又是一个明显的剥削行为，因此成为了价格监督署的一个完美靶子。

与此同时，媒体中的一些声音也开始对澳洲的图书市场显示兴趣。现已过世的费尔法克斯的记者罗伯特·霍普特开始了反对在全球范围内对英语出版市场进行分割的活动，因为在这个市场分割的安排下，澳洲市场完全被英国出版商所控制。这个安排可以追溯到1899 年。那一年，有着更长出版周期和更便宜图书价格的美国出版商与英国出版商达成协议不再进入澳洲市场。在那之前，澳洲市场对书籍曾经是全面开放的。

尽管很多人都知道这个全球市场分割安排是存在的——特别是在霍普特对此大声宣扬之后——但是，这个安排是如何导致澳洲读者所承受的高价，其中的细节仍然是个谜团。在调查中，价格监督署从一个告密者那里得到了幸运的突破。肯·维尔德是英国大型出版商柯林斯（Collins）的退休高管。他通过电话提供了重要的保密信息，揭示了卡特尔是如何运作以使面向澳大利亚读者的书籍价格维持在高位的。维尔德不仅仅详细描述了伦敦会议如何制定澳大利亚的图书价格，还向价格监督署指出卡特尔在全球定价方面的差别，这是造成澳大利亚高书价的根源所在。这是典型的垄断权力——先分割市场，然后在每一部分收取消费者所能承受的最高价格。

维尔德向价格监督署展示了对于书籍价格的真正比较，并不是同一本书的英国定价或者美国定价，而是其加拿大定价。具体系统是这样运作的：第一，根据英国出版商在 1899 年与美国出版商们达成的"传统市场协议"，英国出版商们"拥有"了澳大利亚市场。第二，澳大利亚《版权法》禁止平行进口，即禁止在未得到澳洲版权拥有者（即英国出版商）的允许下，进口非盗版的版权书籍。

因为他们垄断了版权书籍进口权，伦敦的出版商们可以对每个市场收取其消费者所能接受的最高价格。同为英联邦国家的加拿大读者可以享受一个较低的图书价格，因为如果价格过高的话，他们可以开车到边境线另一边的美国去购买更为便宜的图书。相比之下，因为在澳大利亚和新西兰不存在此类来自美国的竞争，所以就可以对这里的消费者制定更高的价格。

根据维尔德提供的线索，价格监督署进一步确认了事实。英国出版商出版的同一种简装书在澳大利亚的定价为 11.95 澳元，而在加拿大的价格只相当于 7.05 澳元。而同样一本书由美国出版商出版，在美国本土出售的价格相当于 5.45 澳元。价格监督署的调查显示，为了面对潜在的美国竞争，英国出版商在加拿大销售书籍的价格一般会接近甚至低于在英国的销售价格，尽管其中还包含着运输的费用。

相比之下，同一种书在澳大利亚的销售价格会比英国的价格高上 30%。"哦，我们要把那些澳洲佬们区别对待。"菲尔斯这样形容英国出版商们的态度。"我们知道我们可以向他们收取高价，不能说是因为他们是澳洲佬，而是因为他们跟其他地方离得都挺远。"

　　价格监督署向政府提议，修改《版权法》以允许平行进口。实际上，价格监督署想做的是击碎英国出版商们的传统垄断，以使当地市场能够向更为价廉的美国版本的同种书籍开放。菲尔斯和价格监督署认为，这样做不仅仅能降低价格，还能提高图书出版发行的速度。英国出版商们对在澳洲出版发行非畅销书的态度一贯是消极拖拉的。

　　为了进一步提升公众对高书价的关注度，菲尔斯进行了几个有趣的演示。他会在观众面前同时举起三本分别在美国、英国和澳大利亚出版的杰基·柯林斯写的大尺度畅销书《好莱坞的太太们》，他会跟观众们开玩笑说，他逐字逐句地读了这三本书，发现书中的文字完全一样，即使他必须向医学院专家们咨询书中的某些描述。然后，菲尔斯会向观众们指出这三本书中存在的重要不同之处——书的售价。

　　到了 1990 ~ 1991 年间，选举将近，价格监督署对于高书价的揭露吸引了媒体的关注，而一些知名作家反对平行进口的声浪对这个问题的争议更加起到了助燃作用。托马斯·肯尼利和莫里斯·韦斯特也加入其中。1989 年，韦斯特在《澳大利亚人》中撰稿写道："版权以及从版权中衍生出的权利是作家拥有的不可分割的财产。以任何借口对于这个财产的剥夺是对人权的一种根本性的侵害。"

　　作家和书籍出版商们竭尽全力对霍克政府进行游说——这是第一场在澳大利亚进行的"好莱坞式"的政策辩论。当摇滚巨星们为了反对 CD 唱片的平行进口而对政府进行游说时，场景将会更为激烈。

　　霍克内阁决定以一个"30 天窗口"的政策向作家们进行妥协，即赋予出版商 30 天的发行窗口期，其间书籍必须在澳大利亚开始销售。如果错过了这个发行窗口期，或者在售书籍供应的断档超过 90 天，那么出版商就将失去进口的保护，而相应的平行进口将被允许。这个 30 天/90 天的规则解决了书籍供应不及时的问题，但是没有直接处理由进口垄断造成的价格问题。通过反思，菲尔斯觉得，因为价格监督署同时强调了图书在澳洲的延迟上市和过高定价这两个问题，所以让政府钻了一个空子，即推出了一个针对"图书延迟上市"的解决方案，而实质上对结束进口垄断的问题却没有什么帮助。

这个关于图书的争议，还有其后在政治上更为敏感的关于 CD 唱片的争议，将版权与消费者权益之间的利益之争第一次曝光在公众视线中。价格监督署（后来被并入了同时被菲尔斯掌管的 ACCC）并不是要建议取消版权，而只是想让澳洲消费者能够享受到拥有海外版权而在价格上更为便宜的图书以及 CD 唱片产品。

作家和音乐制作人辩称，如果让他们的作品以更为便宜的海外版权形式"倾销"到澳大利亚，那么他们的版权收入就会相应减少。具有讽刺意义的是，作家中的许多人曾经从由纳税人支持的政府基金中获益，而现在他们却说，纳税人不应通过享受较为便宜的图书价格的方式，来分享他们的成功。事实上，他们的论点是，他们的版权利益应该决定澳大利亚的图书价格，而这意味着进口垄断应该继续。

多个敏感的问题都涉及其中。作家和音乐制作人还声称，大型的书籍和音乐出版商注重培养当地人才，所以如果将其享受的进口垄断去除，就会对澳洲的文化发展产生直接的影响。"澳洲的文化受到了进口垄断的保护"，这是一个奇异的论点。就像菲尔斯一直指出的那样，显而易见的是，如果广大民众能够更加方便、便宜地拥有图书、音乐唱片、计算机软件的话，文化会因此取得进步。对作家和音乐人的支持应该通过政府在文化方面的补助基金来直接完成，而不是强制要求消费者支付更高的价格。

在他担任竞争执法者的整个时期，菲尔斯一直在对知识产权的相关问题进行思考。虽然知识产权的拥有者们认为这样的权利是"绝对的"，但是正如 1991 年菲尔斯在罗马的一个会议上所指出的，所有财产权都有相应的界限。"所有的权利都是受限的，因为对任何权利的实施都会影响到其他人。"他说。"我们所要回答的问题是，行使知识产权的界限在哪里？关于权利与义务之间的关系在道德理论层面上的争议一直难以解决。经济学上的分析则提供了一个如何划分这些界限的有用工具。一般来说，一个自由竞争的市场会使得社会总体的经济利益最大化。"

在有关 CD 唱片的争议中，各方论点基本上是图书争议的重演，但是这个争议持续了更长的时间，其间还有摇滚明星加入进来，更引起新闻媒体和政界的关注。本章开篇引用的话——"在圣诞节前，CD 唱片的价格会降下来"（艾伦·菲尔斯在 1993、1994、1995、1996、1997 年都曾经说过这样的话）——成了委员会内部的一个关于菲尔斯为了推动改革而进行持久战的玩笑话。

CD 唱片战役中的基本规则与图书争议中的规则是一致的：版权给予了几个全球唱片公司在澳洲市场的进口垄断权，从而造成了较高的产品价格。价格监督署的调查发现，同样一张畅销的 CD 唱片在澳大利亚售价为 27 澳元，而其在加拿大的售价相当于 23 澳元，在美国的售价相当于 18 澳元，在日本的售价相当于 21 澳元，在新西兰的售价则相当于 24 澳元。

同样，菲尔斯对政府提出的建议是允许平行进口。同样，当地艺术家们飞奔加入全球唱片公司的阵营。知名乐队"午夜灯油"的彼得·卡雷特冲锋在前，声称唱片公司只有拥有对国际大牌音乐人作品的进口垄断保护，才有财力投资培养本土的乐队。当卡雷特在一个记者会上承认，他自己选择在海外购买了许多自己的 CD 唱片时，菲尔斯的吃惊不言而喻。

一方面是消费者价格，另一方面是对于本土艺术家的扶持，鱼与熊掌，如何抉择？但是，CD 唱片界出现了一个变数——音乐人工会决定支持平行进口。该工会的联邦秘书约翰·麦考利夫摧毁了"进口垄断和高价产品是培养本土人才的必需条件"这一论点。他指出，唱片公司投资培养本土艺术家是出于商业利益，以及电台广播中对本土内容比例的要求。"本土内容比例"规则的作用近乎对于澳洲艺术家间接的支持补贴，因为其强制要求广播电台购买并播放本土艺术家的作品。这也支持了菲尔斯的立场——除了献给唱片和图书出版商们肥美的进口垄断权之外，还有其他培养本土艺术家的方法。

尽管得到了相关工会的理性支持，这个争议在霍克政府与基庭政府的执政期内一直持续，曾经先后五次被内阁会议讨论。在内阁成员中，司法部长迈克尔·达非有三个热衷于购买 CD 唱片的十几岁的女儿，因此他支持菲尔斯的改革建议。另一方面，参议员格雷厄姆·理查德森（具有影响力的右翼专家，曾任联邦通信部长）则强烈要求保持现状。

在争议日趋剧烈之际，部长们的立场也出现了动摇。当价格监督署发表了其关于高价 CD 唱片的报告之后不久，菲尔斯遇到了当时的财政部长保罗·基庭。"哦，那个报告太好啦！"菲尔斯这样回忆起基庭当时的话。"那就是我们想要你做的，降低 CD 唱片的价格。对于消费者来说，那太好了。"菲尔斯相信基庭当时的态度是诚恳的，但是他再也没有从他那里听到任何关于这个话题的只言片语。有媒体报道称，基庭后来在他经常购买经典 CD 的本土唱片店（位于堪培拉郊外的 Manuka 住宅区）内受到了反对改革人士的游说。

当菲尔斯与他的手下价格监督署官员吉尔·沃克（关于 CD 唱片报告的撰写者）一起出席一个澳洲唱片行业协会的正式晚宴时，他们两人成了众矢之的。业界领袖们在晚宴上的演说矛头直指在座的竞争监管者。当由摇滚明星充当领军人物的挑战占据头版头条，并且似乎在影响着内阁的立场时，菲尔斯开展了他的"全五频道媒体攻势"。电视上播放着他与澳洲著名音乐人莫里·麦德鲁以及摇滚明星们展开的辩论，报纸上刊登着他在唱片店检查 CD 价格的照片，专栏里还出现了他与彼得·卡雷特各自阐述其立场的专稿。

对于菲尔斯来说，明星们对大型唱片公司拥有的进口垄断权的支持是令人失望的。在其建议的一揽子改革措施中，价格监督署已经建议成立一个音乐行业理事会以支持年轻音乐人，并且建议将版权赋予艺术家们（通常版权是由唱片公司或者词曲制作人所拥有的）。

菲尔斯在 CD 唱片方面展开的媒体攻势曾经惹得基庭称他为纯粹的"媒体狂人"。菲尔斯并没有因此退缩，反而向前更进了一步：他开始公开批评工党内阁在 CD 唱片问题上故意拖延时间。"菲尔斯在 CD 唱片延误问题上公开挑战内阁"，这是《澳大利亚人》一篇文章的标题。"现在是时候让联邦政府内阁在这个问题上停止推诿，认真对待，在那些长期以来违背公共利益的既得利益者们面前挺直腰杆了。"菲尔斯在商业行为委员会的一个新闻稿中这样写道。"政府在《版权法》上的决定是一场检验，表明对其是否有维护正当的公众质询程序和进行必要的微观经济改革方面的意愿。"

这样做近似于"以下犯上"，一个政府的监管者公开告之内阁其工作的失利。这也显示了菲尔斯为了消费者利益而战的决心，尽管这是任何监管者之前从未开辟的路径。无论这样做是胆识还是愚勇，当工党内阁与之后的霍华德内阁开始担心是否已经无法控制他时，菲尔斯不应该感到奇怪。

基庭政府无法在 CD 唱片问题上作出最终决定。1996 年接任的霍华德政府却没有类似的顾虑。如果工党政府是反对改革的，那么霍华德政府就会支持。但是，这个过程也是几经起伏。一方面，音乐界制作了关于霍华德"谋杀"行业的广告，然后将其发送到了霍华德的办公室。在行业内部，还有人讨论雇佣私家侦探来探寻菲尔斯身上的污点。（他们真应该省去这样的麻烦。如果在菲尔斯身上能找出任何把柄的话，那早就会公之于众了，因为他得罪过的垄断利益可不止一个。）另一方面，菲尔斯公开谴责了唱片公司向广播电台施压以压制对 CD 唱片定价问题的报道。

霍华德可以保证《版权法》的修正案在众议院获得足够的票数，但是在参议院却缺少多数支持。一个极具权势的、由说客们（包括美国唱片公司，甚至基督教音乐协会）组成的联合体，对于数个（可以左右结局的）独立参议员的选票展开了强大攻势。

菲尔斯一向只对他认为最为重要的政策（如企业集中政策）进行必要的对政治家的个人游说。显然，他觉得议会对于 CD 唱片的表决十分重要。他锁定的两张关键选票，一张来自由工党转为独立候选人的昆士兰代表麦尔·科斯顿，另一张则是布莱恩·哈若丁（来自塔斯马尼亚的独立候选人）。科斯顿的儿子当时是菲尔斯的助理，他也是个音乐爱好者，并且告诉菲尔斯："我会争取我爸爸在这件事上给你投上支持的一票。"

正式表决之前，预计支持与反对的票数十分接近，而工党、民主党与绿党的鲍伯·布朗都倾向于反对改革 CD 唱片市场。科斯顿的立场悬而未决，如果他和哈若丁都投反对票的话，那么该修正案则很可能无法通过。菲尔斯与科斯顿的办公室讨论了这位参议员在投票时会因为"身体不适"而弃权的可能性。有报道称科斯顿患有癌症。

1998 年 7 月 11 日中午 12 点 37 分，参议院进行了投票表决。科斯顿的确弃权了，而哈若丁在宣布其对于消费者在 CD 唱片价格方面的要求尤其注重之后投了支持票。改革方案由此以一票优势获得了通过——投票最终的结果是 33 票对 32 票。

而这并不是问题的最终结局。在短短一年之内，ACCC 就已经开始调查关于一些大型唱片和音乐制作公司对一些同时经销相对便宜的平行进口唱片产品的店铺进行"销售封锁"的指控。1999 年 9 月，ACCC 正式对索尼、华纳和宝丽金（后被环球唱片吞并）提起了指控，指控这些公司因为平行进口问题注销了一些唱片店的交易账户，并且威胁经销平行进口唱片产品的店铺，要剥夺他们的贸易利益。

同时，ACCC 对唱片公司的高管们也进行了指控，指控他们"主观故意地"参与了封锁。对索尼的指控在庭外达成了和解，索尼无须承认其违反法律，但是承诺将不再阻止供货，并将开展一个《商业行为法》的合规活动，还会支付 ACCC 为此案所花费的 20 万澳元的法律费用。

2002 年 3 月，联邦法院黑尔法官对华纳和环球唱片以及他们的一些高管处以了超过 100 万澳元的罚款，理由是其触犯了《商业行为法》。"必须承认该等行为的严重性，"黑尔法官说，"那是在故意钻空子，企图抵消立法意图所允许的、对于未触犯版权的 CD 唱片平行进口的影响。"

黑尔法官还对唱片行业所宣称的"平行进口会造成市场失灵"的论点进行了批驳。"显而易见的是，某些人所预测的'允许平行进口会降低产量，削弱竞争，从而造成最终的市场失灵'这个结果没有发生。"他作出了这样的评价。"如果有任何结论的话，事实证明在 CD 曲目数量、营销推广规模、生产数量上都有不断的提高，并且同时价格也在降低。"华纳和环球唱片对该判决进行了上诉。

2002 年 3 月，当司法部长达里尔·威廉姆斯为了结束工党所指定的"限期使用，过期作废"的"30 天/90 天"制度，并且推行不仅允许书籍还有计算机软件的平行进口时，他也列举了更低的 CD 价格作为证据。此外，另一个 ACCC 的调查显示，从 1988 年到 2000 年的 12 年间，相比美国读者，澳大利亚人为每本简装小说平均多支付 44% 的费用。电脑软件的价格则在澳大利亚平均高出 27%，而畅销的电脑游戏的价格竟高出了 33%。

出版商强烈反对菲尔斯的调查结论，说他使用了错误的比较，并且也没有把为了满足"30 天规则"而在澳大利亚新出版的加大简装版包括在内。出版商们声称，这些"商业简装书"使得价格得到了降低。出版商们赢得了这一回合——最终结果是，他们与参议院中的民主党达成交易，允许电脑软件的平行进口，而交换条件是政府不触动图书行业的利益。

"允许进一步的图书的平行进口可能会造成海外的出版商抵制出版我们最著名作家的作品。"民主党发言人参议员亚丁·瑞吉利这样说。一方面是降低价格与增加消费者的选择，另一方面是维护作家的收入。很显然，在鱼与熊掌之间，民主党作出了自己的选择。

图书出版商之间长达一个世纪的划分世界市场的协议在数码时代又重新上演了。2000 年，菲尔斯的 ACCC 开始调查是否所有 DVD 机器中安置的"地区回放控制装置"都有允许版权拥有者在澳大利亚等地区收取更高费用的功能。总部位于美国加州的 DVD 版权管理协会要求所有 DVD 播放器里都安装此等控制系统，将世界划分成六个区域。澳大利亚在第四区。为第一区制作的 DVD 播放器不能在第四区播放，如此这般，推而广之。这意味着一个澳大利亚人在海外购买了一个 DVD 播放器或者碟片会发现它们在澳大利亚毫无用处，除非将播放器改装以使其能够播放任何区域的碟片。

在游戏机上，相似情况也同样存在。一个 2002 年联邦法院的判决给予了澳大利亚人改装索尼游戏机以播放被此类区域密码所限制的进口和复制游戏的权利。

*　　*　　*

澳洲政府可能对国际出版以及唱片公司的进口垄断能够有所动作，但是对于澳大利亚内部的媒体寡头的态度，就是一个不同的故事了。相继几个政府都采取行动对报刊经销商进行保护，并且加强了大型媒体公司的地位。问题的关键在于"权力"。虽然与同类国家相比，澳大利亚有着极为集中的媒体控制权，但是有着不同立场的各届政府却不约而同地对"媒体多样化"的主张只是要耍嘴皮子功夫。

交叉媒体规则和对媒体的外国所有权限制使得媒体控制权的问题在很大程度上处于菲尔斯的掌控之外。但是，报刊经销商和他们的各种排他性安排则处在监管范围之内。当涉及放松监管的问题时，霍华德政府就曾威胁要通过立法来制约 ACCC 的行动。那也不是什么新鲜事了。早在 1979 年，弗雷泽政府就曾经为了报刊经销商的问题向竞争监管者施加过压力。

1974 年，当莱昂纳尔·墨菲版《商业行为法》刚刚实施时，报纸出版商和报刊经销商们争先恐后地依据该法提出申请，要求对他们所达成的销售和分销协议给予暂时性豁免许可。他们担心的是——并且此种担心有着很好的理由——他们的报刊经销安排有可能被视作"反竞争"的行为。事实上，出版商们通过"授权"报刊经销模式来控制其出版物的分销。报刊经销商有着在指定区域内销售特定出版商出版物的排他专卖权，前提是他们对订户保证做到送报到户。

在调查了这些小规模的地域性垄断后，商业行为委员会认为该种安排是严重反竞争的，并且也看不出此类安排能够给公众带来相应的可弥补的利益。但是，当政的弗雷泽内阁的作用没有被充分考虑到。当时的商业和消费者事务部长沃·法夫给了商业行为委员会一个来自内阁的特别意见。其中的观点是：在一个民主社会中，维持能够兼顾送报上门和柜台销售的一个分销报纸和杂志的低成本系统对公众是有益的。委员会在此重压下让步了，允许了此类反竞争的报刊经销商系统。因此，在很多年间，报刊企业将沃·法夫当成了人人崇敬的大英雄。

1991 年，当菲尔斯刚刚到商业行为委员会上任时，他决定就此问题重启调查。菲尔斯对其中的政治敏感性以及报刊经销商对此的深度担忧十分了解。虽然宣布弗雷泽时期作出决定的背景条件已经发生了重大的变化，商业行为委员会开始只是敲打边鼓，承诺在将来有所改革。"7-11"便利店集团一直渴求能够以与报刊经销商相同的条件来出售报纸，并且向商业行为合议庭提出申诉。令人惊讶的是，该法庭对于报刊经销商系统的现状表达了强烈的不满，提议在几年之内对该行业的现有系统规则进行大刀阔斧的改革。

1996 年，菲尔斯的 ACCC 正要开始对报刊经销商系统进行另一轮调查时，收到了来自当时的反对党领袖约翰·霍华德的一封来信。大选在即，霍华德要求菲尔斯在新政府当选就任前暂缓行动。菲尔斯同意了，他也知道霍华德曾承诺过要照顾报刊经销商的利益。

大选之后的一年，正当 ACCC 考量各种改变管理模式开放该行业的建议时，菲尔斯恰巧在一次外出的航班上与医疗卫生部长迈克尔·沃德里奇邻座。沃德里奇曾经是菲尔斯任教的 MBA 课程中的学生，二人开始闲谈。两人都面临一些小型企业的问题：沃德里奇的问题是药店，而菲尔斯的问题是报刊经销商。

当时，令菲尔斯头痛的一个问题是如何对待那些"貌似"的报刊经销商。所谓"貌似"是指一些小型商店无法从出版商那里直接得到报纸和杂志的供应，而只能成为当地"授权垄断"的报刊经销商的"下层代理"。此类"下层代理"只能得到出版商对销售每份报纸和杂志所支付的 25% 的提成的一半。而"授权垄断"的报刊经销商则可以不劳而获地得到另一半的提成。

菲尔斯给沃德里奇留下的印象是他准备要对这个行业进行改革了。几天之后，菲尔斯接到了一个从财政部长科斯特洛办公室打来的电话，质问他到底要干什么。根据沃德里奇向内阁所作的报告，菲尔斯就要对报刊经销商和相关的小企业下手了，内阁刚刚为此展开了激烈的讨论。

科斯特洛明确地告诉菲尔斯，内阁对此问题非常重视，如果 ACCC 在这方面一意孤行的话，那么就不排除其会通过立法来否决 ACCC 决定的可能性。后来，当 ACCC 对报刊经销商制度进行改革的计划更为具体时，菲尔斯去面见了科斯特洛。菲尔斯给科斯特洛画了一张小图表，解释其中各种不同的可能步骤，包括报刊经销商的区域垄断。科斯特洛态度强硬地表示，ACCC 对于行业的逐步完全开放的计划会受到来自内阁的立法否决。但是，科斯特洛并没有说明内阁会在哪里划分越界的界限。

模糊不清的还有所谓的"立法否决"的规模与力度。其仅仅会针对报刊经销商的处理权，还是会涉及 ACCC 拥有的对于小企业的反竞争行为的管辖权？如果是后者，那就是要在这个本当独立运行的监管机构上面加上一道政治枷锁。更有甚者，这可能会导致每一个因为 ACCC 的监管决定而受到负面影响的行业对内阁进行疯狂游说。那样的话，内阁，而不是 ACCC，就会成为事实上的《商业行为法》的最终监管者。

自 1977 年以来，内阁部长就不能对商业行为委员会以及之后的 ACCC 所作的关于企业集中的决定进行否决了。直到 80 年代中期，所有商业行为委员会以及之后的 ACCC 作出的关于消费者的决定，都必须经过内阁部长的最后批复同意，由此造成了许多施加影响的机会。但是，此类政治上的直接监督和影响早已成了明日黄花。

科斯特洛关于"立法否决"的威胁将菲尔斯陷于两难之间。一方面，商业行为合议庭已经决定报刊经销商行业应该全面开放。另一方面，财政部长科斯特洛威胁如果 ACCC 真要这样做了，那么就会引发内阁和议会通过立法来给予部长们新的否决权，从而撼动 ACCC 独立监管的权力基础。菲尔斯和他在 ACCC 的同僚委员们决定采取战略性的避让。ACCC 发布的最终决定仅仅包括了轻度的改革。

对于一直视商业行为合议庭为绝对权威的 ACCC 来说，这是一个文化上的震动。事实上，菲尔斯和 ACCC 又对报刊经销制度进行了几年的小敲小打，直到 2001 年。对此过程，菲尔斯尽力将其美化，称政府和商业行为合议庭共同决定要在作出改变前有一个"转变适应时期"。

1999 年，ACCC 进行了另一个改革步骤，结束了由出版商们掌控的旧的报刊经销商理事会，取而代之的是出版商与报刊经销之间的直接合同。同时还给予澳洲报刊经销商联合会代表所有报刊经销商与大型出版商进行谈判的权力。

实际效果是，旧的报刊经销垄断制度被重新塑造。地域性的垄断被保留了，但是通过报刊经销商与大型出版商进行直接的分销合同谈判，效率得到了保障。报刊经销商应该感谢数十年来不断的政治介入，使其从濒死的状态中得到了起死回生的机会。

在这个行业中，霍华德不仅仅被视作 ACCC 行动的掣肘，而且他还告诉拉克兰·默多克，除非大型出版商同意对报刊经销商作出让步并且签署合同，否则政府的媒体政策将会陷入困境。在与报刊经销商谈判的一个较为头痛的阶段，新闻集团曾经考虑过要撇开报刊经销商，而成立自己的直接送报到户系统。现在，所有的主要出版商都与报刊经销商签订了合同。

对于菲尔斯和 ACCC 来说，这代表着在 1979 年作出的"受补贴的送报到户系统不会带来公共利益"的声明立场上作出的一个重大改变。虽然经济理性主义可能是冷峻的，但是受到威胁的小型家庭企业仍然戳中政治家们心软的地方。霍华德的父亲就曾经在悉尼的德威山地区经营过一个小加油站。

*　　　*　　　*

如果说报刊经销商是澳大利亚商业版的"保护动物"，那么澳洲电信公司就是拒绝被消灭的垄断怪兽。1997 年，当 ACCC 最初被授权对电信行业的开放进行监管时，双方之间的关系曾经充满希望，但是很快形势就起了变化。

有一次，澳洲电信的政府事务主管布鲁斯·阿克赫斯特甚至告诉 ACCC 的罗德·首仁，澳洲电信对 ACCC 持不信任态度。其原因是 ACCC 的公众媒体曝光。澳洲电信觉得自己中了埋伏，而 ACCC 采取的战术是不公平地使用公众媒体曝光。ACCC 对于此类的抱怨司空见惯。虽然 ACCC 与澳洲电信之间的大多数争议问题均涉及广大公众用户，但是澳洲电信仍然觉得这些问题应该在私下解决。

菲尔斯对澳洲电信的此种态度早有体验。80 年代初期，正当工党积极备战 1983 年大选时，澳洲工会理事会就曾请菲尔斯对工党正在孕育的"价格与收入协定"进行评估。菲尔斯给他们的建议是：该协定应当包括如 Telecom（澳洲电信的前身）这样的大型公用服务供应商以及澳大利亚邮政。

后来，作为莫纳什大学管理学研究生院的主管，菲尔斯遇到了当时 Telecom 的首席执行官迈尔·沃德。菲尔斯告诉沃德，澳洲经济学家亨利·厄伽斯（时任职于经合组织巴黎总部，专长为电信行业）已经同意在莫纳什大学工作几年。厄伽斯曾经为 Telecom 做过一些工作。沃德对此任命很是兴奋，主动提出要以连续三年每年捐款 25 万澳元的方式来资助相关研究。但是，当厄伽斯在发布的研究结果中对 Telecom 提出了强烈的批评时，该捐款就提前停止了。

当菲尔斯成为商业行为委员会主席时，沃德主动前来拜访他。在面谈中，沃德说，Telecom 是一个举足轻重的大生意，所以如果竞争监管者发现其有任何问题，请菲尔斯随时直接给他打电话以便及时处理。沃德的言下之意是，这是以前问题处理的模式。对此，菲尔斯的回答是："不，我们将来不会以此种方式来做事。"如果 Telecom 违反了法律，那么商业行为委员会将会进行正式的处罚，就像对其他企业一样，一视同仁。对于澳大利亚最大的公司，也不会有特殊待遇。多年以来，该公司的先后几任首席执行官都进行过此类"有事就给我打电话"的尝试，但是菲尔斯对此的答复从未改变。

虽然澳洲电信与 ACCC 在 90 年代有过数次涉及消费者利益的争议，但是直到 1997 年，这个电信巨头才真正完全地进入了 ACCC 的监管视野。那一年，ACCC 被专门授权对新的开放的电信行业进行监管。从 1992 年至 1997 年，在澳洲电信与澳都斯公司双寡头两家独大时，对该行业的监管是由 Austel 负责的。其后，相关监管职能被 ACCC 和新成立的澳洲通信管理机构分割。后者负责管理颁发牌照和管理广播波段。

理论上，这个新的开放的电信行业应该由多个公司组成，来进行适度的自我监管。其关键在于市场准入：如何让规模相对较小的新公司能够进入由澳洲电信这样的巨头占据的电信传播网络。ACCC 被授权保障市场准入，并且可以针对反竞争行为发出"竞争通知"。"竞争通知"中可以包括高达每天 100 万澳元（可逐天累计）的处罚，以起到震慑作用。

但是，澳洲电信很快找到了拖延时间的办法。该公司很快事无巨细地提出了诸多争议（甚至包括理论上的涉及电话簿上的号码的罚款）。其中一个争议是在一个机场的候机厅内，由 ACCC 的罗德·首仁委员和澳洲电信的布鲁斯·阿克赫斯特（其曾经是菲尔斯在莫纳什教过的学生）谈判解决的。如菲尔斯所说，澳洲电信通过谈判、仲裁、重新仲裁等方法来拖延时间。尽管有 ACCC 的干预，福斯付费电视公司的付费电视业务（其 50% 为澳洲电信拥有）的竞争者进入澳洲电信的有线电视网络的要求被拖延多年后才得以解决。

菲尔斯对于澳洲电信支配地位的不满在他 2003 年 3 月对澳洲电信用户组织的发言中充分显示了出来。他说，澳洲电信有着"压倒性的支配地位"，并且将其形容为"这个世界上最为横向和纵向整合的电信公司之一"。

澳洲电信的主要市场力量来自其对住宅电话线的控制，尽管市场开放已经超过 10 年，其仍占据了大约 94% 的批发市场。在他对澳洲电信用户组织的发言中，菲尔斯还列举了澳洲电信的其他权力：包括拥有两个移动通信网络（GSM 和 CDMA），作为最大的互联网服务提供商的强势地位，同时还是最大的数据批发商，并且还在主要的付费电视有线网络公司——福斯公司中拥有 50% 的股份。

"如此巨大的市场力量的存在对于竞争是一个重大的威胁，因为其既具有能力，更具有动力，来试图阻挠其他公司进入互补和替代市场。"他这样告诉澳洲电信用户组织的听众们。"事实证明，澳洲电信很愿意使用其市场力量来钻监管制度的空子，拖延竞争结果。"

对于菲尔斯来说，这是不寻常的直白语言，实际上承认了澳洲电信在与 ACCC 进行的意在保留其支配地位的战斗中，占据了上风。到底是哪里出了错呢？事实上，任何竞争监管者，即便是有着强大公众媒体影响力的艾伦·菲尔斯，想要创造更具竞争性的电信市场，都会像推着大石头上山一般。霍克政府开放电信市场时，用海外电信委员会加强了老公司（Telecom），而不是采纳财政部长保罗·基庭的建议利用海外电信委员会创造一个新的竞争者。最终，新的竞争者澳都斯公司是在澳大利亚卫星系统内部的小型卫星运营系统的基础上创建的。

此外，在电信市场开放之初的五年，澳洲电信在市场上的唯一竞争者就只有澳都斯公司，这意味着所谓的"竞争"在这第一阶段是比较轻度的。再有，继任的各届政府都拒绝对澳洲电信进行强制性的结构分离——即将其核心的电话有线网络从其各类零售业务中分离出去。（经合组织曾指出创造更具竞争性的开放式电信市场的方式是对现有的垄断者进行结构分离。）这种种决定所造成的结果是，澳洲电信可以在澳大利亚舒适地居高临下，击退竞争者的挑战。

ACCC 与澳洲电信之间的争斗经年不断。有一次，通信部长理查德·艾氏顿将菲尔斯和澳洲电信的首席执行官兹奇·斯维特考斯基都请到了他的办公室。艾氏顿的用语十分小心。他必须这样。政府本身就是澳洲电信的主要股东，而 ACCC 则是该行业的监管者。他想知道的是，双方之间的公开争议是否是必需的？无论如何，澳洲电信和 ACCC 实际上都是在联邦政府之下的。

菲尔斯与斯维特考斯基坦率地交流了各自的看法。斯维特考斯基说，澳洲电信所做的是对 ACCC 攻击的回应，并且其已经决定要增加自身的公关力度。菲尔斯说，这将意味着"火力武器竞赛"会进一步升级。

有一段时间，气氛似乎趋于平静。但是，当福斯付费电视公司和澳都斯公司在 2002 年提出合并双方的付费电视内容的申请时，ACCC 对此的斟酌考量态度也不让人奇怪。此前，ACCC 就曾否决了福斯和 Australis（一个付费电视集团）的合并申请，理由是该合并可能会搞垮澳都斯公司。后来，Australis 公司自己垮了，而福斯在该破产程序中得到了大部分的用户，其最终效果类似于"逝后合并"。对此，菲尔斯受到了许多非议。但是菲尔斯指出，福斯和 Australis 在数月的谈判中从来没有提出过 Australis 破产的可能，而 ACCC 不可能自己主观臆断拟议交易各方的未来。

如果澳洲电信不是持有福斯 50% 的股份的话（凯瑞·派克的澳洲出版广播公司和鲁伯特·默多克的新闻集团分别拥有另外的50%），那么其与澳都斯公司就合并双方的付费电视业务的申请可能会很快得到通过。

但是，菲尔斯和 ACCC 委员罗斯·琼斯（其将会与各方进行具体的谈判）将这视作为其他付费电视内容提供商和电话集团的竞争者撕开福斯付费电视公司的网络和节目系统准入口的最后机会。如果说，商业行为委员会在阻止默多克在印刷出版业中形成支配地位上痛失良机（其在 1987 年批准了默多克对先驱报和时代周刊集团的收购，仅仅要求了细小的改动），那么菲尔斯的 ACCC 是否能阻止类似的情况来影响电信业的未来？

谈判持续了数月，并且在谈判进行中，幕后也是烟花四射。竞争者如费尔法克斯以及凯瑞·斯托克斯的七号电视网非常积极地游说反对该合并。曾经有一个合并计划（其中包括允许斯托克斯购买福斯付费电视公司的一部分股权）被提出来，但是又被否决了。也有人批评 ACCC 缺少商业谈判中的谋算，并且其中的政治干预度非比寻常——简单来说，跟充满戏剧性的媒体行业差不多。此外，如果合并计划被否决，那么澳都斯公司是否会留在电信市场？以及如果 ACCC 试图附加高难度的条件，澳洲电信是否愿意继续进行合并？这些问题都有着重大争议。

如果澳都斯公司完全放弃其在当地电信市场上小规模的运营，而基本上退回到移动市场（如其威胁的那样），那么对于 ACCC 创建未来更具竞争性的电信市场的希望将是一个严重的打击。澳洲电信是否会愿意继续进行合并是另一个引发担心的焦点，因为其好像只愿意付出很少的代价来成为主导运营商。澳都斯公司首席执行官克里斯·安德森曾经提出要福斯接手澳都斯令人头疼的电影合同（价值约 6 亿澳元）作为付费电视内容合并的交换条件。这一项也包括在了新的提议中。

当与澳都斯公司有关互享付费电视内容的最初提议被讨论时，福斯的三个合伙人——澳洲电信、澳洲出版广播公司以及新闻集团对于付费电视运营未来的立场意见却无法统一。澳洲电信将福斯仅仅视作对其电信市场的保护，希望用其将电话与付费电视服务向消费者以优惠价格"打包捆绑提供"。但是，新闻集团和澳洲出版广播公司却想让福斯作为一个独立运营的付费电视企业，类似于默多克成功运营的英国天空广播公司，并且在其被允许更加独立地运营之前，阻止了澳洲电信的"打包捆绑销售"企图。

由山姆·奇泽姆出任福斯付费电视公司主席的任命打破了这个

僵局。奇泽姆是一个锐意进取的新西兰人，他成功地通过针对用户推销电影和体育节目，使得英国天空广播公司成为英国电视收视市场上的领头羊之一。奇泽姆和福斯付费电视公司新的首席执行官金·威廉姆斯一起将福斯付费电视公司合伙人的目光引到了付费电视的未来潜力、与用户互动的数码世界，以及像英国天空广播公司那样成为一个电视节目的门户。该合并的重要意义在于家庭用户多渠道电视的电子化未来。

尽管如此，澳洲电信还得同意让福斯付费电视公司（一个亏损企业）来吸收澳都斯公司数以亿计的成本支出，以换取合并的进行。如果合并谈判一味拖延下去，澳洲电信中的一些顽固派会不会开始质疑，为什么他们公司要为本是他们在电信市场上的主要竞争者的澳都斯公司的未来而买单？

在宣布该拟议的内容合并具有反竞争性之初，罗斯·琼斯通过谈判从福斯得到了重要的妥协，包括允许与之竞争的付费电视提供商们进入福斯付费电视公司的有线网络，以及允许其在电信市场上的对手们在它们自己的"电话和付费电视服务的打包"中使用福斯付费电视公司的频道。但是，福斯付费电视公司拒绝"挑肥拣瘦"，不允许其竞争者只是选择电影或者体育。它们必须照单全收，尽管竞争者可以和电影提供商就其他独立的安排进行谈判。

在允许了模拟信号付费电视领域的合并交易之后，琼斯和菲尔斯又进行了一次试图影响电信产品与服务的未来的尝试——他们向通信部长理查德·艾氏顿递交了一份关于数码电视和未来媒体传播市场的独立报告。是艾氏顿自己要求制作这份报告的，但是很明显，他并不喜欢他在 15 个月后收到的报告结果。在报告中，琼斯和菲尔斯强烈呼吁，在未来的信息传播、付费电视和媒体传播中应该出现一个新的局面。他们强烈要求，澳洲电信应该出售福斯付费电视公司和其光纤有线网络。同时，对于新电视牌照的发放，艾氏顿应该推动解除 2006 暂禁令。

澳洲电信的支配地位和新的电视频道的缺失被视为将竞争者们

阻挡在多渠道未来（包括互动电视服务的潜力：电邮、互联网，以及点播视频）的大门之外。该报告指出，澳洲电信的"地位使其在很大程度上能够决定消费者能够得到怎样的服务，以及该类服务何时能够出现在市场中"。艾氏顿只用了几天时间就决定拒绝琼斯和菲尔斯有关澳洲电信以及开设新的电视频道的建议。

媒体行业的某些人士将这看作菲尔斯的最后一击，认为这个竞争监管者要站到场边告别了，而整个行业将通过对政客们的直接游说来取得保护。交叉媒体规则、对媒体的外国所有权限制，以及其他的保护主义方式（如禁止开设新的商业电视频道等）在很大程度上将菲尔斯隔离在了媒体行业之外。从另一方面来看，这带来了意想不到的好处。这使得菲尔斯能够与媒体记者们建立极佳的关系，而不必担心与那些记者的老板的争议会对此造成影响。（其中的一个例外是在 ACCC 否决了福斯与 Australis 公司的合并之后，来自于新闻集团的不断的批评。）

但是，有时候菲尔斯也会与媒体巨鳄们不期而遇。1995 年，当他在澳大利亚广播公司的《7.30 报告》节目中，提到"派克的公司"后，菲尔斯收到了派克本人的一封信。信上说，如果他要提及公司本身的话，那就应该用"澳洲出版广播公司"这个名称，而不是"派克的公司"。此外，如果菲尔斯真的希望探讨一些问题，为什么不能过来一起喝杯茶呢？

菲尔斯当时正好就在悉尼，当他打电话接受喝茶的邀请时，他被立即请了过去。两人在其后交谈的 3 小时中，喝了不止一杯的茶，而年轻的詹姆斯·派克也在一旁。"凯瑞·派克差不多在不停地说话，向我阐述他对于保护主义、竞争、媒体的角色，以及澳洲政治目前的格局等各方面的观点。他的表达方式很生动、很有说服力。"菲尔斯回忆道。

但是，这也造成了一个日程问题。菲尔斯有一个与澳大利亚广播公司约定好的广播采访，所以不得不使用派克外间办公室的电话来接受采访。如果澳大利亚广播公司当时知道了这个细节，那么就会得到一个小型的爆炸性新闻——竞争监管者在凯瑞·派克的办公室里进行午茶社交！

菲尔斯与另一个媒体巨头默多克之间打的交道可不包括午茶。ACCC 对默多克旗下的《悉尼每日电讯》在一个手机营销方面的误导性行为进行了处罚，并且还强制布里斯班的报刊《快邮》改变了其拒绝在报纸广告页中刊登互联网广告的做法（报纸一贯将互联网视作其报刊广告的大敌）。

虽然媒体行业政策与 ACCC 的职权范围隔着一层，但是菲尔斯依然洞悉：造成该行业令人不可思议的斗转腾挪的关键问题在于，制定媒体规则的是政客，而不是独立的监管机构。"在媒体政策制定的历史中，大部分篇章记载的是出于对媒体大亨利益的过度关心和对竞争的缺乏关心而造成的种种错误决定。"他这样总结道。

菲尔斯的观点不是空穴来风。从针对 FM 广播的长期战役，到为期 10 年的对开设新的付费电视的封冻令，再到为了使用率低下的高清电视而锁住数码波段，所保护的重点似乎一直是生产者，而不是消费者利益。菲尔斯对有关高清电视的决定尤其失望。从他的角度来看，联邦政府一方面通过希尔默调查结果向各州政府宣扬引入竞争改革的必要性，另一方面却对联邦政府本身管理的媒体行业无视竞争的原则，锁住数码波段，使其免于竞争。

福斯付费电视公司与澳都斯公司的内容合并向菲尔斯证明了 ACCC（可能）是可以与媒体巨鳄们争锋的唯一的政府机构。任何传媒监管机构如果要想做同样的工作，肯定会被巨头们的政治影响力压垮。"在我看来，我们有着必要的权力和权威，"菲尔斯说，"10 年之前，我们也许没有那样的能力，但是近年来委员会的崛起意味着，如果政府授予其为公共利益来监管媒体行业的权力，那么那项工作将做得恰如其分。"

多年以来，各届政府相继为媒体合并规则的改动所困扰，菲尔斯常常建议，政府应该将某种针对媒体的规则，再加上公共利益检测（其中很可能包括媒体多元化的目的），授权于 ACCC 进行监管。

当 ACCC 在呈递给艾氏顿的报告中显现了其真正的推动媒体业竞争的意图后，菲尔斯的这个建议很可能永远不会被采纳了。政客们完全明白掌控媒体对于权力的影响力。当时当日，媒体巨头们虽然无法直接操控选举的输赢，但是他们对于选民们来说，仍是极有影响力的声音。

当菲尔斯在 1991 年接受任命时，他在对全国媒体俱乐部的讲话中指出，对于媒体行业的改革将是他未来推动竞争计划中的一项任务。12 年后，在他即将离任之际，他又一次出现在媒体俱乐部面前，而只能表达他对这方面进度迟缓的遗憾。"该行业需要重大的监管变革。"他说。可是，很少有这样的迹象，霍华德政府偶尔会试图取缔媒体的交叉持股规则，而那样做反而会增加媒体业的所有权集中。媒体经常谈论在澳洲行业中推动竞争的必要性——但是，同样的规则决不能在媒体业适用，请一定要记住这点！

第十章
别在医疗行业跟我捣乱

多年来，菲尔斯早已习惯接受来自不同部长们的质询。但是，2000 年那次与医疗卫生部长迈克尔·沃德里奇的特殊会面还是让他惊诧不已——那次会面可以被视作针对 ACCC 对医师行业的反竞争行为开展调查而进行的强行干扰。在 ACCC 开始对外科医生的培训开展调查之后，沃德里奇将菲尔斯请到了他在议会的办公室。菲尔斯带赛斯·博加尼（ACCC 专门负责专业职业领域的委员）一起出席了这个会议。

在会议中并没有直接的命令，但是菲尔斯和博加尼都得到了一个明确的信息："别在医疗行业跟我捣乱。"菲尔斯这样回忆了那次对话："他差不多告诉我们不要插手……那样会影响到他的工作，并且政府最为关键的政策之一就是公众健康。在他看来，我们在制造障碍。"

沃德里奇表情严肃，冠冕堂皇地表达了"我才是医疗卫生部长"这个意思。但在这上面，他又紧逼了一步，暗示他有着总理和内阁的支持。沃德里奇说，这个问题对于政府十分重要，他有着强大的支持。"他真正的意思是，如果我们跟他对着干，那么政府会站在他那一边，而不是我们这边。"菲尔斯说。

这个会议使得两位 ACCC 的委员十分疑惑。沃德里奇到底是什么意思呢？当时，沃德里奇正和易怒的澳洲医疗协会主席凯林·菲尔普斯博士进行着一场他们之间的常规摩擦战。而与此同时，ACCC正开始针对皇家澳洲外科手术学院对其成员的选择和培训进行调查，以确定该等措施到底是为了建立一个封闭的俱乐部，还是为了满足社会对外科手术医生的要求。沃德里奇是否要通过逼退竞争监管者的方式而在其与澳洲医疗协会的争斗中取得其他医生的好感？

后来，一个更有可能的解释出现了。霍华德政府害怕的是，如果菲尔斯的 ACCC 粉碎了由皇家医学院设立的种种障碍，那么就会打开闸门，让数以千计的新的医疗专家涌入市场，进而制造服务他们服务的需求。这样就会对政府已然膨胀的公共医疗支出火上浇油。菲尔斯说，这可能是一种政府害怕增加供应会制造需求的例子。

沃德里奇对此有着不同的解读。他当然是在告诉 ACCC 收手，但是这样做是为了一个很好的理由。沃德里奇认为，政府（特别是他本人作为医疗卫生部长）应该对医疗健康政策负责，而不能将该职权让与其他的外部机构。内阁和总理已经对此进行了讨论，并且强烈表示制定相关的政策是政府工作的重点。可能造成的医疗支出的巨额扩大也许是问题的症结之一，但是他本人并不是要想让 ACCC "放过"皇家医学院。事实上，他认为 ACCC 对皇家医学院的调查报告做得非常出色。"医疗健康是一系列非常复杂的问题，而我不想让圈外的人士使其变得更为复杂，"他说，"我只是想把我的观点告诉他们。"

无论沃德里奇的部长式喧嚣的诱因何在，菲尔斯决定对此不加理会。随着商品和服务税实施日期的临近，他分析，相比沃德里奇对医疗政策的部门职权保护来说，ACCC 对政府更为重要。此外，菲尔斯自己的部长，财政部长彼得·科斯特洛，很可能在任何内阁部长之间的争议中支持菲尔斯，因为他本人通常是有力实施《商业行为法》的坚定支持者，尽管他在对待报刊经销商的问题上进行过个人的干涉。

好消息是菲尔斯再也没有听到沃德里奇的威胁。但是，沃德里奇绝不是唯一要 ACCC 在医疗行业收手的力量；这个行业的大部分人都持有这个观点。可是，当这个行业终于得到了其所要求的调查（关于 ACCC 是如何破坏乡村医疗体系的）时，调查结果却对澳洲医疗协会和 ACCC 持同样的批评态度。

对于 ACCC 来说，专业职业领域是一个较新的职责范畴。莱昂纳尔·墨菲在 1974 年通过的那部法律对此的规定含糊不清。虽然包括了"具有专业性质的工作"，但是在实际操作上，专业职业领域却在很大程度上被置于 ACCC 的管辖之外。关键原因在于，许多的专业职业从业者是以合伙人形式或者其他的非公司形式组织起来的，因此不受当时的《商业行为法》约束。此外，在营业中不跨州界的专业职业也得到了豁免。绝大部分对于专业职业的监管是由各州政府进行的，有的还特别给予了竞争的豁免权。

1993 年的希尔默调查改变了这一局面。该调查建议，并且所有的人都同意，竞争行为的规则应该被扩展以涵盖所有的非公司性的企业，同时州级的豁免权应该被取消。但是，有些人对此很是紧张。澳洲专业职业理事会希望各专业职业能继续有权设置和执行行业准入规定以及从业标准，但不包括收费标准。澳洲医疗协会强烈要求要有过渡性的安排，而维多利亚律师协会则声称该法律对其的适用是不必要的，因为其并没有进行任何反竞争的活动。

但是，商业行为委员会对此种说法却并不认可。虽然维多利亚律师协会在理论上比其他州的一些同事有所进步，因为其允许一个让出庭律师与商业律师共同执业的"交融"式的法律从业模式，但是这个州的法律行业仍然存在着种种限制。事实上，"交融"式的法律从业模式更偏重于理论而非实践。现在，除昆士兰之外的每一个州都有着一个"交融"式的专业模式，而国家竞争理事会认为昆士兰也会很快在这方面赶上大部队。

一个竞争监管者对于专业职业的评估角度是特别的。其关注的重点不在于他们的专业服务标准或者职业道德，而在于对竞争设置的障碍。菲尔斯认为这些竞争的障碍可以被分为两类：结构性障碍和行为性障碍。结构性障碍包括市场准入的要求（受教育要求、执照要求、对外国专业人士的限制）以及将市场按不同的专业活动而进行进一步的细分。行为性障碍则包括专业职业本身设置收费限制和职业道德规范，以及限制某些广告行为等。

菲尔斯曾试着开玩笑，要以"积分牌"的方式将这个议题通俗化。2000 年 3 月，在为《堪培拉公共管理汇编》的"经济或法律——第二古老的专业"论坛的撰稿中，菲尔斯给了医疗专业以 10 分的满分评价。他一针见血地指出专业职业在经济利益上取得成功的关键在于制造垄断，将一个领域的工作保留给自己，然后确保尽量少的人被允许进入这个领域。

所以，多年以来，医疗行业得到了一个行业垄断，限制了行业准入，"取得了一些成功"。而律师则在 10 分的评分中得到了 5 分。他们将一大块业务圈定给自己，实行了行业垄断，但是同时却有着较为自由的行业准入，而降低了从业者的平均收入。经济学家在 10 分的评分中得到的是 0 分：他们没有制造垄断，或者以任何形式限制行业准入。

虽然一些行业规范是保护公众所必需的，但是多个调查的结果也指向了许多澳洲专业职业中设置的纷繁复杂的规则障碍。其中包括准入要求、注册要求、对职称的保留、对执业范围的保留、处罚程序、从业行为标准，以及从业执照等。

在澳大利亚，对于医疗业的监管的通常方式是：将从业范围定义得尽可能广泛，再授权相关的专业职业人士在该领域从业，而将所有其他人剔除在外。此类的"对执业范围的保留"包括了医生、护士、牙医、验光师、康复医生、药剂师、推拿医生以及心理医生。有一些州甚至将某些"保留范畴"进一步细分为眼科和牙科助理专业人员、足疗师、整骨医生、职业疾病康复师、放射线技师和原住民医疗工作者等。其中的趋势是，由牙医之类的专业自行创造新的细分类别，例如牙科保健师以及牙科清洁师等，从而与牙医们抢生意。

加拿大安大略省采取的是另一种方式。不是保留整个行业范围，而是保留某些"受控制的行为"——即那些需要更多的技术、更为危险的程序（如手术等）只能由经过相关培训、领取执照的专业人士来操作。而风险较少的行为则"不受控制"，可由其他人进行。

对于这些通常被视为神圣的专业的竞争分析可以追溯到亚当·斯密，他是 18 世纪《国富论》的作者，现代经济学与竞争之父。他对这些专业人士的学位和职称给予了一些尖锐评价。"医生这个名位，"他说，"给了得到这个名位的人信誉和权威；同样的也给予了在他的专业，以及他的领域中做坏事的方便；有可能会增加他的自以为是和干坏事的倾向。"在近代，美国经济学家米尔顿·弗里德曼和西蒙·库兹尼特在 1945 年出版的《独立专业职业的收入》一书中，将芝加哥学派市场经济理论注入了对专业职业的分析，从而在很大程度上为现代研究奠定了基础。弗里德曼甚至推崇一个非常激进的立场，提议建立一个对医生没有任何从业执照要求的、完全开放的医疗市场。

在澳大利亚，直到 90 年代中期，当所有州都通过了相关的希尔默立法（以执行联邦政府通过的全面实施的新《商业行为法》）后，菲尔斯的 ACCC 才得到了将专业职业纳入竞争监管范畴的机会。但是，这不是一个容易的任务。长久以来对于专业职业的"行业赦免"使得专业人士自视凌驾于竞争法之上。

竞争监管者此前就通过对建筑师和会计师行业的调查，而对专业领域进行了探究。调查结果对两个专业给予了良好评价。

对于律师行业来说，却是另一种情形。1994 年 3 月，在公布了一个报告草案，并且审阅了各利益相关方所递交的反馈意见后，商业行为委员会作出了要对法律专业进行全面改革的建议。政府应该对律师行业之外的人士开放非严格意义上的法律服务（例如不动产转让业务），建立区分出庭律师与商业律师业务的执照系统，取消对律师事务所的所有权限制；取消关于律师收费的规定，"不胜诉不收费，只对胜诉案件提成收费"的安排应该被允许。律师应该被允许通过广告（特别是广告其收费标准）的形式来吸引客户。州政府应该放弃传统的选取御用大律师的系统，以及区分御用大律师与初级出庭律师的规则。

对律师行业中的种种限制的批评是很严厉的。商业行为委员会作出的结论是：许多行业中的规则无法以"公共利益"的理由而成立，并且建议通过全面的改革来使法律从业者面对竞争。该结论指出，律师行业中的规则比其他商业和专业领域中的规则"过分很多"。律师世界中的种种传统规则对创新起到的是消极作用，并且抑制了竞争。"这些低效性反映在法律服务的成本与定价上。"报告上这样总结。

这并不是唯一发现过度的规章管理会将专业服务的价格推高的报告。另外一个行业委员会的希尔默调查结果发现，外科医生对于服务供应的控制是其高收入的原因之一。

不出众人预料，商业行为委员会对于法律专业的报告引发了一场风暴。但是，约翰·费伊——新南威尔士的自由党州长，是这个改革建议的支持者并且启动了很大程度的改革。其中包括：取消了律师行业对不动产转让业务的垄断，以及在收费和广告上的限制。据国家竞争理事会后来报告，新南威尔士的不动产转让费用在1994年至1996年间降低了17%。

10年之后，改革的进程仍然需要继续。取缔各州在专业领域中的限制的努力进行了多年，国家竞争理事会在2002年的一份报告中指出，在药剂行业、建筑行业和法律行业的改革仍有待实施。报告最后的部分还列举了一些10年前就历历在目的问题，包括对执业范围的保留、在广告上的限制、对律师事务所的所有权限制，以及对商业律师的职业事故保险上的垄断条款。

在新南威尔士，改革甚至开起了倒车。为了应对保险费的爆炸式增长，以卡尔为首的工党政府在2003年初开始限制针对个人伤害赔偿的律师服务广告。其目的是降低伤害赔偿的数额，而这个举动却引发了律师、消费者，还有 ACCC 的愤怒。

虽然由希尔默调查结论所引发的立法赋予了 ACCC 监管澳大利亚的 20 万专业职业人士的竞争的权力，但是菲尔斯和他的同事们清楚地认识到改革的道路将是漫长而艰难的。各个专业职业都有着极具权威的游说组织，并且还与他们当中那些进入政界，甚至是内阁的前同事们有着千丝万缕的联系。

菲尔斯决定，对专业职业先采用广泛教育的方式来普及竞争理念（而不是一开始就直接进行生硬的竞争执法）。菲尔斯与博加尼开始了一个极其繁忙的会议日程，向各个专业职业组织宣传在希尔默调查之后新的竞争文化。其中最初的一个是在 1997 年 4 月珀斯举行的主题会议（被敏感地命名为"在一个全国竞争政策下，专业职业能够生存吗？"）。会议中，大部分人同意专业职业能够生存下来，但是"专业精神"——专家特质、职业精神、执业方式——则可能会受到损害。此外，对于经济政策是否应该是决定专业职业的未来的唯一尺度，也存在着争议。

当专业职业被放置在竞争的显微镜下时，这些问题在暗流中涌动。在 1997 年的一次会议上，司法部长达里尔·威廉姆斯引用了高等法院法官们对"专业精神"的不同看法。安东尼·梅森爵士曾这样写道："专业人士的理想不是追求财富，而是献身于公共服务。这是'专业精神'与'商业精神'之间最为关键的不同之处。"威廉姆斯认为这是高尚的情操。与之相对的是达里尔·道森爵士的看法，其在第 29 届法律会议上的发言这样说道：

> 市场力量的自由作用，而不是对专业标准的自觉维护，是我们的信心所在。从这个角度来看，专业职业与其他任何商业活动之间似乎没有什么区别。既然专业职业的从业者们不再被视作对社会服务有着特殊的职责（而只是为自身服务），那么他们的声音就不再拥有曾经的权威。人们无法把他们的工作与其

他为市场力量所驱使的经济活动区别对待。

澳洲专业职业理事会主席约翰·索斯威克博士在珀斯会议上全面阐述了自己的观点。他说专业精神包括了分享知识、研究成果和新的技术经验的传统。"专业精神在竞争政策下可能会受到威胁。"他警告说。威廉姆斯则在对专业职业的分析中，引入了经济支配地位所造成的两难问题。他说，其中需要把握的平衡是：提供专业服务时更为有效的竞争政策原则，与该服务质量不受减损的公共利益。"巨大的责任压到了 ACCC 的肩上，要把这个平衡掌握好，"他说，"如果掌控不好，则整个澳洲社会都会受到损害。"

菲尔斯对于竞争政策可能会被指责为破坏专业职业的罪魁这一危险很清楚。这还会引发对大部分澳洲商业减轻竞争监管的压力。专业人士可能认为他们自己"与众不同"，但是他们的营业模式仍然是小企业模式，虽然很多人并不接受这个事实。有关"专业精神"的争议焦点是"信任的关系"，或者叫做在专业人士与客户之间建立的职业信任关系。反对者们认为，这个问题没有在竞争法律中被充分考虑。

"在专业人士（如医生或律师）与其患者或客户之间的职业信任关系中到底有什么特殊性需要这位专业人士与他的竞争对手达成价格垄断协议呢？"菲尔斯以反问的方式加入了这场辩论。"在医生或律师与其患者或客户之间的职业信任关系中到底有什么特殊性需要这位专业人士来滥用市场力量呢？在医生或律师与其患者或客户之间的职业信任关系中到底有什么特殊性需要这位专业人士进行排他性交易、转售价格限制，或进行其他违反《商业行为法》的行为呢？ACCC 对上述所有问题的回答是，'可能没有任何理由'。"

但是，如果有的反竞争行为是对患者或者客户有利的，菲尔斯也指出了对此显而易见的解决方案——通过申请获得授权。如果专业职业可以证明其反竞争行为的公共利益是利大于弊的，他们就可以得到授权。

在具有里程碑意义的珀斯会议之后发生了一件使 ACCC 有些惊诧的事件，尽管其早已习惯于面对种种商业黑幕。在那个会议上，澳洲医疗协会西澳分会主席大卫·罗伯斯博士指出医疗市场是不同的，而医生们期待以团体形式进行谈判。他说："当这个新的竞争时代拉开帷幕之际，澳洲医疗协会有决心与 ACCC 和其他监管机构携手工作。"后来，罗伯斯博士由于违法的价格垄断和直接抵制行为而被处罚了 1 万澳元，而具体违法行为的发生时间就在那次会议的前后！

涉及罗伯斯博士的西澳洲价格垄断案是将 ACCC 推入与医生群体，特别是澳洲医疗协会，进行苦战的五大案件之一。为什么 ACCC 决定将火力集中到医疗行业，而不是律师行业？原因之一是，新的国家竞争理事会将审查许多基于各州立法的律师行业中的规则限制。此外，ACCC 收到了多个关于医疗行业的投诉。还有一个有些世故但却很可能很现实的内部看法是，ACCC 这样的选择避免了在律师业的主场（即法庭上）挑战律师业的风险。

第一个医疗案子是一个近乎标准的教科书式的卡特尔案件。1999 年 10 月，ACCC 在联邦法院起诉了悉尼多个私立医院（包括 St George，Kareena 和 Greenoaks）的麻醉师，指控他们达成了一个非法协议，以"应对紧急情况和正常上班时间之外"的名目来收取每小时 25 澳元的"值班费"，但是他们本人并不在医院内值班。他们甚至曾经建议对其中一家医院进行抵制以要挟其同意该"值班费"安排。更加过分的是，这个"值班费"安排竟然是澳洲麻醉师协会新南威尔士分会所推荐的收费策略之一。

一般来说，如此明显的抵制行为和价格垄断会被掩盖得很好，让人难以搜集证据。值得庆幸的是，麻醉师们似乎也在用自己的药剂——他们对这些事的态度如此的放松，竟然将其记录在了他们的正式会议记录内。ACCC 很快就发现了这些证据。麻醉师们就此坦白了，并且对法庭正式承诺，他们不会再从事此类活动。他们还支付了 ACCC 为调查起诉此案所产生的 6 万澳元的费用。

这个案子让医疗业颇为难堪。菲尔斯也利用这个案子来嘲笑那些声称 ACCC 在破坏专业价值的不实攻击。他说，那些麻醉师们要坐在自己家里或者在"自己的游艇上"领取每小时 25 澳元的"值班费"。至于对医院的抵制，那些麻醉师们告诉医院，医院可以继续进行手术，但是"患者可能要在清醒状态下接受手术，因为麻醉师不会在场"。菲尔斯说，这种做法与服务质量、职业道德，或者医患关系都无关。"这种行为是毫无遮掩地滥用市场力量以增加一个有权有势的垄断组织的收入，却强迫消费者、政府部门，以及其他相关方为之买单。"他说。

第二个案子制造了一个先例，因为它是澳洲法院因价格垄断和抵制而对专业协会进行处罚的首个案例。该案的被告是澳洲医疗协会西澳分会。ACCC 针对澳洲医疗协会与梅茵尼克莱斯公司之间的协议采取了法律行动。该公司在从州政府购买了医院之后，要在郡达拉普地区（位于珀斯之外的郊区）建立一个医疗健康中心。ACCC 认为这是一个重要的案例，因为郡达拉普将建成州内第一个医疗健康中心，在同一地点向患者同时提供公共和私立医疗服务。它还给了医院运营者与医生们逐个谈判公共医疗服务价格的机会。

在法庭上，澳洲医疗协会西澳分会承认其曾在与梅茵尼克莱斯公司的谈判中表示，医生们已经同意要"采用任何必需的行动来结束谈判"。并且该协会还建议，除非协议达成，否则医生们可以采用取消服务和使患者离开郡达拉普的方式来施压。针对其价格垄断和直接抵制的行为，卡尔法官对澳洲医疗协会西澳分会处以了 24 万澳元的罚款。卡尔法官同时认定澳洲医疗协会的两个负责人——运营主管保罗·博亚兹和前主席大卫·罗伯斯博士，故意参与澳洲医疗协会西澳分会的违法行为，并对每人处以了 1 万澳元的罚款。

双方对此案判决结果完全不同的解读展现了 ACCC 与澳洲医疗协会之间日趋紧张的关系，尽管最初曾有过相互合作的保证。不出所料，菲尔斯又一次指出，这个案子无关职业道德、标准或者医疗质量。"这里的问题涉及的是联合运用市场力量以增加医生的收入，或者使他们不受竞争的影响。"他说。

同样不出意料的是，澳洲医疗协会对此有着截然不同的看法。该协会联邦级副主席特雷弗·麦基博士说，这个判决结果会使医生们对去"有需要的"农村和远郊地区行医心生疑虑。他说，郡达拉普案完全是为了让那个地区吸引最好的医疗服务。"澳洲医疗协会西澳分会是为了该地区患者的最大利益而采取行动。"他这样说道。但是他并没有解释，当这些患者有可能因为医生的抵制行动而流落街头时，他们的最大利益是如何被考虑的。

郡达拉普案的和解谈判持续了一年多。菲尔斯和博加尼坚持要求要将罚款定在 25 万澳元以上，而澳洲医疗协会则讨价还价。在关于这个问题的最后会议上，ACCC 还需要决定对澳大利亚海事工会进行处罚的力度，该工会企图为赢得清洁船舱的生意而进行了次级抵制。对于工会该等行为的最高处罚为 75 万澳元，而在澳洲医疗协会的价格垄断案中最高处罚则可达 1000 万澳元。通过一整天对"两个工会"处罚力度的权衡，澳大利亚海事工会得到了 20 万澳元的处罚，而澳洲医疗协会则得到了 25 万澳元的处罚。菲尔斯曾经在晚餐会的讲话中，对此开玩笑，假装把这两个弄混了。哪一个"工会"应该为抵制行为受到更大的处罚……是医生呢，还是码头工人？听众们都被逗乐了。

在郡达拉普案中，澳洲医疗协会提出了关于农村医疗服务的观点。该观点在与竞争执法者的下一次交锋中——洛克汉普顿地区的妇产科服务——被再次提了出来。这个案子代表了澳洲医疗协会的两个最大的不满，即《商业行为法》对乡村医生以及医生的患者名单的影响。2002 年 4 月，ACCC 在联邦法院起诉了洛克汉普顿地区的三个妇产科医生，分别是马克·雷顿、斯蒂芬·罗伯森和保罗·邱，指控他们对私人医疗保险基金所提供的"无缝式付费安排"进行了抵制。

三人中的罗伯森医生采用的是"无缝式付费安排"，即医生接受医保付费作为医疗服务的全额付费，而无须患者再来支付医保付费与更高的医生收费之间通常存在的差额。在安盛健康基金领先推行其"简便保险支付"项目之后，此类"无缝式付费安排"在澳大利亚受到了广泛的欢迎。医生向医保基金直接收取固定费用（通常比计划收费要高一些），使得患者无须支付医保付费与医生收费之间的差额。但是许多医生对此持强烈的反对态度，认为这个"无缝式"制度会将澳大利亚推向美国式的医疗管理模式，而使得医疗保险基金更有权力。

在试图与他的两位妇产科医生同事就在紧急情况下接受自己患者的保险达成全面协议的谈判失败后，罗伯森医生对他的患者们这样写道："到 2001 年 1 月为止，我能够就妇产科服务向患者提供'无缝式付费安排'。不幸的是，如果我继续以任何形式参与'无缝式付费安排'，其他洛克汉普顿地区的妇产科医生就将拒绝接受我的患者。这意味着，如果您在临产或者任何其他紧急情况时我恰巧不在，那么您将不得不被作为一个公众患者而转院到地区中心医院。为了避免这种情况，我必须放弃所有形式的'无缝式付费安排'。"

在收到患者的投诉举报后，ACCC 以"抵制"为由将三个医生都告到了法院。ACCC 认为，该抵制所造成的后果是，约 200 名患者被要求为妇产科服务支付"差额收费"，而他们本来不必支付这笔费用。此案中的通信记录显示了 ACCC 在寻找证据时所使用的强势手段。在给三个医生的一封措辞严厉的信中，ACCC 详细阐述了《商业行为法》下的严厉处罚，然后又提出了可以为三个医生的"全面配合（包括提供所有会议、安排、相互交流的细节信息）"而给予宽大处理的可能性。"ACCC 期待你同意在上述基础上的合作原则"，信中以黑体字写道。"ACCC 还需要你承诺，你将不会就本案与任何方（除了你的法律代表之外）联系，或以任何形式与任何方讨论本信中提及的事宜或者 ACCC 的调查。如果你就本案被任何人（包括其他妇产科医生）联络，你应该立即向 ACCC 提供这些交流的全部细节。"

患者也被要求提供信息，特别是因为"抵制"而造成的损失或者受到的损害。联邦法院接受了三个妇产科医生的同意令，要求他们向受影响的患者支付约 97000 澳元的赔偿。

"这个案件显示了医疗从业者并不在竞争法的管控之外。"博加尼委员这样说。"目前澳大利亚乡村医疗从业者的短缺不是违反竞争法的借口，因为竞争法是为了提高所有澳大利亚人的福祉。"澳洲医疗协会的媒体公告则只是简单地说："ACCC 成功使用大棒将医生赶出乡村小镇。"

当 ACCC 宣布其针对医疗行业中抵制行为的第四个胜利时，就没了这样的媒体公告。2003 年 3 月，联邦法院认定一个墨尔本医生企图抵制伯威克斯普林医疗中心的医生们的团体收费和加班服务。在该案中，ACCC 起诉亚伯拉罕·弗洛恩德和他的公司，指控其企图在医疗中心的办公室出租合同中增加以下条款：（1）医生不得进行团体收费，但是退休人员、健康卡持有者，以及直系亲属可以除外；（2）医生不得在周一至周六的晚 8 点之后以及周日下午 1 点之后提供医疗服务。

菲尔斯说，这个案子展现了有些医生为了避免竞争而不惜采取的手段。

尽管澳洲医疗协会没有对伯威克斯普林案发布媒体公告，但是郡达拉普案的处罚和洛克汉普顿地区妇产科医生案的综合效果使得有权有势的医疗游说组织对菲尔斯和 ACCC 发起了全面的战争。整个 2001 年一个大选年，该游说组织强烈要求针对竞争法对医生的适用展开调查，希望调查结果会给医生带来特殊待遇，甚至是豁免。

澳洲医疗协会的游说战略是将《商业行为法》与在"丛林地"的医生数量下降，甚至澳洲农村的经济衰退联系到一起。其关键在于医生之间为了各自患者的需要而为相互的患者进行服务。"差不多在乡村医生之间所有的商业安排都有可能被 ACCC 反复审查。"澳洲医疗协会主席凯林·菲尔普斯博士在 2001 年 2 月警告说。当时，澳洲医疗协会正与乡村医生协会一起开展活动，以推动政府对《商业行为法》重新审视。

医生之间为了应对紧急情况而为相互的患者进行服务的方式是医疗服务的必要组成部分，而澳洲医疗协会知道这是一个公众关心的热点问题。菲尔斯和博加尼称澳洲医疗协会的指控是误导的、恶作剧式的。"真正的"医生之间为了确保医疗服务的及时提供而为相互的患者进行的服务安排，在《商业行为法》下完全没有问题，菲尔斯说。但是，"假安排"却是关于抵制或者价格垄断的协议，那么就会出问题。

但是，澳洲医疗协会所寻求的法律意见却认为 ACCC 发布的针对医生行为的指导草案是"没有帮助的"，甚至是"危险的"，因为其并没有指出某些为了避免违反《商业行为法》而作出的安排本身就有可能是违法的。

澳洲医疗协会语言中的火药味开始加重，指责菲尔斯和 ACCC 进行的是"恐怖手段"，是"迫害"，是"非常敌对的"。菲尔普斯说，ACCC 对乡村医生采取的行动可以描述为两种状况——"针对医生的迫害，或者是发狂的官僚机构"。

澳洲医疗协会的攻势中还加入了个人攻击。在其出版的《医疗》杂志（2001 年 5 月）上刊登了一幅漫画，画的是当时的医疗卫生部长迈克尔·沃德里奇爬上了菲尔斯的床。澳洲医疗协会对这两个人都有意见，而这漫画的意思是这两人在对待乡村医生的问题上串通一气。这可能只是一个政治漫画，但是其品位的低下却显而易见。澳洲医疗协会主席本人是一个女性同性恋名人，如果对手将她画成与男人上床的话，那澳洲医疗协会的愤怒肯定是理所应当地的。

其实，澳洲医疗协会真正的威胁是在政治上。其所要的是一个能让 ACCC 放弃对医生的追击，并且准备将 ACCC 与对乡村服务衰退的恐惧联系在一起的调查。同时，其在多个政治倾向摇摆不定的选区中的政治力量也不容小觑。菲尔普斯对彰显其政治实力毫不忌惮。"我们有着副总理的支持、总理的同情，还有那些在政治倾向摇摆不定的选区中的议员们的完全的注意力。"她在 2001 年 5 月说。"我坚信广大民众——选民——也是站在我们一边的。人们不想使他们的社区丢掉更多的服务了。他们已经失去了银行、邮局、政府机构等。如果他们再失去了医生或者其他的医疗服务，而究其原因是可能会违反《商业行为法》的话，这可能成为压垮骆驼的最后一根稻草。"

到了那年的 8 月，大选仅仅数月之遥，霍华德给了澳洲医疗协会一直期许的调查。所有政客都知道医生、药剂师、报刊经销商对它们天天接触的顾客的影响潜力。菲尔普斯言语中提到的选民和代表政治倾向不定选区的议员们，都显现出这样的危险。

领导这个调查的沃维克·维肯森有着在专业职业标准领域中做了多年咨询的经验，而这个调查的结果却给澳洲医疗协会带来了不小的灾难。维肯森将专业职业组织和 ACCC 都置于调查的显微镜之下。在任何局外人看来，这应该是情理之中的事。但是，澳洲医疗协会却立即毫无顾忌地宣布，这个调查结果在"解决乡村医疗危机"上"失败了"。

事实上，维肯森的报告是在交战双方的交火线上划了一道基于公理常识的楚河汉界。在医疗服务中医生为相互的患者进行服务的安排，以及医生服务定价的关键问题上，调查否定了澳洲医疗协会的指控。在充分考虑了独立的法律意见后，调查作出了这样的结论：《商业行为法》没有在医生之间为相互的患者进行服务以及服务定价方面造成威胁。医生们对此类问题的疑惑是由"公众争议"引发的。

维肯森还否定了澳洲医疗协会声称医生只有因为"医生之间为相互的患者进行服务的安排"而为服务定价，才违反《商业行为法》的观点。调查认可了澳洲消费者协会对此的意见，即"医生之间为相互的患者进行服务的安排"无须在服务定价方面串通。调查还否定了澳洲医疗协会的另一个说法，即申请对任何反竞争（但对公共利益有利）的行为的授权将会造成时间或经济上的沉重负担。同时，调查指出，没有任何研究显示《商业行为法》造成了乡村医生的短缺。

维肯森试图对这个争议进行更加直白的分析。"我们承认医生拥有的专业价值和高标准的职业道德精神，但是调查委员会作出的结论是：医疗工作者，包括在澳大利亚乡村执业的医护人员，实质上是在以该等职业谋生。而在此过程中，应该受到一般商业规则的监管。"调查报告这样指出。维肯森要求 ACCC 和澳洲医疗协会结束双方之间的敌对，并且通过一个新建的机制——医疗服务咨询委员会，来协调合作。

调查报告也对 ACCC 提出了批评，指出其对媒体的利用和其挑选的高知名度的案件"看起来是用来恐吓医生，而不是在教育他们，特别是在'医生之间为相互的患者进行服务的安排'方面"。很显然，ACCC 在医生眼里有形象问题。维肯森在私下的谈话中提到，ACCC 曾经被形容成"吓人的""具有威胁性"和"攻击性"的。但是，该报告也同时指出，医疗专业组织"（恶意地）利用了"这种对 ACCC 的恐惧。维肯森强烈希望这些医疗游说机构能够采取一种更加合作的态度。"这种沟通的缺失毫无必要地将关系更加复杂化，增加了恐惧和猜忌。"报告说。

让双方接受这个正式的批评都需要一些时间。在维肯森的调查报告之后，双方都在公共空间进行了短时间的唇舌之战。数月之后，菲尔普斯评论道，维肯森报告指出了 ACCC 需要"一个重大的文化变革"，并且"目前还没有任何变革的迹象"。但是，她没有提及维肯森报告中关于澳洲医疗协会的批评，也许这也意味着在澳洲医疗协会内部，也没有任何文化的变化。

"现在应该是澳洲医疗协会接受《商业行为法》，并且鼓励医生们守法营业的时候了。"博加尼在《澳洲财经评论》中的一篇文章里指出。"它已经四处散发了太多的不实信息了。"ACCC 是不知所云，澳洲医疗协会和维肯森报告都是误读，菲尔普斯这样回复。别再误导了，博加尼答道，并且指责菲尔普斯在霍华德总理面前状告 ACCC 因为"医生之间为相互的患者进行服务的安排"而起诉医生的行为具有误导性。

这最后一个指控导致双方互发了措辞激烈的法律文书，并且文书的全文副本都提供给了《澳洲财经评论》的编辑。澳洲医疗协会说博加尼指责菲尔普斯误导总理是对其名誉的诬陷，必须为此进行道歉。为了"医生之间为相互的患者进行服务的安排"而起诉医生完全是在洛克汉普顿地区妇产医生案中发生的事情——澳洲医疗协会这样声称。ACCC 的答复一针见血。在洛克汉普顿地区的起诉是针对抵制无缝式收费安排的，ACCC 从没有针对"医生之间为相互的患者进行服务的安排"进行过起诉。另外唯一一个 ACCC 起诉医生而案件中又涉及"医生之间为相互的患者进行服务的安排"的是那个麻醉师案件。但是，那次起诉的是价格垄断和抵制，并非针对"医生之间为相互的患者进行服务的安排"。如果菲尔普斯博士告诉总理，ACCC 是为了"医生之间为相互的患者进行服务的安排"而起诉，那么菲尔普斯的确误导了总理。准备，出击，交锋。在此之后，《澳洲财经评论》再也没有收到过澳洲医疗协会关于这个议题的来信。

　　在所有的流弹中，医生们也有一个有理有据的观点。医生行业的确需要在很大程度上依靠医疗同事之间的合作，因为全科医生们需要请专科医生对患者做专项诊治，以及为了应对紧急情况而采取"医生之间为相互的患者进行服务的安排"。但是，这一点却在澳洲医疗协会声势浩大的声讨中被忽略了，也没有用其重要性来说服维肯森这样的独立仲裁者。因为其笨拙的、一味争取法律豁免的活动，以及其情绪化的各种指控，反而使得医生和"医生之间为相互的患者进行服务的安排"进行简化授权的申请要求受到了牵连。

　　另一个医疗游说组织——皇家澳洲全科医生学院却没有遇到澳洲医疗协会一直头疼的麻烦：该组织向 ACCC 提出了申请，并且从那里得到了对在集体诊所中执业的全科医生对患者统一收费协议的授权。有意思的是，后来菲尔斯在应商界反对者们的要求而启动的道森调查中，提出了另一个可能的解决方案。其建议是：赋予小型企业（包括医生们）集体谈判的权利。

在政府考虑维肯森调查报告的建议时，菲尔斯和博加尼又将剑锋指向了专科医生（或许多人眼中的皇家医学院）。皇家澳洲外科手术学院的内部程序被指控为限制了高等医疗培训的准入。ACCC 在对该指控进行了初步审查后，判断该学院违反了《商业行为法》。

澳洲的外科手术医生不是在大学里接受培训，而是在公立医院的工作中，师从皇家学院的成员，在实践中接受培训。外科手术医生学员实际上就是皇家学院成员的学徒。澳洲外科手术学院自己选择能够进入培训的学员并且设定选择标准。其还通过设定医院培训地的数量（手术培训必须在医院里进行）来决定受训外科手术医生的数量。这个系统的设置引发了对于澳洲外科手术学院的批评，这被认为是为了保持高收费而故意将执业的专业人员数量保持在低位。

在最初受到指责之后，澳洲外科手术学院以"公共利益"为理由，为其培训规程申请了正式授权。通过一个长期的调查，ACCC 认定这个培训规程的确是有"重要的公共利益"的。澳洲外科手术学院为高质量的手术培训提供了保障，进而降低了手术失误率并且缩短了住院时间。同时，澳洲外科手术学院的成员为新外科手术医生的培训免费付出了宝贵的时间和精力。在考虑了一些州政府对培训的支出后，这种免费培训的价值被估算为每年 2000 万至 2500 万澳元。

但是，ACCC 对于澳洲外科手术学院的培训规程被用来限制外科手术医生数量的问题仍然"很是关注"。其中一些例子包括：澳洲整形外科协会对澳洲医疗人员从业咨询委员会所作出的增加骨科手术学员数量的建议置之不理。此外，该学院对在海外受训的外科手术医生设置了"隐形的障碍"，如对他们的执业资格的认证进行拖延或制造麻烦来搪塞。还有许多对该学院的投诉者因为惧怕打击报复而不愿公开其投诉内容。

ACCC 对该学院的调查也揭示了学院直接的行业监管部门对其的

祖护态度。调查中在征求州政府医疗卫生部门的意见时，西澳洲医疗卫生部门仅仅提交了一个一页纸的回复，支持该学院"保持现状"，表示对当时的培训系统没有任何意见。

一个月之后，西澳洲医疗卫生部长鲍伯·库斯拉寄了一封让人惊讶的信给 ACCC。信中说，他个人的意见应该被置于他辖下部门已经给出的意见之上。与他辖下部门的意见相左，库斯拉本人希望对系统进行改革。另一个让菲尔斯和博加尼惊异的发现是，负责设定外科手术医生数量的澳洲医疗人员从业咨询委员会的目标仅仅是保持数量稳定，而不是根据需要而对数量进行评估。

结果是，ACCC 给予了皇家医学院暂时性的授权，前提是其培训规程要通过一个由皇家医学院以及各提供医院经费的政府机构指定的代表组成的委员会的检验。实际上，ACCC 需要更多的阳光照射到这个培训规程，以确保其运作不是为了保护外科医生的"俱乐部"。ACCC 组织的一个独立调查显现了澳大利亚缺少外科手术医生的现状，特别是一般手术和整形外科手术。

这是一个艰难的决定。ACCC 所作的决定是：允许医疗专家们自主控制他们的数量——在受到一些高层指导的基础上——因为在很大程度上政府本身不愿作这个决定。早期的沃德里奇事件已经显示了政府担心开放专科医生的数量会造成对他们服务的需要的迅猛增长，从而使政府的预算承受重压。

这个决定在公众媒体的报道中受到了批评。悉尼的《每日电讯》给予了有点不公正的评论，认为 ACCC 的决定没有对解决外科手术医生短缺问题起到任何作用。"应该尽早将培训和确定外科医生数量的责任从这个'老伙计俱乐部'手中夺过来。"评论说。

对外科手术医生培训制度的最终授权发生在 2003 年 6 月 30 日（菲尔斯离职的当天）。ACCC 对《每日电讯》中的某些看法很有同感，但是对于那个"封闭的俱乐部"到底是皇家医学院的错，还是因为政府拒绝承担培训更多外科医生的费用，其给出的说法却比较复杂。ACCC 认为，政府外科手术执业人员数量的计划，以及皇家医学院都对准入的限制起到了作用。ACCC 说，如果改革减轻了对于皇家医学院所扮演的角色的关注，那么"如果外科手术医生短缺问题还得不到解决的话，聚光灯就完全落到了政府的头上"。

对于菲尔斯的继任者来说，这不是唯一一个在监管专业职业中的难题。ACCC 给予皇家澳洲外科手术学院培训规程的具有里程碑意义的授权打开了其他学院申请类似批准的大门，其中包括精神病医生、放射科医生，以及骨科医生。这将未来的 ACCC 置于决定澳大利亚医疗专科专家数量的关注中心。还有一个问题就是，造成专科专家短缺的到底是医疗"俱乐部"的错误，还是对培训费用吝啬、为由此增长的医疗需求而担心的政府的责任？

*　　*　　*

有意思的是，菲尔斯与医疗行业旷日持久的纠葛也可能救了他的命。至少，使他避免了一场严重的疾病。菲尔斯 30 年来一直去同一个全科家庭医生那里看病。但是，当他在一个周末突然生病的时候，他的医生却不在，于是他的妻子伊莎贝尔给一个新医生诊所打了电话。菲尔斯觉得他得了重感冒，那个医生也同意了这个判断，并且给他开了药。但是，那个年轻的医生认出了菲尔斯，知道他是 ACCC 的主席，就开始对他倒起了自己的苦水。那个年轻医生觉得在医生行业中缺乏竞争，而这是造成他收入偏低的原因。他用了 10 分钟告诉连连咳嗽的菲尔斯，ACCC 应该多做些什么。突然，他打断话头说道："嘿，我注意到你一直咳嗽得很厉害。我觉得你可能得的是肺炎。"然后，很快就安排了相应的治疗。这场病让菲尔斯接受了整整两个星期的治疗，但是可能因为他的高知名度，他得以避免了更为严重的后果。

＊　＊　＊

即使说 ACCC 有意识地选择了医疗行业作为将专业职业置于竞争法管辖之下的入口，那么律师们也没有被遗忘。法律专业的保密特权是 ACCC 关注的另一个问题。专业的保密特权是法律俱乐部中最核心的一部分：即律师对客户提供的法律意见以及该法律意见所基于的相关文件是保密的，因为受保护而可以不受审查。但是，在法律专业保密特权的保护伞下，还有什么其他的被隐藏起来了吗？

这个问题涉及 ACCC 的职责。ACCC 可以对"从犯"起诉的权力意味着，专业顾问（像律师和广告代理）可能会因为给予客户违反竞争法的建议而受到起诉。

2002 年，菲尔斯和博加尼在丹尼尔斯公司案中直接挑战了法律专业的保密特权问题。ACCC 在调查健康保险行业的串通投标过程中，丹尼尔斯公司提出其法律文件应该享有"法律专业保密特权"。联邦最高法院上诉法庭判定，允许该等法律文件接受调查，从而让整个律师世界打了个寒战。特别是零售商科尔斯迈尔和伍尔沃斯公司正与 ACCC 在酒类销售案件中争斗，也提出了 ACCC 追查的公司法律文件应该享有"法律专业保密特权"。这个判例对税务办公室和其他监管者也有着巨大的影响。

菲尔斯坚持说，ACCC 对取消"法律专业保密特权"没有兴趣，而只是坚持其基于《商业行为法》第 155 条的搜查令而检查该等文件。这是一个细致的分别。当高等法院在 2002 年 11 月维持了丹尼尔斯公司的上诉结果时，该法庭也判定"法律专业保密特权"不适用于为了违反法律的目的而起草的文件，其中也包括竞争法。

ACCC 现在面临的两难是确定其需要什么样的证据才能获取那些违反法律的文件。这是一个"先有蛋还是先有鸡"的问题。ACCC 在没有看到文件之前无法确定文件是否违法，而不能确定文件是否违法就无法获取文件。

第十一章
头戴皇冠，难以入眠

"头戴皇冠，难以入眠。"——莎士比亚《亨利四世》中的这句台词是菲尔斯最喜欢的名句之一。剧中的亨利疲惫不堪，备受疾病和反叛势力威胁的折磨，正在为他的彻夜难眠而痛楚着。菲尔斯并没有失眠的问题，但是对于那些反对他的阴谋，他却有理由殚精竭虑。

多年以来，菲尔斯与一些最有权势的商界人物和澳大利亚的政治人物争斗不断。他那具有攻击性的、主导公众舆论的 ACCC 不仅得罪了众多的既得利益者，同时还聚敛权力，使自己变成了政府与企业打交道的通道。

其中一个事件充分彰显了其新的地位。2001 年，当澳洲安捷航空公司头上乌云密布时，菲尔斯正作为演讲者参加海曼岛上举行的一个会议。澳航首席执行官杰夫·狄克逊从新加坡给菲尔斯打来了电话，当时菲尔斯正在看晚间新闻。安捷航空马上就要进入破产程序，很有可能就在第二天的早上六点。"艾伦，我想好好地看看安捷航空，考虑是否收购它。"狄克逊说。"但是，如果你不告诉我，你对这个没有意见，我就不会考虑这个交易。"

菲尔斯对此的回复是，没有任何人阻止狄克逊考虑进行交易的可能性，但是他现在不能作为竞争监管者来表达任何同意的意见。"如果你是要求我表达同意的意见，那么我不能这样做。"他说。菲尔斯还告诉狄克逊，如果情况已经如此紧急，那么他应该从安捷航空或其母公司新西兰航空那里得到消息。菲尔斯说，他会与同事讨论，然后再给狄克逊回电。

那天晚上十点，新西兰航空的首席执行官格里·图米打来了电话。安捷航空会在第二天早上关门。图米询问的是，澳航是否可以进行收购，暗指如果菲尔斯不及时表态，那么整个航空公司就完了。菲尔斯对此类战术在之前就有所领教：在最后一分钟向他提出来，除非他立即批准某个企业集中交易，否则就会有企业破产关门。

"我无法在电话里同意。"菲尔斯再次表态，同时阐述了由AC-CC进行正式决定的必要性。第二天早上，菲尔斯接到了总理打来的电话。霍华德总理当时正在华盛顿，出席澳大利亚使馆为布什政府举行的一个花园派对。霍华德说，他听说菲尔斯甚至反对澳航只是去看一眼安捷航空。这个描述不是完全准确的，但也不是完全错误的，"你当然不介意澳航只去看一眼吧？"霍华德问，同时强调所指的不是交易。菲尔斯说，那就没有问题，然后打电话告诉了狄克逊。

菲尔斯对此很是头疼，因为很快ACCC就将面对是否要反对澳航对安捷航空进行收购的决定。如果反对，就会造成安捷航空的破产；如果批准，则会对竞争格局产生明显的影响。最终结果是，澳航董事会否决了这个交易。据报道，狄克逊向董事会提交的交易提案包括以超低价收购安捷航空，同时接手这个挣扎中的航空公司所欠下的巨额债务。不知是因为受到在此间突然发生的"9·11"恐怖主义袭击事件的影响，还是安捷航空本身状况实在太糟，总之最后的结果是该交易没有通过澳航董事会这一关。澳航董事会主席玛格丽特·杰克逊说，联邦政府和ACCC在这个过程中都是支持的，但是董事会觉得这个收购会给澳航带来负面影响。

从企业集中、公共事业设施的定价、市场力量的案件，直到消费者保护，所有这些商业决定都最终指向 ACCC。在堪培拉 North-bourne 大街上的 ACCC 总部七楼作出的决定可能就会造就或者毁掉商业计划。在很多方面，菲尔斯的机构已经替代了当年的关税理事会，而成为企业界为了利益而游说的中心。

当然，其中的不同之处在于，菲尔斯敢于在公开场合直面高敏感度的问题，挑战既有的市场利益格局，并且运用公众媒体让某些人不舒服。许多吃过菲尔斯苦头的人，将他们的抱怨声倾注进了政府高层的耳中。"1996 年，当我刚刚当上财政部长的时候，差不多每一个澳大利亚企业都想让我炒他鱿鱼。"科斯特洛这样说道。

有些人更是对菲尔斯当面宣战。"你完蛋啦！"一个商界领袖这样对菲尔斯叫嚣。当时正值 1993 年的大选之际，而自由党的约翰·休森被普遍认为会取得大选胜利。在那个年代，菲尔斯被一些人，包括自由党内的很多人，认为是澳洲工会理事会安插的钉子，所以自由党的胜利就会确保委员会主席职位的更替。结果休森却在大选中失利了。

菲尔斯一直知道他在种种利益争端之间的走钢丝行为需要一些政治上的安全保障。在工党执政的时期，他与澳洲工会理事会的渊源给予了他保护。虽然内阁在 1996 年的联合政府执政初期以及对报刊经销商问题的直接干涉不免让他忐忑不安，当时在商品和服务税实施中的巨大成功使得他在政治保障上重建信心，继续为竞争法的施行而全力推进。"我一直对权力的情况很清楚，大部分的时候，我觉得我们在推进时是安全的。"他说。"但是，我对这个问题进行了很多的思考。"

在商品和服务税实施过程中，菲尔斯也对这方面进行了思考。为这个新税种与某些企业和行业领域的交锋在所难免，但同时 ACCC 的权威和影响力也会因此而大大加强。调查显示，在消费者当中，那些对竞争监管者"有一些了解"或"比较了解"的人数比例从 40% 增长到 56%。在商界中，对竞争监管者"有一些了解"或"比较了解"的比例从 52% 增长到 69%。

尽管已经在很大程度上提高了知名度，但是 ACCC 还是决定要在商品和服务税实施之后乘胜追击，以保护消费者利益作为前进的号角。在商界流传着一种说法，说菲尔斯在一个 ACCC 的内部会议中，曾经抱怨 ACCC 在商品和服务税实施之后，有点失去动力了。

"我们的脑海里有着这样的念头，商品和服务税实施之后保持我们在公众中的形象十分重要，并且我们需要继续做好我们的工作，我们可不能故步自封。"菲尔斯说。ACCC 认为，其在商品和服务税实施中的出色表现赋予了其在政治上的更多支持和保障。

银行业成为下一个目标。2000 年 10 月，一个由 ACCC 和澳大利亚央行联合进行的调查报告指出，银行对信用卡的跨行收费过高。在一些案例中，银行甚至收取了比成本高出 64% 的费用。此外，ACCC 还针对澳大利亚国民银行在信用卡收费上的价格垄断展开了调查。ACCC 告诉所有的银行，银行对信用卡的跨行收费在程序设置上违反了《商业行为法》。各银行最初只是同意对这些收费程序进行有限的自检，但是当 ACCC 对澳大利亚国民银行采取行动后，它们很快就接受了 ACCC 的条件。

澳大利亚国民银行案在 2001 年 4 月终止了，因为央行作出了"指定"信用卡系统的决定，赋予了央行设定收费标准和改革相关制度的权力。但是，就在数月之后，ACCC 就对澳大利亚国民银行提起了"违背良知的行为"的诉讼。该诉讼涉及的是一个丧失行为能力的公司主管的妻子所提供的担保，该担保最终导致这对夫妻位于霍巴特的住宅被强制拍卖。

菲尔斯对于 ACCC 在商品和服务税实施中的出色表现会为其自身提供政治保障的信心很快就破碎了。意想不到的是，他所经受的第一个打击并非来自商界的对手，而是来自他当然的保护者——政府。菲尔斯的五年任期在 2000 年末即将结束之时，彼得·科斯特洛就他的未来与他进行了约谈。

在商品和服务税成功实施之后，霍华德政府论功行赏，给 ACCC 增加了 28% 的预算。虽然这个决定是通过了财政部门检验的，但是

ACCC 中的许多人认为，政府向财政部门示意过"看看能为 ACCC 做点什么"。

鉴于这样不同寻常的慷慨，还有部长们对于 ACCC 在商品和服务税实施中的优异表现的褒奖，菲尔斯在与科斯特洛的会议之前，没有预感到任何问题。他自己的想法是续任一个五年任期，直到 2005 年，那时他就 63 岁了，很可能就此退休。但是，科斯特洛，对此有着自己的主张。"我想给你一个续任的要约直到 2004 年 6 月。"科斯特洛说，即一个总长 3 年 8 个月的新任期。

菲尔斯对此很是惊诧。更让人惊异的是科斯特洛所给出的理由。科斯特洛解释道，ACCC 和菲尔斯已经变得"非常，非常有权力"。在 2001 年底就会有一场新的大选，新一届的政府——无论届时哪个政党掌权——都应该有机会在其政府任期内决定菲尔斯的未来。科斯特洛说，他有意将任期设定在 2004 年 6 月，即在下一任的大选之前（联邦政府的选举一般三年一届）。

"我更想要的是 5 年任期的连任。"菲尔斯回答说。"但是，3 年 8 个月也可以，既然你这样说了。"ACCC 委员的一般任期为 5 年，虽然较短的任期也不算异常。《商业行为法》要求的是每任任期"不超过 5 年"，其遵循的原则是，一个"独立的"委员会应当有着比当届政府更长的任期。

事实上，科斯特洛给菲尔斯传递的是这样一个信息："你已经变得太有权力了，我们想要对你加以控制。如果你安分守己，你就可能再得到一任连任。"如果任何人相信科斯特洛真的是出于强烈的民主思想，认为应该给予可能在 2001 年选举后上台的工党政府一个决定菲尔斯未来的机会，那只能说是可笑的。澳洲政治很具有部落氏族性。部长们通常更有可能想要争取的是，如何让他们对机构部门的任命能够在政府换届之后继续存活。如果科斯特洛真的支持菲尔斯继续担任 ACCC 主席一职，那么就会给予他一个超过任何可能在 2001 年上台的工党政府的任期。

但是科斯特洛却没有那样做，这个事实再加上他此前对菲尔斯和 ACCC 所作出的"已经变得非常，非常有权力"评价，显示了政客们对于受到公众拥戴的高调监管者的担忧。菲尔斯已经建立了自己的品牌。不甘于成为某届政府或者某位部长的影子，菲尔斯赋予了 ACCC 独立的个性。任何部长都会将这看作一种威胁：菲尔斯作为消费者之友的公众形象是如此深入人心，将来有可能造成一种没有任何一位部长可以影响或者撼动他的局面。

在政府内部也有一种看法是，菲尔斯个人的影响力可能已经超过了 ACCC。有些部长甚至认为，在公众心目中，菲尔斯（而不是ACCC）才是消费者保护者的代表。所以，尽管他在商品和服务税成功实施中功不可没，但是当政者的共识是，菲尔斯需要受点政治纪律的约束。那个（被缩短的）3 年任期就是开出来的药方。

尽管他有在巨压之下随时挑战商界领袖的勇气和准备，菲尔斯其实在内心也有着些许的不安全感。当政界领袖们表示对他的支持时，他们可以看得到他对此的欣慰。当 ACCC 受到商界的火炮攻击时，菲尔斯会把他与部长们在机场偶遇的谈话中得到的赞扬和鼓励与他的同事们快乐地分享。科斯特洛也许当时并不知道，但是他拿出来的 3 年任期可能正戳到了菲尔斯的软肋。

科斯特洛对菲尔斯与日俱增的权威进行了这样的比喻："我觉得人们可能会在立法任命的位置上待得太久。你知道，美国联邦调查局的首个头目 J. 埃德加·胡佛就是一个经典例子。最后，他在那个职位上待得久到无人可以撼动他。"科斯特洛说，菲尔斯已经在公众眼中成为了 ACCC。"我只是想，并且我也这样告诉了他，当我担任财政部长之初，他已经在一个 5 年的任期里了，所以在我的第一任任期中，没有得到进行任命的机会。"他说。"我觉得我不应该使得继任的政府也受到这样的束缚。我想我当时就这样说了。"

来自商界和政府内部的反对菲尔斯的强大力量一直压在科斯特洛身上。但是，在联合政府最初上台的 1996 年，"直接解聘菲尔斯"是不可能的，因为菲尔斯有着他固定的 5 年任期。而在 2000 年底，这样做还是不可能的，原因是他在商品和服务税成功实施中的首功。

但是，这也没有能够消除内阁中对他的抱怨。"事实上，我是他在内阁和政府中最大的支持者，我真的是。"科斯特洛说道。"那是因为我相信竞争，而这也让我在一些圈子里不受欢迎。"在对待竞争的问题上，科斯特洛具有一些变色龙的特质，支持严格的执法，但是却不能给予其监管者全力的支持。这是许多自由市场的信仰者必须面对的两难，他们还是需要市场监管者的。

商界将这个缩短的任期看成了一个妥协。霍华德政府认为其在商品和服务税成功实施上必须"感激"菲尔斯，所以不能直接将他解职，而是想将他放置在较紧的控制下。

对于心怀不满的商界领袖在科斯特洛的耳朵里倾诉心声的事，菲尔斯不需要被提醒。在得到了他那被故意缩短的任期后不久，菲尔斯收到了一份关于 ACCC 的频频行动与其在商品和服务税实施中的角色对于其与商界关系的损害的评估报告。当在商品和服务税实施中得到的巨大的公众关注度开始消退时，ACCC 决定要对商界和其本身的内部工作人员对 ACCC 的看法进行调查评估，以便制定一个新的公共关系交流战略。

所得到的调查结果让人失望。做了这个调查的良好信息公司发现，ACCC 没有清晰的公共关系交流重点，从而导致了不统一的信息发布。在这之上，大型企业和行业协会对 ACCC 的执法过程有着不好的印象，并且质疑其"具有威胁性的、不公平的"执法手段的价值，特别是"通过媒体公告方式行刑"的做法。ACCC 的决策过程对于许多组织来说是神秘而陌生的，被形容成"一个黑匣子"。此外，对于 ACCC 同时作为竞争执法者和消费者保护机构的双重身份，也存在着广泛的疑惑。

对菲尔斯和他的委员同事们来说，这些调查结果并没有什么特别的新意。对报告中指责的"权威性、进攻性、学术性"他们早有耳闻。但是，这个报告将所有这些都放在了桌面上，包括一种政府内部对 ACCC 的看法，即 ACCC 可能在挥舞大棒上游刃有余，但是在传达"我们可以给你帮助"这一信息时却欠火候。报告也强调了一个新的现实：商品和服务税的实施过程在菲尔斯与商界之间已经紧张的关系雪上加霜，使得商界对他集中开火。

商界对竞争监管的态度也是复杂的。总的来说，企业界对竞争是欢迎的，企业家们明白竞争性的市场可以降低供货商的成本和售价。但是，他们的支持是半心半意的，并且通常会尽量争取削弱监管者。澳洲的企业从来没有接受英国前首相撒切尔夫人式的观点，即，一个具有完全竞争性的经济体可以给企业家们提供进入新的市场的机会。

ACCC 在收到调查报告后，开始加强其公共关系交流战略，但是所作的改变能够带来的效果是有限的。这有点像菲尔斯在一次午餐会的讲演中说的一个笑话：当那些雄心勃勃的 MBA 毕业生们走进 ACCC 的大门来找工作时，他们带来的都是改变世界的雄伟计划，通常也会包括能够确保"顾客满意"的方法。但是，就像菲尔斯指出的那样，ACCC 的许多"顾客们"实际上已经违反了法律。对于 AC-CC 中的许多人来说，调查报告所带来的启示是，如果业界在抱怨，那么 ACCC 一定是在尽职尽责。

事实上，商界所做的要比简单的抱怨多得多。在商品和服务税实施后的时代，就这样展开了一场矛头直指艾伦·菲尔斯的运动，要对他"做点什么"。商业领袖们越来越觉得菲尔斯是在一直抹黑他们。

霍华德的部长们不断地接到电话。一位部长记得，有某个商界领袖每三个星期就会给他打一次电话。"业界恨他，并且准备做任何事情来阻止他。"那个政治人物说。

商品和服务税的实施使得商界清楚地认识到，在他们与菲尔斯之间的关系中，权力的天平已经向那个公众关注的监管者倾斜。从集中的标准改变为"显著削弱竞争"，到希尔默改革打开了专业职业领域和公共设施监管的大门，到新的"违背良知的行为"的规定，再到更重的罚款数额，以及通过谈判获得具有法庭执行力的承诺的权力，在菲尔斯领导下的竞争监管机构与在其前任治下的机构相比，已经是鸟枪换炮了。

其中涉及的也不仅仅是权力的此消彼长。企业界开始为权力施展的方式而痛苦。公众曝光、让人汗毛直立的媒体通告，还有激进的法律攻势，所有这些使商界认为，不仅是游戏本身改变了，游戏规则也改变了。"天然公正"成为商界讨论的热点词汇，而 Vedio Ezy 音像公司案则成了助推剂。"天然公正"，即被给予阐述自己观点（为自己辩护）的公平权力，以及在"受审"时免受偏见与歧视，是澳大利亚商业理事会在公开场合用的词汇，但是在私下里，则称之为"讹诈"。

随着商界自己的公共关系机器开始全力发动以与菲尔斯在媒体战中进行角逐，代表商界利益的媒体评论员们对菲尔斯的批评也开始升级。当费恩法官在 1999 年的电力案中质疑菲尔斯的媒体手段，并将其比作"公众剧院"时，这些话立即在商界广为传诵，并且记者们也全都拿到了拷贝。

尽管如此，对于菲尔斯直接公开的批评还是不多。商界意识到，直接向消费者的卫士公开宣战是得不偿失的。唐·阿尔戈斯（曾任澳大利亚国民银行首席执行官，后来成为必和必拓和布兰博集团董事长）可以代表这种措辞谨慎的态度。他说："我对于《商业行为法》没有任何意见，而仅仅是对该法被解释的方式有异议。"

在幕后，则是一个完全不同的场景。作为大企业的代言人，澳大利亚商业理事会召开的会议成为对 ACCC"暴政"的控诉大会。商品和服务税的实施只是一个最近的事件。零售商们好像永远在与监管者在从收购到广告的一系列问题上进行着斗争。澳洲高斯基公司指责 ACCC 采用的是"先起诉，再谈判"的执法模式。石油公司则对连锁经营问题以及对它们那宏大的炼油公司的集中计划的失败愤怒不已。如，ACCC 在加德士公司与澳大利亚司机石油公司的企业集中计划中强制分离了独立运营商，尽管美孚石油公司和壳牌公司的集中交易最终因为全球公司的压力而取消。银行对信用卡的改革怀恨在心。像先锋公司等大公司还与 ACCC 有过严重的正面对抗经历（先锋公司现任总监，约翰·舒伯特，曾任商业理事会主席）。除了在一个混凝土卡特尔案件中被处以巨额罚款之外，先锋公司还曾因为非法收购其在南昆士兰混凝土建材市场的竞争对手（A Class Blocks 公司以及 Q Blox 公司）被处以 500 万澳元的罚款。那是首次因违反企业集中法而进行的罚款处罚，先锋公司同时还承诺其未来在考虑收购交易之前，一定会通知 ACCC。

"其中的敌意显而易见。"一个出席当时会议的商业理事会成员回忆道。商界领袖们还在度假屋举行的晚宴上向霍华德总理私下诉苦。此外，在他们能够跟任何部长咬耳朵的时候，他们都会老调重弹。

具有特别意义的是，霍华德总理在 2000 年 11 月举行的澳洲商业与工业协会的年度晚宴上，对菲尔斯和税务专员迈克尔·卡莫迪在商品和服务税实施过程中的成就予以赞扬。那时菲尔斯在商品和服务税实施中的角色已经逐渐在商界记忆中褪色，而卡莫迪则正因为（税务部门设计的）繁复的季度商品和服务税商业活动报表而成为商界的靶子。但是，霍华德在其他场合也给过菲尔斯一些敲打。菲尔斯"对所有的问题都有自己的观点"，霍华德曾经在一个广播访谈中这样说道。

2001 年初，在商界人士嘴边的话题都是关于 Vedio Ezy 音像公司案、"天然公正"的问题，还有那些失败的企业集中计划，包括 Australis 与福斯公司合并案、股票市场和期货市场合并案、AAPT 与澳都斯公司合并案、涂料市场 Taubmans 与 Wattyl 合并案，以及将炼油公司由四个减至两个的计划。当《商界评论周刊》向菲尔斯展示这个失败的企业集中的名单时，他的回答是："我对此没有任何遗憾。"

企业集中的问题使得商业理事会开创出针对 ACCC 的另一套进攻套路，即 ACCC 的行为会将澳大利亚变成一个"分支公司式经济体"。对于在全球化的世界里，澳大利亚会沦为"分支公司式经济体"的担心已经存在多年了。之前的担心通常是，跨国公司的总部会直接控制其澳洲分公司的经营政策。商业理事会将这个担心转换成一个新的变种，声称如果澳洲分公司被严格的企业集中法和税法限制，而不能进行本土的"规模经营"，那么就可能被迫迁到海外。"公司的海外移民"一下子成了热点名词。

"害怕成为一个（只有）分支公司的国家"是《周末澳大利亚人》在 2001 年 2 月 10 日一期头版头条的醒目标题。"商界领袖们准备向霍华德政府提出事关澳洲企业未来生存的最终问题：如何让我们最好的公司能够留在国内，而使我国避免成为新西兰式的分支公司经济体？"该报的国际编辑保罗·凯利这样写道。

凯利的文章不是空穴来风。商业理事会在其昆士兰的库伦的年会举办之前，就将主要情况通报给了他。凯利列举了商业理事会在年会上的四个重要议题——ACCC、税务、人口，以及国内资本市场。所有这四个议题，特别是 ACCC，都被精心包装在"分支公司式经济体"的概念之中。"我觉得这是主要的澳洲公司现在所面对的最为重大的问题。"凯利这样引用了斯坦·沃里斯（安保集团主席，商业理事会前任主席，曾经主持过 1997 年对澳洲金融制度的调查）的话。"在以后的 5 到 10 年之间，会有数十家公司迁移至海外。"沃里斯说。"政府需要现在就来解决这个问题，因为事态的发展会比我们的政治家们所能理解的要快得多。"

据说，商业理事会的首席执行官大卫·帕金翰曾经要求"分支公司式经济体"问题应该作为国家的首要大事而得到关注。凯利还将大型房地产开发商 Lend Lease 公司、必和必拓、安保集团、先锋公司、布兰博公司以及澳大利亚国民银行列为已经迁移了公司总部，或者正在考虑在海外上市的主要公司集团。

关于"分支公司式经济体"的讨论一下子就占据了报刊头版头条的位置。这是商业理事会运用的聪明手段，不只是对公司迁移海外表示担心，更是将关注点放在了加强国内经济基础上。该论点指出要对艾伦·菲尔斯和他的 ACCC 加以限制。为了避免在国际竞争中败北，澳洲公司需要"规模"来维持在本土的成长，并且使它们能够在国际舞台上有效竞争。国内的企业集中（甚至包括"国家级

航母型企业"）可能是必要的，以便与国际巨头们竞争。而这就是
"企业集中标准"的争议，即是允许所有不会导致"市场支配地位"
的企业集中，还是采取"显著削弱竞争"的标准。这是在差不多10
年之前商界就输给了菲尔斯的一场论战。

但是，关于"分支公司式经济体"的论点却有些虚张声势。当
然了，大型企业对国际税务的比较还有其他对公司扩张的限制一直
很关注。有一些甚至认为企业集中的标准可以走回头路，但是抱有
这种幻想的人并不多。该论点的核心在于为企业巨头们解决一个他
们真正关心的问题——艾伦·菲尔斯和他那进攻型的执法模式。那
个关于"分支公司式经济体"的故事将公司从澳大利亚迁离的部分
责任推到了菲尔斯的身上。

对商业理事会来说，这是一个可以方便其会员用来攻击菲尔斯
和 ACCC 冠冕堂皇的理由，而不必担心被别人指控为利益冲突。比
如，当约翰·舒伯特（先锋公司现任总监，曾任商业理事会主席）
批评菲尔斯时，很可能避免不了媒体质疑他是否在为先锋公司受到
的监管处罚而报一箭之仇。但是，"分支公司式经济体"这个论点给
了他和其他商业理事会会员一个比狭隘的商业利益更为高尚的口号：
为了澳大利亚企业的未来。

2 月 20 日，在昆士兰库伦举行的商业理事会年会上，新的战略
由其媒体公告"让我们大家一起来振兴澳大利亚"揭示。在具体阐
述了信息时代的转变、教育与培训、温室气体排放、取消对澳洲公
司的海外扩张在税务方面的不利规定，以及拥有"一个与国际趋势
相符的监管制度"之后，商业理事会说："本论坛意识到，现行的
《商业行为法》是在 70 年代初期的非常艰难的日子里成形的，而没
有考虑到国际趋势，所以需要进行现代化的改进，以确保澳洲公司
能够更好地竞争。"

这是商业理事会要争取对菲尔斯的工作和他所执行的《商业行
为法》进行全面评估的第一次公开发力，当然菲尔斯的名字并没有
被公开提及。即使商业理事会相信其新的"振兴澳洲"战略会在税

务、教育和信息时代转变等多方面激发讨论，媒体还是很快地找到了真正的战略中心——企业集中法规和 ACCC。在库伦会议结束几天之后，第九频道的《商业周日》栏目对舒伯特进行了采访，记者阿里·摩尔针对"为了避免成为'分支公司式经济体'，而需要改变企业集中的法律"这个论点，提出了一系列尖锐的问题。

> 摩尔：如果我们审视竞争法、竞争法的相关决定，或者 ACCC 的决定，到底有什么证据来证明这些是强迫澳洲公司迁移海外的原因？
>
> 舒伯特：我觉得，在许多情况下，此类证据并不在公众视线内。我觉得在许多情况下，是那些潜在的企业集中，那些可能的（而最终没有发生的）收购，因为企业认为整个企业集中过程太长，并且具有太多的不确定性。
>
> 摩尔：但是，与此同时，近年来，ACCC 批准了钢铁行业的集中、澳大利亚国民银行对 MLC 的收购、力拓公司对 North 公司的收购。最近 3 年里，在他们审查的 500 个交易中，仅有大约 25 个交易被否决了。
>
> 舒伯特：这是事实。有一定数量的交易的确得以进行。但是，你知道，有一些潜在的交易没有进入公众视线，或者可能没有施行。

接下来，舒伯特开始谈论其他因素，比如公司需要足够大，才能够吸引大型国际资金的目光。没有大型投资的关注，澳洲公司的股价就会被低估。但是，摩尔想做的是将话题拉回问题的焦点。

> 摩尔：但是，你的确说过，有证据表明（虽然通常不在公众视线内），竞争法在迫使澳洲公司迁移海外？
>
> 舒伯特：我觉得，那是其中的原因之一。并且我认为，由于澳大利亚的规模和地理位置，我们必须做任何我们能做的事，来帮助公司留在澳大利亚，并且在澳洲市场内能够越强越好。

　　摩尔：削弱现行的企业集中法律对公共利益有什么帮助吗？

　　舒伯特：嗯，我觉得这里有一个明显的权衡问题。在一方面，拥有一部强劲有力的竞争法当然是好的；另一方面，你知道，需要有大型的澳洲公司能够在澳洲市场内举足轻重——同时重要的是，要在澳洲之外的市场一显身手。[①]

　　摩尔在采访了舒伯特之后，很快就采访了菲尔斯。"大企业是不是在针对你个人进行攻击？"她敏感地发问。"哦，那里可能有一点对人不对事，但是这在实质上并没有什么影响。"他说。"这通常是它们在并没有什么特别有理的立场时的表现。"菲尔斯接下来列举了一系列 ACCC 批准的企业集中。（这是在面对日趋激烈的攻击下，他通常的应对策略之一。）在此前的 5 年中，ACCC 仅仅完全否决了 1108 个并购案中的 13 个，此外还有 28 个交易以并购各方给予附加承诺的方式得到了通过。

　　重要的是，在最近 10 年中，委员会（ACCC 以及其前身商业行为委员会）没有反对任何在进口竞争或者潜在的进口竞争中有着重要意义的企业集中，菲尔斯在 2001 年 4 月悉尼学院全球化会议上这样总结道。菲尔斯举的例子包括，必和必拓对新西兰钢铁公司以及其后对 Tubemakers 公司的收购、包装公司阿姆科集团对澳大利亚制浆造纸厂联合公司的收购（后被阿姆科分割）、Email 公司对 South-corp 公司的收购，以及力拓公司对 North 公司的收购。在 2001 年以交易总金额排名的前 10 位的企业集中案中，ACCC 没有反对任何一个，包括澳洲联邦银行对 Colonial 公司以及力拓公司对科马尔克氧化铝厂的收购要约。但是，财政部长科斯特洛却以与竞争法无关的国家利益的理由阻止了壳牌公司收购伍德赛德能源公司。

　　以他那一贯的绝不怯阵的作风，菲尔斯开始了与商业理事会的论战。"对 ACCC 持续的敌意攻击让人不禁质疑这样做的目的。"他

---

　　① 此处引用得到了第九频道的《商业周日》栏目的准许。

这样告诉悉尼学院的听众。"难道那些攻击者们想要的是肆无忌惮地建立垄断的权力，这样他们就可以主导市场，然后通过涨价来取得更大的利益吗？那样做可能会得到股东们的欢呼，但是这样的欢呼却不大会来自消费者，或者那些必须从垄断公司进货的商家。"

菲尔斯对商业理事会的论点进行了有力的反击。"如果我们最执著的批评者——商业理事会，对提升大型澳洲公司的国际竞争力真的很关注的话，那么其就应该承认竞争所带来的好处。如果澳洲的大公司必须从垄断的供应商那里取得原料，通过一个垄断的运输公司出口，或者通过一个垄断的银行贷款的话，那么它们怎么才能具有国际竞争力呢？还有，消费者的利益怎么办？如果我们在澳大利亚没有控制企业集中的法律，所有消费者将可能需要去（通过收购合并而成为唯一的）'伍尔科尔斯'超市购物，在'美孚壳牌'买汽油，从'卡尔顿狮牌'买啤酒。这种垄断当然意味着竞争的消除。"

商业理事会将这视作菲尔斯对商界的又一次讨伐。私下里，一些商界领袖曾经试图向菲尔斯表示，争取对 ACCC 的评估可能是有理由的，但是这不是针对他个人的。

关于"分支公司式经济体"的争议在一年之后出现了一个有趣的注脚。在一个于 2002 年 2 月发布的少有人知的报告中，生产力委员会对澳洲公司的海外投资进行了调查。在所调查的 201 家公司中，只有 4 家已经将其核心总部的功能迁移海外，同时还有 4 家在考虑这样做。（但是，这 8 家都是相对较大的公司，总计在澳大利亚雇佣了约 3.5 万人。）据这些公司说，"进入世界市场的便利"是决定公司总部地理位置的最为重要的原因。拉近与股东和新的投资者之间的距离是第二大原因。在所有的受政府控制的因素之中，澳洲税务制度和国外的税务环境（即更低的税率）是最重要的，但是都没有"进入世界市场的便利"因素重要。据生产力委员会的报告，在那 4 个考虑迁移总部的公司中，澳洲税务政策在所有的商业和政府相关因素中是最为重要的。

针对国内的经济增长问题，生产力委员会报告说，受调查的公司认为税收政策和劳务市场政策是限制它们发展的两个最重要的政府监管因素。"总体来说，澳洲的企业集中法律并不被受调查者普遍看作是限制国内经济发展的一个特别主要的因素。"调查指出。"但是，对于那些积极迁移总部的公司来说，澳洲的企业集中法律则被看作是限制公司本身发展的最主要的因素，位列税收政策和劳务市场政策之前。同时，相对于一般的公司，那些积极在海外投资的公司更会将澳洲的企业集中法律看作限制国内经济发展的主要因素。"

商业理事会在库伦会议之后的数周之内，专程到堪培拉将其"振兴伟大的澳大利亚"的新战略呈递给总理霍华德和反对党领袖金·比兹雷。这个对"分支公司式经济体"的恐惧背后的真正原因进行独立分析的结果，即与市场和投资者的接近度并不被人所知，或可能不需要被人所知。此类对于政党领袖们的谏言并无什么异常之处，但是2001年是大选之年，而商业理事会对霍华德强力谏言的目的就是要对《商业行为法》进行一次评估调查。

令人奇怪的是，商业理事会与霍华德之间的会议没有被记录在政府与商界交流的正式档案中。总理办公室说，没有任何这样的会议记录，但是霍华德自己却记得那次会议。商业理事会最初也说其找不到任何记录，但是后来还是承认了会议的存在。一个可能的原因是，那次会议是通过电话安排的，但是就如一个商业理事会会员指出的，该理事会并不想将其与堪培拉权力机器之间的联系公之于众。

在霍华德议会办公室对面的内阁会议室中，约翰·舒伯特（先锋公司现任总监，商业理事会前任主席）和大卫·帕金翰（商业理事会现任首席执行官）与霍华德、霍华德办公室主任亚瑟·西诺迪诺斯以及其他官员见了面。当你得到向总理面陈的机会时，直截了当是关键。在商业理事会高层内部流传的关于此会内容的版本是，约翰·舒伯特和大卫·帕金翰以"分支公司式经济体"的论点为基础，然后具体将重点放在了菲尔斯的ACCC上。据说，这两位把商界在"天然公正"上的愤怒，以及对在商品和服务税实施中 Vedio Ezy 音像公司和大卫琼斯百货公司所受所感的不满一股脑地倾诉出来。

约翰·舒伯特和大卫·帕金翰说，商业理事会希望对 ACCC 和《商业行为法》进行一次评估审查，特别是其对企业集中的态度。"规模"是关键问题。两人向霍华德举出了实例。他们提及了石油行业。英国石油公司与加德士公司在炼油方面的集中失败了。而在这之前，壳牌和美孚之间一个类似的规划也在其各自全球股东的压力下被迫放弃了。这两位商业理事会的代表特别强调了无法得到快速的决定对企业的影响。他们指出，通过证明企业集中带来的公共利益会大于反竞争的影响而为集中申请特别授权，所费的财力和时间成本都很高昂。

当两人抱怨 ACCC 的行政程序时，他们措辞谨慎，并没有专门针对菲尔斯。但是，在涉及 ACCC 具体的措施时，其所指责的"天然公正"的缺失就倾向于个人攻击了。

商业理事会的会员们得到的消息是，霍华德在会议中甚至承诺，他会对 ACCC 的行政工作进行一个紧急的调查评估。如果这个消息是真的，那么霍华德所做的是一个大胆的举动，因为 ACCC 的直接上级——财政部长彼得·科斯特洛，当时并不在场，也没有被咨询。但是无论如何，霍华德是总理。

当商业理事会的代表们离开会议时，他们以为很快就会有一个内部的政府调查。但是，没有任何后续的反应。几个月就这样过去了。然后，在 10 月的大选临近之时，商业理事会突然吃惊地看到了一个联合政府发布的政策宣言，承诺要对《商业行为法》和其行政执法机构进行调查评估。更有甚者，政策宣言中一些关于调查的提议语言竟然和六个月之前该理事会代表与霍华德的面谈内容如出一辙。

这个在大选前公布的政策宣言说，道森调查会对《商业行为法》和其行政执法机构进行调查，评估其是否能够"继续鼓励培育一个经济环境，使得澳大利亚可以不断发展，在国际上有力竞争"。这就是商业理事会那个关于"规模"的论点，即指责 ACCC 阻止了可以让公司扩展规模以更有力地参与国际竞争的企业集中。商业理事会将这个关于对 ACCC 进行调查的政策承诺理解为霍华德发出的明确信息："我听到了你们说的话，并且我已经在给予你们所要求的。"

此外，该政策宣言所披上的"保护小企业"的外衣还让小企业们惊异不已。"小企业的代表认为，现在需要对竞争法律进行一个更广意义上的调查评估。"联合政府为选举而制作的政策宣言上这样说。小企业们当然说过这样的话。澳大利亚全国食品零售商协会——那些小生意人——连同澳洲小型企业理事会一直都在尽力争取一个调查。但是，代表小企业的游说组织的主要要求包括以下两项：对第 46 章（滥用市场力）重新审议；增加新的条款，以阻止对小型竞争者的蚕食性收购（澳大利亚全国食品零售商协会声称科尔斯公司和伍尔沃斯公司就是以这种方式逐渐取得了零售业中的市场支配地位）。

如果任何人认为小型企业所竭力争取的是保障公司可以"成长扩张，以参与国际竞争"的权利，那就太可笑了。恰恰相反，小企业要的是对企业（特别是零售行业）的集中加以控制。但是，现在的状况却是，这个将要进行的调查有着"保障规模，以利于国际竞争"的目的，但却被置于一个"帮助小企业"的包装之下。其中的玄机在于，对于联合政府来说，支持小企业一直是政治上受欢迎的举动，同时政府也不想让自己显得是在企业巨头的压力下对消费者的保护神开火。

霍华德承诺的这个调查还给了商业理事会和其他反对菲尔斯的商界说客另一个胜利。该调查被授权确保 ACCC 和其行政运作"公平对待每个公司的事务"。但是，其中还有一点不会让商业理事会高兴的，对小型企业有利的部分——该调查会考虑如何提供"适当的保护，以在小企业和大企业间平衡权力"。这一部分试图回应的是小企业一直以来的担心，即认为《商业行为法》中现有的市场力量和企业集中条款没有给予小企业足够的保护以面对大企业的侵蚀掠夺。

霍华德政府在争取这个调查时，将"会给小企业带来的利益"作为一个重要的理由而充分利用。还特别强调了任命科特·兰德尔为三个调查委员之一。该调查委员会将以高等法院前法官达里尔·道森爵士为主席。兰德尔在小企业界有着多年的声望，并且政府指出他是三位委员中唯一一个来自商界的人士。第三个委员是吉利安·西高（澳洲证券与投资委员会副主席）。在调查范围上，菲尔斯也取得了一个小胜利。该调查将不会包括对以往案子的功过是非的重新评价。这就意味着在商品和服务税实施中处理的那些敏感案子（如 Vedio Ezy 音像公司案）不会死而复生。

当霍华德揭开道森调查的序幕时，菲尔斯和 ACCC 还需要应对来自另一个方面——联邦议会——的质疑声。众议院经济、金融和公共管理常委会主席——维多利亚自由党大卫·霍克尔，一般会在其对 ACCC 工作的年度检查中，给予这个竞争监管者一个直来直去的审视和评价。而年度调查评价则从 1997 年的积极正面转变成了2001 年的批评指责。举例来说，1997 年的调查评价包括了消费者权益提倡者路易斯·斯尔万的观点，认为 ACCC "非常具有效力"，"ACCC 的重要特点之一是其不放空炮的办实事风格，而时刻准备启动程序，告诉企业界，'你们需要进步，并且进步要快'。ACCC，雷厉风行，言必行，行必果。"

其后，1998 年的调查评价指出了两个有争议的问题：在失败的福斯付费电视公司与 Australis 的集中交易中对 Gilbert & Tobin 的律师费用安排，以及燃气公司 Santos 为之前的冲突而对菲尔斯和 ACCC 频频进行的批评。"近来，对 ACCC 多个方面的活动的各种批评似乎屡次出现。"那年的报告写道。"同时，随着 ACCC 管辖领域的不断扩张，还增加了摩擦——ACCC 本身也承认这点。这些担心在 ACCC 监管的企业集中领域尤其突出。"大卫·霍克尔的常委会还罗列了一些其他的投诉，认为 ACCC "具有根据其对最佳竞争结果的看法来改变市场的倾向"。ACCC 同时作为多个行业政策的制定者的角色也引发了企业界的不满。其他的投诉则多是针对 ACCC 的媒体运用的，指责其"缺乏客观性，可能夸张或者扭曲官方政策"，同时还不情愿承认其在行动或信息上的错误。

2001 年 9 月，大卫·霍克尔的常委会给予了 ACCC 其最为严厉的批评，报告的题目是"相互竞争的利益：是否有个平衡？"，而常委会给出的答案本身就是一个平衡体。一方面，其认为 ACCC 是"一个执法有效的监管机构"，正如在商品和服务税实施过程中所证实的。但是另一方面，其认为 ACCC 正因为重拳执法方式而面临不断增强的批评声。"而对行动的批评声，所表达的态度却是不以为然的。"该报告作出了这样的结论。

在具体的建议内容方面，霍克尔的常委会再次取得了平衡。一方面，其支持了菲尔斯关于对"核心卡特尔"的参与者处以刑事处罚的建议；另一方面，却给了政府一个警告，认为不应该赋予 ACCC 更多新的权力。霍克尔的常委会所涉及的正是菲尔斯的 ACCC 的敏感问题：现在 ACCC 是否同时充当检察官、法官和陪审团，并且在其多个角色中面对着利益冲突？要将未来有关竞争和行业监管的新的职责交给早已身负重担的 ACCC，还是交给新成立的机构？

霍克尔常委会的平衡评价方式反映了在 2001 年开始逐渐出现的关于对 ACCC 和菲尔斯的一些疑问，在道森调查和政府的看法中也开始出现这种趋势。ACCC 的行为是不是有些过了？而当其同时行使定价权、竞争执法权和消费者保护权时，是否累积掌控了太多可能相互冲突的权力？

但是，霍克尔常委会发现，商界并不准备在公开场合批评菲尔斯或者 ACCC。所以，其主要依仗的批评者代表是纽卡斯尔大学（University of Newcastle）商法教授沃伦·潘吉利。潘吉利教授在 1975～1982 年曾是商业行为委员会的首任委员之一，后来曾担任的近律师行主管商业行为的资深合伙人。

他可能是学术界中针对 ACCC 最为激烈的批评者。潘吉利向霍克尔常委会详细阐述了其在 2001 年所发表的长达 55 页的《澳大利亚竞争法规：关于编织一个蜘蛛网的讨论》中的许多内容。正如标题所指，这是向菲尔斯执掌的 ACCC 执法措施的猛烈开火。表明自己在多个 ACCC 处理的案子（包括失败的 Taubmans 与 Wattyl 涂料企业并购交易）中的角色后，潘吉利痛批了 ACCC 的手握重权，包括行政监管上的强势"大腿扭胳膊"、在罚款谈判中的加码、将 ACCC 自身看法假称为"法律"，以及对媒体的利用。

在列数了 ACCC 的职权从其传统的竞争和消费者保护领域发展到涵盖仲裁和在许多公共事业设施中的定价权力，以及其暂时性的商品和服务税的执法权之后，潘吉利说："在许多方面，ACCC 拥有着检察官、法官、陪审团、（甚至还有许多人相信的）行刑人等多重角色。其就像一个蜘蛛那样，占据在竞争网络的中心，并且那不断扩张的蛛网的大部分还是其自己编织的。"

霍克尔常委会调查了一些潘吉利对菲尔斯和 ACCC 的指控。这些批评是否公平呢？霍克尔常委会从 ACCC 那里得到的答复是，该等批评没有真实的基础。那么又如何解释一些商业行为律师对潘吉利的批评观点"没有意见"呢？ACCC 对此的解释是，那些都是代表企业巨头们的律师。

就在那个时候，菲尔斯对潘吉利教授表达了"祝贺"，因为他发现了 ACCC 在其发布的一个关于商品和服务税的媒体公告中出现的一个失误——声称其可以对那些没有将税制改革带来的省钱的好处传递给消费者的行为处以高达 1000 万澳元的罚款。ACCC 当然没有直接进行此类处罚的权力，而必须通过向法庭申请的程序。菲尔斯回答道："我想不起来在最近 10 年中，有任何 ACCC 的人说过，我们可以对人处以罚款，除了潘吉利教授发现的那次——而此人似乎花了一生的时间，给 ACCC 找错儿——他经过努力成功了。所以，我要为此'祝贺'他。是的，我们那次的确出错了，不应该那么说。"

菲尔斯可能应该措辞更加谨慎一些。尽管霍克尔常委会接受了那次失误是 ACCC 发生的"偶然性的、不经意的"和"不具代表性的"错误。可是，"ACCC 主席对此的反应似乎昭示着一种不接受批

评的态度，即便是有事实基础的批评。"该调查指出。"常委会所担
心的是，是否还有其他一些有依据的关于 ACCC 的问题也同样不受
重视呢？"

*　　*　　*

到 2001 年底，商界批评者们仿佛已经丢掉了任何曾有的禁忌。
商品和服务税、道森调查，以及 ACCC 持续的积极执法（包括时而
进行的如对加德士公司的突击搜查那样的重拳出击），所有这些的叠
加累积效应使得 ACCC 和菲尔斯成了暴露的靶子。

狄克·沃博顿，作为加德士公司和大卫琼斯百货公司的主席，
将菲尔斯的执法模式贴上了"不公平、不公正、不道德"的标签。
澳洲联邦银行首席执行官大卫·莫瑞指责 ACCC 有"虚假和误导的
行为"。澳航首席执行官杰夫·狄克逊则控诉说，菲尔斯有着能够确
保他对企业涉嫌违规行为所发表的言论被广泛报道的"特殊技能"。
伍尔沃斯公司首席执行官罗杰·库百特对 ACCC 的评价则是，"对任
何事都无须负责"。

如果对所有这些批评言论进行分析，就会发现其中的一个共同
点：他们都曾在 ACCC 那里受到过挫折。ACCC 曾经强制要求加德士
公司在与澳大利亚司机石油公司的企业集中交易完成时剥离出加油
站，以保证市场上存在独立运营商。澳洲联邦银行亲身体会了信用
卡的改革对其造成的影响，同时 ACCC 还起诉了该行在一笔黄金海
岸单位贷款上的"违背良知的行为"。澳航与 ACCC 的关系有起有
落，ACCC 曾否决了该公司购买 Hazleton 航空公司的方案。由于在阿
德莱德航线上阻碍新进入者维珍航空公司的行为，澳航被 ACCC 起
诉滥用市场力量。伍尔沃斯公司曾经参与过关于商品和服务税的战
斗，还面临 ACCC 对其烈酒营销的调查。

无论他们这些挫折经历是否会降低他们作为批评者的可信度，
媒体得到了一顿大餐。惯于唱反调的格里·哈维的评论最为生

动——其中包括仇恨的渲染，还有与纳粹德国的比较。其诱因——当菲尔斯于 2003 年离职时，这也引发了哈维的极其猛烈而野蛮的反击——是 ACCC 对澳大利亚零售业巨头哈维诺·曼涉嫌进行"钓鱼广告"而开展的调查。该公司针对 ACCC 的调查进行了法院起诉，但后来又撤诉了。当调查暴露在公众视野中后，菲尔斯却可以由此指出哈维发动媒体攻势一个可能的动机。"现在公众可以更好地理解他对于 ACCC 批评的背景了。"菲尔斯说。（哈维与菲尔斯之间的争斗在菲尔斯离任时，升级到野蛮的个人攻击程度。当时，有报纸文章报道了菲尔斯家庭在哈维集团商店中的购物记录。而此等购物记录的细节只能来自该公司的内部记录，将其公之于众涉及侵犯隐私的问题。）

对于道森调查和来自商界的批评，菲尔斯的另一种回应则是将这看作 ACCC 在尽职尽责工作的证据。批评和争议由此从政治幕后转至公众视野，这种结果也使菲尔斯拍手称快。菲尔斯之前根本不知道商业理事会在幕后对总理霍华德的游说。

面对批评的声浪，菲尔斯的政界上司们再次在支持他还是支持他的批评者之间左右摇摆。例如，财政部长科斯特洛可以从称赞菲尔斯和其继任者格兰姆·萨缪尔是他在竞争政策上仅有的支持者——"在那群人之外，没有什么太多的政治支持"——转到就菲尔斯的媒体运用进行批评，而与商界站在同一战壕。

总理霍华德采取的方式，是将对菲尔斯的赞扬与对他具体工作中出现的错误（和"过分的地方"）进行的批评相结合。2002 年 8 月，当对加德士公司突击搜查中的失误使得商界的反对声浪达到高潮时，霍华德是这样对菲尔斯进行支持的——以下是霍华德与尼尔·米歇尔在广播节目 Radio 3AW 进行的一个访谈内容记录。

米歇尔：艾伦·菲尔斯现在有点麻烦了，不是吗？

霍华德：是啊，可以理解，但是我觉得，本质上他的行为是为了公众的利益。

米歇尔：他有你的支持吗？

霍华德：他当然有。我们重新任命了他。

米歇尔：为什么那些人都在攻击他？

霍华德：公平游戏。他可以自己照顾自己。我的意思是，一直以来，都有人攻击我，（所以）我觉得……我认为这没有什么问题，并且他是个大孩子，可以自己照顾自己。可能有的时候，他的工作会出错，或者有过分的地方，但是本质上，我认为他的工作是好的。

米歇尔：你可以想起来他出错的时候吗？

霍华德：嗯，我说这些之前，应该先跟他讨论一下。[1]

在当时，菲尔斯与联合政府的关系起伏已经整整进行了一个轮回。在霍华德刚刚组阁的 1996 年，菲尔斯被怀疑的目光视作工党安插的代理人。作为反对党的议员，科斯特洛曾经告诉菲尔斯，他需要证明自己不受工会的操控。当科斯特洛担任了财政部长之后，他看到的却是多个商业领袖要求他除掉菲尔斯。奇怪的是，这甚至也是一个资深的工党部长给他的建议。

在商品和服务税成功推行与实施期间，菲尔斯的地位在联合政府眼中得到了迅猛的提升和巩固。但是，鸟尽弓藏。这并不是说，ACCC 被视作可有可无。竞争监管者一直被当作有效的投诉收容箱，政府官员可以对选民说："谢谢你提出这个问题，我会让菲尔斯和 ACCC 知道。"更重要的是，ACCC 已经成为政府继续推行的微观经济改革的一个关键组成部分。从其在 90 年代初期扮演的卡特尔打击者的重要角色开始，ACCC 已经在交通、能源、通信等多个领域的改革中显露身手。从那个角度来看，政府对于 ACCC 这个机构的需要可能比任何一个时期更为强烈。

但是，那将是一个没有菲尔斯的 ACCC。正如科斯特洛在缩短菲

---

① 引用自 3AW, Southern Cross Radio Pty Ltd。

尔斯的连任期限时指出的，政府开始担心菲尔斯那不断增长的权力。所以，在 2002 年中，当菲尔斯告诉科斯特洛，他将接受澳新政府学院（该校由十所大学和五个政府联合发起组成）的首任校长的岗位时，所得到的回应并不包括一再的挽留。

菲尔斯已经就这个职位受邀有一段时间了。2002 年初的一个晚上，当他与伊莎贝尔一起在墨尔本观看《理查德三世》演出时，菲尔斯与特里·莫兰（时任维多利亚政府内阁秘书）交谈了起来。莫兰向他提起了这个新学校，并且问他是否愿意管理它。这个主意对菲尔斯很有吸引力，对伊莎贝尔也是一样。她说，让艾伦重归学术界是她的一个梦想。有意思的是，如果科斯特洛最初将他的连任期定为 5 年的话，那他就会和这个工作失之交臂了。因为 5 年的连任会将他锁在 ACCC 的位置上直至 2005 年，而那时他就 63 岁了，可能就此退休。现在，廉颇未老，一个在学术界继续冲锋陷阵的机会摆在了眼前。

这个新的事业机会出现得正是时候。在公众面前，菲尔斯对来自商界的批评声浪的增长处之泰然。他开玩笑说，唯一一个真正伤害到他的批评者是唐纳德·布拉德曼爵士。1974 年，这位曾经极为著名的板球运动员（当时的职业身份是股票券商）引起了菲尔斯的正当化价格合议庭的注意。"我是以一个监管者的身份认识他的，而我曾经是多么想让他能因为我是一个出色的板球少年选手而关注我——我对此有点伤心失望。"但是，在显示给公众的坚强淡定之外，此类批评对菲尔斯还是造成了一定的压力。"我没有被企业巨头们的攻击吓倒，因为我觉得我得到了公众舆论的强大支持。"他说。"如果企业巨头们在攻击你，那么公众基本上会认可你。"但是，他对他与商界的关系发展到如此地步也表示了遗憾。

与此同时，在 ACCC 内部，菲尔斯的工作量也在不断增加。在艾伦·艾舍尔于 2000 年离开之后，科斯特洛没有重新任命一个副主席来接替艾舍尔的工作。最初，菲尔斯对此没有怎么担心，但是随着时间的不断推移，而迟迟没有继任者出现时，他开始越来越感觉到自己因此而增加的工作量。ACCC 的主席或副主席需要签署很多的文件，而所有这些都需要逐一审阅。

可能的人选不断被提出来，但是没有一个是成功的。尽管法律要求至少有一个 ACCC 的委员需要有消费者保护的背景，但是科斯特洛并不希望艾舍尔的继任者会像艾舍尔那样，是个不遗余力的消费者保护者。艾舍尔的狂热给政客们和商界留下了苦涩的回味，当然消费者们对此的印象完全不同。还有，科斯特洛私下里开始担心的是，菲尔斯的知名度与强势地位可能会吓退那些不愿生活在 ACCC 主席的阴影中的（副主席）候选人。

科斯特洛的确任命了两个新的委员：珍妮弗·麦克尼尔（曾任 Blake Dawson Waldron 律师事务所合伙人），以及艾德·维莱特（国家竞争理事会前任执行理事长）。但是，还是没有新的副主席。科斯特洛看起来很满意在 ACCC 内只留一个消费者的代言人——菲尔斯。

长期增加的工作量透支着体力，并且每周两至三天必须在堪培拉的日程要求使得菲尔斯经常不在家人身边。这一切使菲尔斯觉得一个在墨尔本的学术事业颇具吸引力。此外，那个时候，他的女儿伊莎贝拉正经历着精神分裂引发的症状反复。这也是促使菲尔斯更多地考虑他的家庭责任的一个原因。

至少，菲尔斯无须担心科斯特洛会跪下来求他留下来。科斯特洛对菲尔斯即将离任的消息没有作出什么剧烈的反应。他问了几个关于时间和可能造成的利益冲突的问题，然后说他会考虑考虑。

由此，霍华德政府对菲尔斯不断增长的权力的担心得到了解决。作为一个监管者，菲尔斯取得的是独一无二的成就：在执行竞争法律中的公正无私与全心全力使得他先后失掉了左右两派政党的支持。在海港码头争议和商品和服务税问题上，他失去了工党和工会的支持。然后，在与联合政府通力合作的商品和服务税的辉煌之后，他成为可被放弃的（以取悦他在商界的反对者们的）那个棋子。

在他作为澳洲"竞争沙皇"的 10 年间，"头戴皇冠，难以入

眠"这句《亨利四世》剧中的名言在他的脑海中反复回荡，我们可
以充分理解这其中的原因。最终，可能只是菲尔斯的公众形象（其
所获得的公众舆论支持）——政客和商界共同畏惧的利器——才是
多年以来为他保驾护航的关键。

第十二章

现在我们该怎么办?

有句谚语说得好,许愿之前要小心一点,因为你许的愿有可能会实现。这个想法可能在许多商界要员的脑海中出现过,特别是在考虑那个经他们在 2001 年初强烈要求,而作为总理霍华德竞选承诺之一在同年启动的对于《商业行为法》新的调查的时候。道森调查启动之初,商界的目的是,在坐视菲尔斯 10 年间权威日盛,媒体影响力越来越强之后,对菲尔斯展开全面反击。但是随着时间的推移,菲尔斯将提早离任的消息流传出来,商界的目的转变为,试图确保"菲尔斯式的文化"不会在他离任后永驻 ACCC。

无论如何,财政部长科斯特洛需要面对的首要问题是为这个调查找到一个合适的总负责人。一番踌躇之后,财政部向菲尔斯咨询了意见。菲尔斯提名的第一个人选是约翰·洛克哈特,他曾任联邦法院的法官,并且在 1982 ~ 1999 年担任澳洲竞争法庭的总法官。竞争界的人士都将其直接简称为"法庭",其职责是审查复议 ACCC 的决定。

洛克哈特收到了任命邀请,也接受了任命。但是在调查人员组建的后期,由于一个海外法院的角色引发的一些复杂原因,他必须

放弃任命。生产力委员会是另一个可能的选择，但是财政部认为其
工作方式对于该调查的需要来说可能会有些太僵化了。

生产力委员会和 ACCC 之间有些友好的竞技比拼。本质上它们
的目的是相同的，即提升监管和市场的效力，但是它们在向政府就
具体措施争相进言时，意见却常有不同。生产力委员会认为 ACCC
有时应该在监管上有所放松，以便鼓励投资。两个机构在各自主张
上各有输赢，生产力委员会赢得了在机场和港口拖运方面的监管胜
利，而菲尔斯则在《价格监督法》上取得了胜利。可是，菲尔斯认
为这两个机构间的竞争，即便友好，也会相互弱化，因为商界惯于
在二者间挑拨离间，左右逢源。

对洛克哈特任命的插曲从一个方面也强调了要选择一名法官出
任调查委员的重要性。不管怎样，政府承诺这个调查将是独立的。
菲尔斯对于调查委员会主席人选的其他提名还包括安东尼·梅森爵
士（曾任高等法院首席法官）以及达里尔·道森爵士（曾任高等法
院法官）。其中，道森刚刚完成了对维多利亚朗福特燃气爆炸事件的
御命调查，正好有时间。科特·兰德尔，一位有小企业背景的会计
师，以及吉利安·西高，一位具有商业和监管经验的律师，成为调
查委员会的另外两名成员。

在宣布这三名调查委员的任命时，财政部长科斯特洛特别指出
了他们所具有的在法律、商业和公共政策方面经验的平衡。这是无
可争议的。但是，消费者的代言人在哪里呢？《商业行为法》所创立
的 ACCC 的全称毕竟是竞争与消费者委员会啊。现在，在对这部法
律进行重新调查评估审视时，却没有一个消费者代表的声音参与
其中。

事实上，政府专门就消费者代表问题作出了决定——"没有必
要"。西高女士被描画成"具有在消费者保护方面的监管经历"，而
这被视作可以接受的替代。

道森调查的具体目标也经历了几番变化。最初的目标是对竞争
法规进行调查评估，以确保其"能够支持在澳大利亚乡村中商业的

发展"。而最后，道森调查对乡村商业的发展没有提出任何建议。

当道森深入商界问题时，所有各方都开始摩拳擦掌。成败关系重大：道森可以支持菲尔斯在 ACCC 采取的积极强势的方式，或者否定这种方式。任何一种结果都意味着，未来商界与竞争监管者之间的权力平衡将被重新洗牌。即使是对企业集中政策或者第 46 章（对公司滥用市场力量的监管）进行一些细微的修改，也可能影响到行业未来的结构以及参与者的盈亏。小企业特别将对第 46 章的改变看作能够阻止大企业（尤其是在零售业中的）掠夺性行为的最佳良方。

菲尔斯意在打草惊蛇的全面布局已经开始。早在道森调查成形之前，他就在澳洲法律改革会议发表演说，提议应该对核心卡特尔行为进行刑事处罚（即违法者可能会进监狱）。在道森调查临近之时，菲尔斯对这方面加大了力度。"在我看来，这是一个非常非常难以否定的观点——当然啦，这也让企业巨头们在整个调查的过程中感到后院起火，自顾不暇。"他说。他当时所担心的是，政府可能会因为企业高管们的极力反对而立即否定这个主张。但是，在 2002 年来临之际，随着当时的公众舆论对企业界的贪婪日益反感，菲尔斯之前的担心大可不必了。可是，为了得到更多层面的支持，菲尔斯还是建议将刑事判决的范围仅限于卡特尔中的大企业成员，而不包括小企业。但是这个想法并不成熟，因为小企业也像大企业那样，进行违法的固定价格行为。这个对小企业的免于刑事处罚的想法最后没有实施。

菲尔斯还在其他方面提高了人们的期望值。针对第 46 章，他重新提出了要以"（所造成的）结果"为标准来进行判定，并且提议授予 ACCC 发出"暂时禁止令"的权力，以便在法院对相关案件进行最终判决之前，可以采取制止滥用市场力量的临时措施。菲尔斯还提议，应该给予小企业在与大企业交易时进行"联合谈判"的权利。

重提"结果"标准是菲尔斯针对第 46 章试图进行的改革，因为该章是对制约"滥用市场力量行为"关键的但是少有使用的法条。根据具体的法律条文规定，具有实质市场力的公司不得利用该等权力，进行以消除或者损害其竞争者、阻止其他企业进入相关市场，或其他阻却竞争的行为为目的的活动。所以，ACCC 在根据该法律条款起诉某家公司损害了竞争者时，必须同时满足三个条件。第一，要证明这个公司具有"实质市场力"。第二，要证明该公司"利用"了该等权力。第三，还需要证明其进行的活动是"以消除或者损害其竞争者、阻止其他企业进入相关市场，或其他阻却竞争的行为为目的"。目的是很难被证明的。很显然，证明该公司利用该等市场力量造成了"消除竞争者的结果"，比起需要证明"消除竞争者"是该公司的目的，要容易得多。

关于是否采用"结果"标准的争议差不多已经持续了 25 年。1977 年，当时的弗雷泽政府在大企业的压力下，通过在企业集中审查中运用"支配地位"标准，以及在第 46 章中加入"目的性"的要求，削弱了《商业行为法》。

采用"结果"标准，这个主张简直是大企业的噩梦，因为这将会给予 ACCC 起诉所有形式的"滥用市场力"案件的权力。其实，ACCC 在根据第 46 章的起诉上已经取得了些值得庆幸的胜利。比如，在著名的私营昆士兰铁丝公司案件中，成功起诉了必和必拓公司拒绝向竞争者供货。尽管如此，多年以来，在 ACCC 内部还是存在着是否能够满足全部法定条件而进行成功起诉的疑虑。

当 ACCC 试图基于第 46 章进行起诉时，大部分的时候都失利了。ACCC 先后在针对建筑产品生产商 Boral、乡村报业公司和西夫韦集团的案件中败诉，因为无法完全满足第 46 章规定的各种要件。（2003 年 6 月，ACCC 赢得了西夫韦案的上诉，但该案子可能会在高等法院进行最后的申诉判决。）此外，联邦法院还判决环球唱片和华纳音乐"滥用市场力量"，但是败诉方对那个判决结果可以上诉。对在"滥用市场力量"案件中取得胜诉前所要面对的种种障碍，ACCC 的苦恼显而易见。正如诺斯罗普法官在一个案件判决中所指出的：

违反第 46 章的行为可以是多种形式的。在许多时候，一个会心的眨眼，使一个眼色，点一下头，可能比写下来的或者明确表达的言语意向更加有效。而证明这些方面的证据可能难以寻觅。

他的观点真是一语中的。第 46 章的目的是促进公平交易。其针对的或者应该针对的是小型独立商家的指控，即它们的市场份额正在被大型连锁超市通过各种手段（包括非法手段）不断侵蚀。"如果法律不禁止'具有实质市场力'的大公司利用该等权力造成损害竞争的结果，不论是通过反竞争的拒绝供货、掠夺性行为，还是利用在一个市场上的市场力量而损害另一个市场上的竞争等不同形式，那么，该部法律本身不仅仅是在经济政策方面有所欠缺，而且在实现立法的目的上也是先天不足的。"ACCC 后来这样告诉道森。

菲尔斯就第 46 章重提要以"结果"标准来进行判定，以及提议要授予 ACCC 发出"暂时禁止令"的权力，为的是影响道森调查的方向和内容，将这些事关重大的问题抛入空中，引发所有各方的关注。但是，随着调查的继续，菲尔斯也在他最为敏感的问题上承受到压力，那就是公众媒体的运用。最终，他做出了让步。

而在商业理事会那边，他们最先要回答的问题是，"我们终于得到了一直要求的调查，现在我们下一步应该具体做些什么？"商业理事会已经在企业集中方面花了大力气，宣扬他们的观点——澳洲公司在获取"规模"以参与海外竞争的过程中，因为受到了 ACCC 的企业集中和授权审批程序的阻碍而事倍功半。但是，人们很快就意识到，如果一直顺着这个思路发展下去，就会意味着争取旧的"支配地位"标准的回归，而那将会是徒劳无功的。许多商业理事会的成员对目前的标准并无异议，并且也承认菲尔斯所指出的事实，即 ACCC 仅仅否决了为数不多的几个企业集中。目前实施的"显著削弱竞争"标准并没有对企业集中造成严重的障碍，正如审批的高通过率所证实的。

那么商界就没有其他意见了吗？商业理事会决定要更多地关注菲尔斯的 ACCC 在整个审批过程中的运作处理方式。这就将聚光灯转到了 ACCC 的"授权"上面，即 ACCC 可以授权批准一个虽然减少竞争，但是能带来公共利益的交易的审批程序。该程序很复杂，也很少使用。

ACCC 对企业集中的审批或者授权批准的程序到底需要多长时间？ACCC 是怎样决定要对某个（企业集中）交易附加条件的？这些问题是在媒体中怎样显现的？所有这些问题帮助商业理事会将焦点转向了其真正的眼中钉——菲尔斯的监管方式和他对媒体的老练运用。

某些商界人士希望商业理事会采取一个强势的立场，要求将 ACCC 的竞争与消费者保护的职责完全分离开。他们担心的是，菲尔斯在维护消费者利益上的执著可能会在监管过程中伤害到企业。但是，职责分离被认为是一个太过激的步骤。当商业理事会起草向道森调查首次呈递的意见书时，占据第一位的要求成为"加强 ACCC 的管理和问责制度"。换言之，限制菲尔斯。

企业集中，这个最初要求进行调查的公开理由，则排在了第二位。但是，不管怎样，商业理事会在企业集中这个议题上还是做了很多的功课。虽然企业巨头们经常抱怨的是菲尔斯对媒体和公众舆论的使用，而实际上，ACCC 的程序和企业集中却是引发更多敌意的因由——"他们可能捉到了我们，可是他们欺负人。"除了向道森提出 ACCC 应该在否定任何一个企业集中交易时给出更加充分具体的理由之外，商业理事会还为参与企业集中的企业建议了另外一条途径，即直接去澳洲竞争法庭，其认为这样做可能会更加迅速。

对于菲尔斯就第 46 章重提要以"结果"为标准来进行判定的努力，商业理事会很是恼火。这样做会误伤到"无辜的竞争行为"——商业理事会以这个观点在整个关于第 46 章的争议中一直对 ACCC 纠缠不放。商业理事会指责道，菲尔斯的 ACCC 似乎对保护特定的竞争者比对保护竞争本身更感兴趣。"有一种风险是，如果第 46 章被用于保护竞争者，就会造成效率低下的或者竞争力弱的竞争者受到保护，而不必面对激烈的竞争，最终导致竞争全方位的降低。"

这个观点的核心是，"激烈的"竞争可能会伤害到一些处于弱势的商家，但是消费者却会从中受益。如果采用"结果"这个标准，就会保护效率低下的商家，那么消费者利益和整个经济都会遭受伤害。ACCC对此的回应是，"激烈的"竞争可能最初会使消费者受益，但是如果小商家们为此被迫撤出市场，那么商品的价钱就会立即升高。当然，其中的关键是确保"激烈的"竞争不是掠夺性行为。

商业理事会向道森提供了一些例子，用以说明如果采取"结果"这个标准，竞争将会如何受到伤害。比如说，假设一个名为"药企集团"的公司占有很大的市场份额。该公司开发了一种具有革命性疗效的新药，命名为"灵奇片"，马上就成了畅销药。"医疗公司"——一个规模较小的竞争者，一直在研发类似的药品，但是当"药企集团"的"灵奇片"已经主导市场之后，"医疗公司"就放弃了该药的研发。如果采取"结果"这个标准进行评判，那么"药企集团"就可能面临"从事反竞争行为"的指控，而事实上这家公司所做的是扩大了消费者的选择面。

令人始料不及的是，商业理事会同意了（或者说部分同意了）菲尔斯所提出的，要让参与核心固定价格共谋的企业高管进监狱的主张。这可是一个不好作的决定。商界不能在公众面前表现出其反对"让严重违法者进监狱"的态度。同时，如果商界反对监狱刑的话，就正好中了菲尔斯的计，而将整个调查的关注点转移到价格垄断上。对于商界来说，更为重要的是确保调查的讨论不偏离方向。商业理事会还期待的是，商界对企业高管监狱刑的支持，有可能会换来公众对《商业行为法》作出更加倾向商界的变更的理解。而如果商界被视作卡特尔行为的辩护者，那公众支持就无从谈起。所以，在权衡利弊后，商业理事会在这个问题上谨慎地举起了白旗，声明其会支持引入刑事处罚，"如果调查委员会认为更严厉的威慑手段是必要的"。

在其首次对道森调查呈递的文件中，商业理事会声明其支持监狱刑，前提条件是监狱刑将适用于所有违法的企业高管，不论企业规模的大小。数月之后，在其最终呈递的文件中，在其之前的立场上又有了些许的退缩。而其他的商界组织，如澳洲商会，却一直持反对立场。商业理事会在这个问题上表达的最初的支持态度是其内部在反复权衡之后所作出的谨慎决定。在其最终呈递的文件中，商业理事会重申了其对监狱刑的支持态度，前提依然是，如果道森调查认为监狱刑是一个必要的惩戒措施，但是同时还附加了一些其他的内容。包括声称商业理事会现在对菲尔斯的主张有一些"重要的保留"，认为判处监狱刑之前必须要证实商界主管有"主观故意"进行不诚实的行为，或者对造成危害的后果熟视无睹、毫不介意。

在试着弱化菲尔斯提出的监狱刑的主张后，商业理事会终于可以将精力放在其主战场上：如何削弱菲尔斯本人。其所选择的语言非常的谨慎，但是用意尖锐。在列举 ACCC 诸多"罪行"（包括利益与责任的冲突、在竞争与消费者保护方面监管理念的冲突、偏见、缺失客观性）后，商业理事会说道：

> 商业理事会不会将对于 ACCC 当前的运作方式的质疑仅仅归因于其现任主席的工作方式。虽然某些问题，特别是涉及媒体的使用方面，可能与某种特别的个性有关，但是在商业理事会呈递的文件中所提到的大部分问题都关系到 ACCC 本身的文化和行政管理问题，并不仅仅是其主席的公众形象。因此，商业理事会坚信，管理和问责问题依然存在，无论现任主席的任期如何。

原来结论如此。10 年以来，商界眼睁睁地看着艾舍尔与菲尔斯的组合对 ACCC 的执法能力不断的加强，同时在媒体的辩论中节节胜出，而这一切让商界认为 ACCC 的文化（对他们而言）已经无药可救，无论谁来当领导——ACCC 需要的是从头到脚的完全改革。

有意思的是，商界的这个"ACCC 需要全面改革的观点"并不

是在其首次对道森调查呈递的文件中加以阐述的，而是出现在其于
2002 年 10 月作出的补充呈递说明中。这个补充呈递的日子可能不是
巧合。仅在一个月之前，澳大利亚广播公司（ABC）的《澳洲故事》
揭开了菲尔斯家庭生活的面纱，在那个节目的结尾公布了一个爆炸
性的消息：菲尔斯将不会争取再次连任下一届 ACCC 主席一职，而
他当前的任期将会在 2004 年 6 月结束。

　　鉴于菲尔斯在 2000 年接受的缩短的连任任期的背景原因，他是
否会在 2004 年重新得到连任的委任，这个问题本身就是个未知数。
但是，商界并不知道这点。菲尔斯出其不意公布的消息，还有其背
后的关于是否要提前离任，而出任澳新政府学院院长职位等种种考
虑，突然之间改变了关于道森调查的整个论战。

　　《澳洲故事》节目再一次显示了菲尔斯对媒体作用的掌控能力。
当澳大利亚广播公司提出录制这个节目的建议时，他知道这个节目
会对他女儿伊莎贝拉的精神疾病表达同情的态度。菲尔斯和他的妻
子伊莎贝尔认为这个节目将是一个让伊莎贝拉的精神疾病在公众面
前坦露的好机会。菲尔斯也通过这个机会展示了他在作出重回学术
界的决定中的重要家庭原因。任何关于商界四处活动终于"将他拿
下"的建议都是不可接受的。

　　《澳洲故事》节目的确对菲尔斯的家庭生活和伊莎贝拉的精神疾
病进行了很用心的报道。菲尔斯的二女儿特丽莎在节目中透露了家
庭成员间的亲密关系，还有菲尔斯从小就爱跟两个女儿开玩笑的习
惯。伊莎贝尔这边也擅长幽默。在菲尔斯和伊莎贝尔一起录制电视
节目时，商业评论员特里·麦克兰将菲尔斯称作"媒体狂人"，伊莎
贝尔当时就给了菲尔斯当头一棒："你觉得特里是在跟你竞争吗？"
伊莎贝拉则谈到了她父亲在繁忙工作与治疗她的精神疾病之间所经
常面对的艰难抉择。"他真的可以扔下所有的事来帮助我，"她说，
"如果我出了问题，有的时候他可以放弃一个会议，而来到我身边帮
助我。"伊莎贝尔的谈话可能是这个节目中最为沉重的时刻，形容了
伊莎贝拉在发病时会坚信她的东西会被夺走，或者她会断手断脚。

在节目中，对于家庭负担大部分落在了他的妻子身上，菲尔斯表达了他的愧疚。"就个人的角度来说，我花了太多的时间在工作上，而让我内心的、情感性的家庭生活受到了影响。"伊莎贝尔接下来说道，她的"梦想"是让她的丈夫重新回到学术界："我不知道这是否是可能的。"她说，语气中似乎暗示着其可能性。

菲尔斯与该节目的出品人达成了一个协议。在播出他妻子的这段话后，最后的结尾可能会包括一段他本人在莫纳什大学校园（他在该校拥有经济和商业荣誉教授的头衔）内散步的影像。他在散步中穿着外套，戴着帽子，停下来说出了下面的话：

> 在再三考虑之后，我决定将不再争取连任 ACCC 下届主席一职。我发现，因工作而缺席家庭生活对于我的家庭来说是很艰难的。同时，我希望重新回归到学术界。在我退休前，我希望回到校园，向新一代的年轻人，其中可能包括未来公共服务中的领导者，传递一些知识和理念。

菲尔斯对于澳大利亚广播公司是否可以用这个结尾有着最终决定权。在（节目播出之前的）最后时刻，他的决定是："用。"

节目结束时，屏幕上出现了这样的字幕："这个声明意味着艾伦·菲尔斯将在他目前的任期结束时离开 ACCC。伊莎贝拉目前仍在接受住院治疗。"

菲尔斯以自己的方式进行了对 ACCC 的告别仪式。当菲尔斯将领导新建的政府学院的任命在其后公布时，没有什么评论员将这个事件理解成商界终于"拿下了他"。这当然不是说，科斯特洛给予他的缩短的连任任期（菲尔斯将这视作一个侮辱）以及商界的四处活动没有影响他的想法。但是，菲尔斯不想在媒体中出现任何这样的暗示。

绝大多数的媒体接受了"家庭原因"，并且所说的"家庭原因"都是完全真实的。但是，《澳洲财经评论》（可能因为其商界的倾向性）提出了一些更广层面的问题。在一篇标题为《为什么菲尔斯跳槽了》的文章中，寇琳·瑞恩指出，一个朋友曾经在 2001 年的选举前给了菲尔斯这个警告："艾伦，一辆火车正向你迎面开来。你得把头低下来。"瑞恩接下来列举了多个由商业巨头们领导的公开反对菲尔斯的商界活动，包括澳洲联邦银行的大卫·莫瑞、伍尔沃斯公司的罗杰·库百特、澳航的杰夫·狄克逊、加德士公司和大卫琼斯百货公司的狄克·沃博顿（他同时还是央行董事会的成员），还有商业理事会的约翰·舒伯特。"这些巨头中的每一个都跟菲尔斯有着一个或者两个冲突。"她这样说道，然后悉数了他们与 ACCC 的争斗。

《澳洲财经评论》的专栏评论员，约翰·杜瑞，则说得更加尖刻。"他把他女儿的病情作为不去争取连任的原因之一（事实上他也没有被要求连任），这种做法不太可能被公众接受，因为这样做将她暴露在了聚光灯下。"他说。但是，事实上，这次公众曝光却是有益于伊莎贝拉的，同时还带来了公众对精神分裂症更为广泛的理解。伊莎贝拉的故事在媒体中引发了对于精神疾病治疗的争论。菲尔斯和伊莎贝拉后来还发起了一个活动，为精神疾病患者能够在精神病院外接受更好的医疗服务而努力。

即便个别媒体言语尖刻，众多报刊收到的广大读者来信则是完全的另一种态度。"自从（前澳洲总督）威廉·迪恩爵士退休之后，我还从没有像上周一晚上，当艾伦·菲尔斯宣布他的退休时那样，感到如此的难过。"福克斯格兰德的朱迪斯·斯普纳在给《悉尼先驱晨报》的信中这样写道——这是一个很有代表性的公众反应。"他加入了真正的澳大利亚人的行列，为他的国家和他的家庭作出了贡献，同时在大小商家面前保护了我们的权利。祝愿退休生活快乐。对我来说，这个消息带来的唯一好处是，明天股市可能因此大涨，因为商界巨头们一定会在相互庆贺。"

但是，还是有些人对菲尔斯的退休生活表达了并不友好的态度。企业巨头格里·哈维就曾用讽刺的口气祝愿菲尔斯一切都好，然后补充说道，他会购买菲尔斯将搬进的那家养老院。"那样，我就能以他曾经对待我的方式，好好地对待他。"他说道。

　　与此同时，商界中更加严肃的头脑所关注的是如何为一个未来的、没有菲尔斯的 ACCC 划出条款界限。商业理事会向道森调查所建议的模式包括了三个新增的监督和制衡机制。第一，要有一个原则纲领，为竞争法规的执行提供一个"明确的框架"。第二，要建立一个竞争理事会，以"监控" ACCC 在执行原则纲领中的运作。第三，要任命一个"总监察"，以"就执行《商业行为法》中的系统性的问题进行监察，并提出建议"，其中也包括对媒体的运用。

　　这个建议的复杂架构似乎在商业理事会自己看来也有些底气不足，而不得不在其向道森调查呈递的文件中，专门用了一部分来辩护说明，为什么其所建议的不仅仅是"更多的官僚机构"。在商业理事会内部，对这些建议有着更深层次的批评。尽管像"任命一个总监察"这样的主张出现在其向道森调查呈递的文件中，但是这些从来都不是争取支持的重点。"这些只是一些在边边角角上的敲打。"一个商界战略分析师这样说道。"最终，真正的目的是想对 ACCC 有所控制，还有就是（虽然他们自己不想承认的），对菲尔斯有所控制。"

　　让人惊讶的是，商业理事会对其整个活动的中心问题——菲尔斯对媒体的利用——的处理显得小心翼翼。其他商界组织，在支持对 ACCC 增加管控的种种建议（包括增设理事会等）之外，在针对媒体的问题上，展开了更为猛烈的攻势。例如，澳洲工业团体要求出台一部针对使用公众媒体的"具体步骤指南"。澳洲商会的立场是最为强硬的。"ACCC 运用媒体的方式是有计划的、有攻击性的，并且以损害公司声誉为目的，这样的做法必须停止。"这个组织这样宣称，而且强烈要求对 ACCC 的媒体活动进行专门的行为规范管控。

　　道森调查缓慢地审阅了其收到的共计 212 份各方呈递的报告，其中包括 14 份保密的报告。该调查鼓励各个组织呈交保密的补充报告，这样的话，外界——包括媒体在内——就无法预料调查最终结论的可能倾向。让人惊异的是，ACCC 虽然有着一贯对媒体开放的传统，但是却也针对这些（保密）报告呈交了一系列的保密答复。

在一个名为"7B"的报告中，显而易见的是，菲尔斯已经看到了朋友早已警告过他的向他迎头开来的"火车头"，并且准备及时跳出铁轨。在"7B"报告中，菲尔斯描绘了一个更加严格的 ACCC 媒体政策计划。根据该计划，ACCC 将只会在"特殊情况下"公布调查，其中包括媒体已经发现了该调查、ACCC 在外界要求下进行调查（而同时需要保障公众的信心），或者需要寻求证人。针对法律程序的媒体公告将会"阐述事实，谨慎措辞"，而那些描述法院判决结果的媒体公告的内容将会更全面，不仅包括判决结论，还会包括 ACCC 对此的看法，以及商界和消费者应该从中获取的信息。私下里，AC-CC 与道森调查的工作人员对于"制定媒体行为准则"的话题也进行过讨论，但是没有得出什么结论。ACCC 很惊异地发现，这个论题又重新出现在道森调查最终成形的报告里。

当道森调查报告最终出炉，公之于众时，财政部长科斯特洛把那个报告扣下来了三个月之久，该报告所作出的结论就像竞争法的杂烩汤，对于各方来说，真是有好有坏，百味杂陈。首先，调查结论拒绝了在特定行业中增强监管以避免市场的过度集中的建议。小型零售商就曾经试图为阻止大型超市的侵蚀性收购而努力游说过。

"虽然 ACCC 应该对这些领域中的行为加以认真审查，但是调查委员会认为，针对特定行业的特别竞争法措施是应当避免的。"报告这样指出。"竞争法条款应该保护竞争的过程，而不是具体的竞争者。它们不应该充当与鼓励竞争无关的、仅为取得某种社会分配结果而被使用的工具，或者被用来保护那些无法承受竞争洗礼的公司。竞争政策应该区别于行业政策。"

小企业们将形容其为"无法承受竞争洗礼的公司"而被竞争政策抛弃的言论视作奇耻大辱，愤怒不已。（如果大家就事论事的话，那么）那些被关税、反倾销措施、外资管控、政府财政支持，或者乡村援助计划支持的众多公司又将作何评价呢？

道森所指出的需要区分竞争政策和行业政策的观点是正确的。但是，各届政府一直以来都惯于在特殊利益面前牺牲竞争的原则。

尽管霍华德政府现在同意道森的这个观点，可是在下一次，当报刊经销商提出要求或者是石油公司需要合并炼油业务时，到那时去看内阁成员们的反应，就有意思了。此外，在内阁考虑是要对某个行业设定特定的监管者，还是要将所有的监管职能划归 ACCC 旗下（以避免行业监管者被其监管的行业所俘获）时，道森调查的指导原则也是值得考虑的。

道森还拒绝了对企业集中的审查标准进行任何改动。"显著削弱竞争"这个评判标准被保留了下来，并且似乎是被永远锁定了。但是，ACCC 在通过其"非正式批准过程"作出决定时，将被要求提供作出决定的依据。此外，道森还提议建立一个新的、平行的、正式的"企业集中自愿申报规程"，附有一个 40 天的决定期限，同时企业还有向澳洲竞争法庭提出申诉的权利。

如果这还不算是给商界的一个大胜利的话，道森调查还提供了另一个惊喜。参与企业集中的各方，如果担心它们会违反"显著削弱竞争"这个评判标准的话，也可以"其他公共利益"为理由，直接向澳洲竞争法庭请求授权。

但是，对于消费者来说，这却不一定是什么好消息。如果企业集中会导致削弱竞争，那么消费者应该有理由要求，这样的企业集中在得到审批机关的授权之前，能够提供有弥补效用的公共利益。相比 ACCC，澳洲竞争法庭是一个更加注重法律程序规则的机构——而消费者和小企业的利益在该机构眼中并不占据首要地位。

实际上，对于企业集中的授权可以称为制造垄断的授权。在这个新的直接向澳洲竞争法庭请求授权的程序中，没有允许申诉的环节。原有的 ACCC 程序是有申诉环节的。让人诧异的是，该建议在通过道森调查和政府审议的过程中，竟然没有人发出质疑的声音。这个多轨道的企业集中申请程序可能会在未来 ACCC 的行政执法中制造许多法律上的空子。

在市场力量方面，大型企业取得了另一场胜利。道森不同意菲尔斯所提出的，针对第 46 章的"结果"评判标准，同时也否决了赋予 ACCC 在法院对相关案件进行最终判决之前发出"暂时禁止令"的权力。

但是，在市场力量条款中，道森调查也没有完全偏向大企业。道森提议，要允许小企业联合起来与大企业进行商业谈判。该条款仅限于上限为 300 万澳元的交易，其主要受益的对象将包括商店店主以及医生诊所。可是，ACCC 很快就向小企业重申，"联合谈判"的权利并不包括"联合抵制"。为了平衡其赋予商界的"胜利"，道森对菲尔斯所提出的、让核心卡特尔案件的违法者进监狱的建议表示了支持，或者说，某种程度上的支持。在竞争法律师和执法者圈子内的传言是，道森调查的三人委员会对"是否采用监狱刑"的表决是 2 比 1。道森本人投了反对票，而另外两个委员——科特·兰德尔和吉利安·西高，投的是赞成票。而最终所选择的表达支持的语言也只能说是温和的。尽管道森调查委员会承认，其被"采用监狱刑能够预防卡特尔行为"这个说法"说服了"，但是还是要求对"严重的卡特尔行为"进一步定义，并且要创造一个可行的、能够结合刑事惩罚与给予卡特尔组织中的首个告密坦白者"免罪"待遇的政策。与此同时，道森还建议提高民事处罚的力度。根据建议，未来的民事处罚额度有可能是以下三项中的最高值：(1) 1000 万澳元；(2) 非法所得的 3 倍；(3) 公司销售额的 10%。许多大型公司的销售额是数以十亿计的，这个处罚力度的震慑力的确令人警醒。

政府的反应则体现出其对于以"监狱刑作为处罚方式"这个建议是有所顾虑的。政府认为，除了要为道森所提出的问题找到解决方案之外，"任何新的刑事处罚必须是无歧视性、普适的，并且不能为商界制造很多额外的不确定性和复杂性"。为此，一个新的调查研究已经在计划中，而"刑事处罚"则可能由此在种种障碍的包围中，无法突出重围，从而使整个改革都受到影响。

奇怪的是，道森还在缺乏调查依据的基础上，提出了对《商业行为法》的一个重大的改革建议。目前的法律直接禁止某些市场行为，例如固定价格、串通投标、市场分割（即竞争者私下把市场分出楚河汉界）。这些都是"本质上的"违法行为，无论其是否造成了削弱竞争的后果。但是，道森的建议将会大大减弱法律对串通投标以及市场分割行为的管控，而且政府还接受了这个建议。根据该建议，串通投标行为之类的排他行为将接受是否会"显著削弱竞争"的评判，而不再被视为本质违法行为而被法律直接禁止。

ACCC对此建议的反应简直是又惊又怕。"这个建议将对AC-CC在制止与惩罚相互竞争的公司之间的反竞争协议方面，如在串通招投标以及市场分割等行为上，产生严重的影响，而这些行为都是直接针对购买者，而不是针对相互竞争的供应商的。"菲尔斯说道。

在某些情况下，削弱目前的直接禁止条款也是有些理由的。正如澳大利亚法律协会向道森调查呈递的报告中所指出的那样。自从1974年通过法律直接禁止上述行为之后，世界已经发生了许多变化。在现行法律之下，合资企业的行为可能会受到不公平的惩戒。此外，超市向顾客提供的购买汽油的优惠也有可能违反禁止第三线强制行为的规定（即禁止一家公司向其产品的购买者提出必须搭配购买第三方的其他产品或服务的要求）。

ACCC本身的立场是：可以有所放松，但是前提必须是保留对某些行为的直接禁止。可是，道森建议的是取缔对所有的排他交易安排的禁止，而将所有这些行为以是否"显著削弱竞争"这个评判标准来衡量。这样的话，ACCC在监察串通投标以及市场分割案件中的工作难度，将因为这个标准而大大增加。

菲尔斯担心，取缔对所有排他交易安排的禁止以及赋予那些参与反竞争的企业集中的各方以直接向澳洲竞争法庭请求授权的权力，所有这些都会给ACCC和政府的未来工作带来困难。他最为关注的是，道森所建议的这个法规变革将会为串通投标以及市场分割行为敞开机会之门，而道森调查对这个负面影响深远的建议却没有提供任何解释。"我的结论是，如果法规政策改革的建议者们提出了一个关系重大的改革建议，而却没有同时提供需要作出该种改革的理由，那只能说明，他们并不清楚其中的干系。"

在道森发布其调查结论与建议后不久，商业行为法的"圈内人士们"就开始对这些建议指指点点。例如，作为网络经济咨询执行董事以及政府设立的知识产权审查委员会的主席，亨利·厄加斯指出，道森的某些建议可能会造成"弊大于利"的结果，其中包括在市场分割和串通投标上放松监管。他说，道森在自己的报告中已经指出这些行为可能造成的危害足以受到刑事处罚，而同时却又认为对这些行为的直接禁止无须继续。厄加斯说："这样的结论让人非常难以理解。"

厄加斯对道森所建议的，放松对在两个股票交易所同时上市的公司（即保留在两个股票交易所同时上市，而组成的一个公司）的固定价格行为的禁止令，也不以为然。厄加斯指出，道森的建议报告承认，这样的组织架构可以制造企业集中，但是却同时建议要将此类行为从《商业行为法》中豁免。他对此的看法是："这样做有可能对现有的企业集中审批制度制造出很大的漏洞。"

尽管如此，如果政府被迫在这些受到质疑的决定上转变立场的话，那么就会引发大众对道森调查的整个过程的质疑。因此，财政部采用了与通常程序不同的做法——在没有征询菲尔斯以及 ACCC 意见的情况下，直接准备了政府对该调查的意见。这样做就可以避免尴尬地承认政府调查的建议没有可行性的结果。同时让人难以释怀的是，道森调查委员会中没有包括一个消费者代表，在其工作人员中也没有任何《商业行为法》的专家。

如果说某些道森调查的建议引发疑问的话，那么在针对 ACCC 和其利用媒体的方式上，该调查给予的建议则是非常清楚直白的。道森没有采纳多个商界游说组织所提出的关于设立竞争监管原则纲领、建立竞争理事会，以及任命"总监察"的建议。该调查对此的最终建议是，建立一个新的议会联合委员会以及一个比 ACCC 现有的形式更为正规的顾问委员会。该顾问委员会将会在 ACCC 的年度报告中，以专门章节的形式向议会呈交其报告。

"ACCC 对媒体的利用方式是各方向调查委员会提出的最多的问题。"道森说道。其报告列举了各方对 ACCC 以前进行的调查和起诉案件中的媒体曝光的投诉，以及缺乏平衡和客观性的媒体声明。道森的解决方案采纳了许多人（包括菲尔斯）的建议，即在 ACCC 内实施更为严格的媒体使用政策。但是，道森提出的媒体利用规范则比菲尔斯所建议的要严格得多。道森的建议包括：ACCC 不能对调查案件发表意见；只能在起诉案件开始时发表一个正式的媒体公告，并且该媒体公告的内容也仅限于事实；同时，ACCC 对起诉案件结果的报告也应该是准确、平衡的。

道森所提出的媒体利用规范中包括了一些很有意思的细节。例如，该规范将制约 ACCC 发表的正式和非正式的意见——这就意味着 ACCC 和菲尔斯的继任者会在给予媒体相关案件的背景信息时受到掣肘。而与此同时，案件的其他各方则不会受到这样的限制。此外，对法院判决公布的限制有着一种"前电子时代"的感觉。"只能发表一个阐述（判决结果）事实的正式的媒体公告"，这样的规定似乎将任何电视媒体的运用排除在外。

除了对媒体利用的削弱之外，道森还提议对 ACCC 的以下权力进行限制：发出基于第 155 条款的通知以获取信息的权力、要求相关人员到 ACCC 作证的权力，以及搜查相关地点的权力。道森调查发现，近年来，基于第 155 条款的通知越来越多，因此建议 ACCC 在进行搜查之前，要从联邦法官那里取得搜查令。

从大局来看，道森要将 ACCC 的运作方式改变得更具法律程序化，包括建立正式的授权程序，以及开辟向澳洲竞争法庭提出直接申请的渠道。私下里，菲尔斯对该调查的结果所作出的评价是，商界在企业集中政策上"胜了一局"，而 ACCC 则在刑事处罚上"予以了还击"。对于新的媒体使用规范，菲尔斯认为那是小以惩戒的动作。如果继续在任上，"我会更加谨慎一些，但是不会有很大的风格上的改变"。

在财政部长科斯特洛还没有太多的时间来接受和消化道森报告时，高等法院的一个判决就给他来了个突如其来的釜底抽薪。该法院在博罗案中判决认定，掠夺性行为或者低于成本的定价并不是对市场力量的滥用，从而突然开启了关于第 46 章的一个新的论战战场。

看起来，这个判决是要消除那张保护小型企业的"第 46 章安全网"。而小型企业对其是有依赖性的，一直坚信其永久性的保护作用。现在，道森调查所建议的任何针对《商业行为法》的改变都必须以对第 46 章的改动为重心。在参议院中，一个由多党派组成的强大联盟已经在强势地主张，在任何根据道森调查所进行的法律改革中，必须包括对第 46 章的改动，以保护小企业的权益。

法院在博罗案中的判决又一次将本书第一章中已经探讨过的，关于商业行为政策中的经典型争议，推进了人们的关注焦点：商业行为法到底是应该保护竞争，还是应该保护（以小型企业为代表的）竞争者？那些相信前者的人们认为，保护竞争会使得消费者受益。而后者观点的支持者们则认为，如果没有了竞争者，那么竞争给消费者带来的利益就无从谈起。在这两种观点之间，还有一些中间派，要求为社会原因或者其他理想化的原因来保护小型企业，他们通常用大型连锁超市的掠夺性行为来支持他们的观点。

这些观点的冲撞迫使高等法院第一次在掠夺性定价问题上作出了判决。这是一个涉及本不起眼的建筑混凝土的案件。1994 年 2 月，C&M Brick 公司在本迪戈地区建立了一家技术极其先进的建筑混凝土和混凝土搅拌摊铺机制造厂，使用了新型 Hess 式设备。此前，在重要的维多利亚建筑项目上，针对建筑混凝土的价格战早已开始，但是这个市场由于新秀的加入更加使价格战演变成了肉搏战。Boral Besser Masonry 有限公司（隶属于博罗集团）在竞标上激烈杀价，而其竞争者先锋公司也不甘示弱。另外两个竞争者，Rocla 和 Budget，被远远抛在后面。

博罗公司不仅大幅削价，同时还更新设备，提高产量。高等法院的判决中还提到，在博罗公司的多个文件中，都出现了要"粉碎"或者"消灭"竞争对手的记录。1998 年 3 月，ACCC 开展了针对博罗公司的调查，指控其掠夺性定价是对其市场力量的滥用。

在此后的 5 年中，这个案件的命运在各个法庭的相继判决中起伏不定。初审中，联邦法院的一个法庭认为，此案的被告没有违反第 46 章。在其后的上诉中，联邦法院的全席法庭以全票否决了这个初审判决，而判定博罗公司在墨尔本混凝土建材市场中具有实质程度的市场力，并且，重要的是，已经滥用了其市场力量，以吓退进入市场的新手，驱逐竞争者。

高等法院的法官在终审中以 6 票对 1 票否决了再审的判决。其判决认定，如果博罗公司的目的是消灭 C&M，那么其在这方面并没有取得成功。尽管博罗公司运用了削减价格的手段，其 1996 年的市场份额与其 1994 年的市场份额相比并没有什么变化，仍然是 30% 左右。因此，博罗公司不具备"实质程度的市场力量"，不符合第 46 章条款中的要求。如麦克休法官指出的，在不具备"实质市场力量"的情况下，掠夺性定价无法违反第 46 章条款的规定。在此案的起诉中，原告未能证明博罗公司有着足够的市场力量来进行定价，而无需考虑到其竞争者的行为。

但是，正如弗兰克·赞博（新南威尔士大学资深讲师）所指出的，只有一个（唯一的）垄断者才能够无视市场竞争者而任意定价。在法院的这个判决之后，现行的第 46 章在任何有着两个以上竞争者的市场中，简直毫无用武之地。"对于那些与更具实力的大型企业来竞争的中小型企业来说，高等法院的这个判决意味着，其基本上不再能够寻求任何第 46 章中关于掠夺性定价的保护。"他说。"这可能意味着，第 46 章可能不再是，即便其曾经是，用来应对掠夺性定价行为的工具。"

博罗案的判决立即引发了政治上的强烈争议。小企业是否应该受到保护？如果需要保护，那么应该采取何种形式进行保护？"（以防止大型公司滥用其市场力量为目的的）第46章法律条款已经死亡，并且还在棺材板上钉上了钉子。"国家党的参议员隆·罗斯威尔这样宣称，而他本人就是小型零售商的一个有力支持者。昆士兰自由党参议员乔治·布兰迪斯（同时也是一个拥有多年商业行为法执业经验的律师）特别指出了议会对第46章条款的立法意图。当工党的司法部长莱昂纳尔·博文在1986年推动立法修正案时，曾经非常清晰地表示了："通过该项法案是为了确保小型企业能够在具有威势的竞争者的掠夺性行为面前得到一些保护。"

让人毫不意外的是，小企业部部长乔·霍基立即将这个棘手的问题摆到了主管《商业行为法》（修正案）的财政部长科斯特洛的面前。"广大的小企业理所应当地认为，并且期待着，《商业行为法》应当在掠夺性行为面前给予它们一些保护。"他说。

菲尔斯也就这个问题直接与科斯特洛进行了讨论，并且公开地警告他，高等法院的这个判决削弱了《商业行为法》保护小企业和有效的市场新入者（以避免成为大企业掠夺性行为的目标）的权力。科斯特洛意识到了这其中涉及的政治敏感性，立即将尚未正式定稿公布的道森报告发回到起草者那里，要求他们对第46章进行重新审视。

在此之前，道森就第46章已经提出了建议——无须改动。他对科斯特洛很快作出的答复是，没有任何理由来改变此前作出的建议。道森的意见是，通过法院给予的审判解释来寻求解决问题的答案。鉴于道森本人曾是高等法院的法官，他的这个观点并不奇怪。现在，在联邦法院和高等法院面前的多个涉及第46章的案件，分别涉及博罗公司、西夫韦超市、乡村报业公司和环球唱片等，所产生的判例解释应该会为"第46章的实施提供非常实用的指导"，道森说道，并且同时指出，应该避免可能造成不确定因素的根本性改变。

但是，博罗案的判决制造了新的不确定性。当为小企业服务的游说组织为此义愤填膺之时，同时也存在着不同的声音。博罗公司雇佣的律师事务所 Blake Dawson Waldron 的合伙人比尔·瑞德就指出了这个判决可能给消费者带来的好处。博罗案判决阐明了企业可以回应竞争的强度。瑞德说，之前在该点上具有不确定的环境，甚至许多企业得到的法律意见是，要在它们回应竞争的定价决定中采取比较谨慎的态度，而那样做的结果是对消费者利益不利的。

怀疑主义者们可能会说："在他的位置上，他当然会这么说啦。"但是瑞德也不是唯一一个这样唱反调的人。罗素·米勒，作为律师事务所 Minter Ellison 合伙人以及被视作行业"圣经"的《米勒商业行为法解析》的作者，认为博罗案判决是一个"竞争理念和常识"的胜利。此外，律师事务所 Allens Arthur Robinson 也注意到，法庭在此案中使用了美国式的"收回损失测试"以确认进行掠夺性定价行为的实施者是否拥有市场力量。在这个测验中，掠夺性定价行为并不违法，除非该行为的实施者具有可以在此后收取超越竞争性的定价来挽回之前的损失的能力。

高等法院的判决（即"钱包鼓鼓的大企业并不直接等于拥有市场力"）将"小企业是否需要在掠夺行为面前得到保护"这个问题很显眼地放到了未来的政治焦点议题之中。但是，除非政府自己提议对现行《商业行为法》进行改革，霍华德政府就不必为了争取通过道森调查所提出的一系列建议，而不得不面对参议院中威胁要重写第 46 章条款的多党联盟了。第 46 章条款是否应该加强掠夺性定价权力，或者这些加强的条款应该出现在该部法律的其他地方？此外，第 46 章的法律测试的其他部分，对于"具有实质程度的市场力量"，或者"利用该等力量"，是否需要更好地定义，以便抓住违法的行为？

对这一切，没有一把能够解决所有问题的万能钥匙。但是，菲尔斯和他的战友们的立场是："需要做点什么"。他指出，ACCC 通常是法庭上的常胜将军，但是唯独在这方面屡战屡败。"其结果是，在最近的 12 年中，ACCC 仅仅能够证明一家'具有实质程度的市场力量'公司'利用该等力量'来损害竞争。"他忧心忡忡地说。

形成政治上的解决方案可能需要不少时间。政府可能想等待多个案件（乡村报业公司、西夫韦超市和环球/华纳）的上诉结果，以便研究这些审判解释将如何改变第 46 章条款。而那就将这个问题推至 2004 年中或者更迟，从而意味着，即便在小企业游说组织的压力之下，议会也不大可能在不久的将来处理与道森调查和第 46 章相关的问题。2003 年 6 月，联邦法院的全席法庭在西夫韦超市案中给予了 ACCC 一个局部胜利。该法庭的所有法官们一致判定，案件中的零售商在面包产品上进行了价格垄断。但是，只有大部分的法官同意滥用市场力的构成要件。与此类似，博罗案中也显示了联邦法院中的不同意见。由此可见，西夫韦超市案有可能在高等法院的上诉中再起变化。尽管如此，在西夫韦超市案件上目前取得的胜利也只是 ACCC 在涉及第 46 章条款的案件中所取得的第二个胜利。

如果霍华德政府曾经幻想道森调查会将其从关于《商业行为法》和艾伦·菲尔斯的压力下解脱出来，那么它就大错特错了。从政治方面来说，道森在对利益不同的三种力量——ACCC、大型企业、小型企业——的平衡上发生了误判。在道森的建议中，ACCC 实现了其增加刑事处罚的愿望，而在其管理方面并没有受到根本性的影响。大型企业也得到了一系列的胜利，包括：增设新的企业集中途径，取消对某些反竞争行为的直接禁止，对 ACCC 的搜查权力施加法庭的监督，以及在 ACCC 的媒体运用方面施加更多的控制。但是，当政府在商业理事会的压力下同意开启调查时，在公众面前给出的理由是小型企业的需要。相比之下，小企业却只得到了集体谈判的权利，并且将来在实施集体抵制中肯定会遇到困难。因为，ACCC 在这方面的反对会抵消小型企业的"胜利"。

高等法院博罗案判决直接在道森调查对市场力问题（包括第 46 章、市场力的集中、蚕食性收购等）的规避上，点上了一把政治之火。小企业开展了强劲的游说活动，针对掠夺性定价行为争取保护

（包括要求对大型企业进行"疑罪从有"的推定，强迫其自证清白）。科斯特洛面对的是一个政治上的敏感问题——是否，以及怎样可以对第 46 章进行改变，以使得道森调查所产生的一揽子建议能够在政治上被接受。他到底是会决定保护竞争者（小型企业），还是保护竞争过程本身？而无论他最终如何提议，参议院是否会将其提议变得对小企业更为有利？

商界当然很难接受改写第 46 章的市场力条款来帮助小企业这种做法。实际上，其抵触态度是如此的激烈，以至在 2003 年 6 月底，商界告诉财政部长科斯特洛和总理霍华德，其宁愿放弃道森调查的一揽子建议所带来的所有好处，也不想被强迫接受对第 46 章的（以逆转博罗案判决似乎允许的掠夺性定价为目的而进行的）改动。商业理事会首席执行官凯蒂·雷希将自己包裹在保护消费者的大旗中，声称对"竞争性的价格"进行限制将会导致消费者支付更高的价格。"竞争性价格"与"掠夺性定价"之间的区别成了政治上的博弈。

这是商业理事会作出的惊人的承认。实际上，其可以放弃整个道森调查的一揽子建议。对商业理事会来说，保留高等法院在博罗案判决上对掠夺性定价的宽松解释，比道森调查提议的所有"新的企业集中程序，以及在 ACCC 上施加的绳索"所能够带来的利益还要大。参议院在小企业的压力下改写第 46 章条款的这种可能性对商业理事会来说，简直太可怕了。《财经评论》的标题对此进行了总结："商业理事会宁愿选择掠夺性"。

商业理事会活动的最初目标是通过政治游说获得的调查来限制菲尔斯的权力，但是后来却因为一个高等法院的判决而脱离了正轨，而由此还可能引发参议院的强势反击。其最终关注点已经不再停留在菲尔斯身上，而是聚焦在 ACCC 处理大型企业滥用市场力量的能力上。

这真是叶公好龙，当你的梦想成真之后，你可得小心点了。

第十三章
你脑子进水了才会接替他

艾伦·菲尔斯用了 12 年的时间来建立竞争监管者的系统，财政部长彼得·科斯特洛甚至将他所建立的基业与传奇人物汉弗里·艾普比爵士的业绩相提并论。可是，他的离任却似乎要让这个监管机构陷入一个非常不确定的未来之中。问题的关键在于该机构的下一任领导者。通常来说，指定 ACCC 委员和主席的过程都会非常复杂，但是在寻找菲尔斯的继任者时，整个过程几乎成了政治闹剧。

2002 年 10 月，在菲尔斯通过《澳洲故事》节目公布了他将于 2004 年离开 ACCC 的决定的 1 个月之后，财政部长彼得·科斯特洛以书面形式向所有的州政府正式提名一位新的副主席和一位新的委员：国家竞争理事会主席格兰姆·萨缪尔，以及他的执行理事长艾德·维莱特。

从许多方面来看，格兰姆·萨缪尔是 ACCC 副主席的一个理想人选。他本人曾经先后做过律师和商业银行家，在市场上为自己收获了财富，而现在则致力于公共服务事业中。此外，萨缪尔也是一个由律师、法官、学者、监管者组成的小圈子的发起人之一，而这个圈子在《商业行为法》于 1974 年成形之初就开始培育该法。

事实上，萨缪尔是该组织内部真正核心圈子的首任主席，这里指的是澳洲法律协会的商业行为委员会。该团体通过年会讨论对法律条文的细节加以琢磨。比如，"严重（substantial）"与"显著（significant）"地削弱竞争之间的区别在哪里。竞争法中常见的法律与经济角度之间可能出现的不和谐也会在该团体年会的工作讨论中加以梳理。

这个团体的影响力是如此之大，参议员乔治·布兰迪斯（曾是一个商业行为法职业出庭律师，并以此身份加入了该团体）为此还做了一首幽默诗，诗的标题是"这个卡特尔"。这首诗是在 2000 年的年会工作讨论之后的一个晚宴上首次宣读的。诗句中先是列举了在场的知名法官、律师的名字，其中当然还包括了"最高祭司"艾伦·菲尔斯的名字，然后作了这样的总结：

> 这是一个自我选择的部族，成员最为智慧和优秀，神秘、亲密、排他——怎么看都是个卡特尔。①

与菲尔斯相似的是，萨缪尔本人也通过对卡特尔以及其他很多"安逸"的反竞争市场分割协议的调查，而给自己制造了许多的敌人。但是，萨缪尔在竞争监管方面的行事方式与菲尔斯大相径庭。作为国家竞争理事会的领导人，他的工作对象局限于各州政府的政府首脑和财政部门领导：监督各州政府在取缔那些限制竞争的州政府法规上取得的进展，然后（代表联邦政府）来给予财政奖励。相比之下，菲尔斯所面对的是范围更为宽阔的商界和消费者群体。

国家竞争理事会是 90 年代中期的希尔默改革的产物——多个改革计划的其中之一就是同意对各州政府所有的限制竞争的法规条款进行审查。据工业委员会（生产力委员会的前身）在 1995 年 3 月做出的估算，希尔默改革可以每年为澳大利亚的 GDP 增加 5.5%（约 230 亿澳元）。但是，联邦政府会比州政府从其中得到更多的财政收入：这是 59 亿与 30 亿澳元之间的差别。以维多利亚的杰夫·肯尼

---

① 该诗句版权属于参议员乔治·布兰迪斯（George Brandis）。

特为首，各州政府纷纷要求分得一块更大的、改革所带来的利益蛋糕。时任的总理保罗·基庭对此表示了同意。

国家竞争理事会被赋予了监督各个州政府在多个敏感区域内的改革进度的艰巨任务，包括商店营业时间，在乳业、电力和出租车行业中的精简监管，在供水方面的改革，以及农业营销。同时，还要对州政府所给予的配合进行财政上的奖励。这样，"全国竞争政策"就直接进入了小型企业的腹地。尽管改革带来的好处可能很大，但是对各个州政府的政治压力和阵痛也不可低估。

萨缪尔以积极高调的态度出任国家竞争理事会的领导，但是随后与各个州政府在敏感问题（如电力市场改革和商店营业时间）上的冲撞却制造了一些非常负面的公众新闻。波林·汉森的"同一国家党"把全国竞争政策当成了公众对监管改革表达不满的导火索。一方面，作为改革带来的好处，萨缪尔可以举出在牛奶和电力上消费价格的降低，通过延长商店营业时间所带来的零售销售的增长，还有全国生产力的提高。另一方面，这个过程也带来了一些工作岗位的流失和相关行业的某些转移。被伤害的行业可以成为声势浩大、呛声不断的游说组织；而从中受益的消费者们则不会四处宣传其愉悦的心情。

不出意料的是，90 年代后期的市场调查结果向澳洲政府议事会（州政府和联邦政府之间的正式沟通机构）显示，全国竞争政策正被牵住了鼻子。萨缪尔曾向澳洲政府议事会的一个高级官员会议提出了一个"推销"改革的资金预算申请。他只得到了 20 万澳元的资金支持，并且这也无法消减受伤行业的悲痛哀鸣之声。

直到 2001 年初昆士兰和西澳洲的选举之前，全国竞争政策被认为"失去了控制"，萨缪尔将这个问题重新推给了政界。"那些寻求政治机遇的政客们，在他们的社区需要诚信和领导力的时候，却故意误导和误传信息。这些人需要被唾弃。"他这样在《澳大利亚人》中写道。

但是，在选举结束后不久，萨缪尔就自己未来的工作方式跟霍华德和科斯特洛进行了一次长谈。霍华德给了他两项建议。"首先，格兰姆，这是一个非常具有挑战性的政策，"霍华德告诉他，"你必须一步一步地来。你面对的是一条坎坷的道路，如果你要跑步前进的话，你就会摔断腿。"霍华德告诉萨缪尔的是，要在媒体上保持低调。但是，他还传达了另外一个信息："不要在公众场合给政府上课，这是毫无作用的。"

萨缪尔和这两个政界领袖所作出的决定是，打掉绑在全国竞争政策上的探照灯——取而代之的是，萨缪尔进入了他那"商业银行家式"的工作模式，通过谈判（而不是公开的对抗）来解决问题。"我来到这里是为了另辟蹊径，来寻求解决问题的方法。"他曾经这样告诉州政府的首脑们。有一次，萨缪尔甚至向一个州政府的首脑建议，不要对小企业特别敏感的"是否延长商店营业时间"这个问题进行公众调查。"你知道结果会是什么。"他这样告诉那个州政府首脑。"让我们看看能不能找到达到目标的其他途径。"

能够展现萨缪尔的这种商业银行家式的"让我们一起来交易"的工作方式的一个经典案例是，对粮食产业的放松管制。萨缪尔在墨尔本机场的一个私人会议室中与一个拒绝改革的州政府的农业部长进行了会晤。"我现在就告诉你，我们不会这样做的。"这个州政府的部长在进屋的时候就这样说道。而短短的一个半小时之后，两个人就签署了协议。

不可避免的是，萨缪尔也与各个州政府首脑和财政部长之间有着一些私下的冲突。州政府经常指责他"抢走了"州政府在竞争改革之下应该得到的收入。"我没有抢走，而是你们自己没有通过改革工作来获取。"萨缪尔这样回答道。"如果你们没有通过工作来获取收入，你们就不应该得到。"一些州政府的首脑私下里警告过萨缪尔，他们会在州内的选举中，用他来做替罪羊，还希望萨缪尔不要把这当作是针对他个人的。

"打掉探照灯"这种做法可能达到了预期的效果，可是对萨缪尔与州政府财政部长们的关系上也留下了许多伤疤，也让萨缪尔有着一个极低的公众曝光率。对此，在国家竞争理事会于墨尔本的总部机关内部，有着一些挫败感，因为菲尔斯（以他与企业巨头们的较量）被看作澳大利亚第三位最有权势的人，而萨缪尔与州政府的争斗却没有给他带来什么知名度。

尽管如此，他所从事的竞争改革成效显著。当 2003 年萨缪尔离开国家竞争理事会时，主要的"竞争改革"（包括重组政府企业、政府企业与私营企业公平竞争，以及一个全国性的电力市场）已经基本到位。一些局部性的改革（例如：商店营业时间、在供水方面的改革、出租车行业，以及农业营销）依然尚未完成。一些州政府会为了这些而无法取得相应的财政奖励，但是值得庆幸的是，萨缪尔不再会是那个实施惩罚的人。

科斯特洛和萨缪尔都是在墨尔本独特的政治、商业，还有足球圈子中游刃有余的人物。多年以来，萨缪尔不但担任了多个公司的董事，还是体育、艺术，以及犹太组织中的积极参与者，他是一个名副其实的"圈内人士"。而"全国竞争政策"则使他成为科斯特洛的亲密战友。"需要完成这些任务的州政府个个都推卸责任，却告诉所有的行业游说组织，所有的错都是那个邪恶的联邦政府的，尤其是那个财政部长的。"科斯特洛说。"在自由党，特别是国家党内部，对'全国竞争政策'都没有太大的支持，工党的态度也差不多。我认为，萨缪尔在那个时期（即 90 年代后期）表现得非常勇敢。我认为他应该再接再厉。"

萨缪尔在商界以及竞争法圈子内部的经历，还有他的自由党背景（曾任澳洲工商业协会主席，以及自由党维多利亚的财务秘书）使他成为科斯特洛眼中的"理想候选人"。当菲尔斯（私下）表明不愿在 2004 年之后继续留任 ACCC 主席之后，科斯特洛就直接向各州政府推举了萨缪尔为 ACCC 的副主席，而没有遵循以往的推举候选人的规程。

对 ACCC 的主席、副主席，以及委员的任命本身就是一个繁复的过程，这是在希尔默改革之后，为了促使各州政府对"全国竞争政策"的接受而特别设计的。在实际操作上，通常是堪培拉（联邦政府）推举候选人，然后由各州政府投票决定。正式的程序应该分成两步：首先，州政府有 35 天来自己推举候选人（而州政府通常不会推举出什么人选），然后再用 35 天的时间来投票决定联邦政府所推举的候选人，再将最终确定的候选人呈递给总督。

为此产生挫败感的科斯特洛后来说道，堪培拉（联邦政府）支付 ACCC 所有的账单，却对其领导人的选择没有投票权。各州政府对候选人有着否决权，却对 ACCC 的预算不负任何责任。"拥有完全的权力却不负任何责任，"他这样评价道——这让人不禁想起著名作家鲁德亚德·吉普林关于媒体大亨比弗布鲁克的言论："这从来都是荡妇的特权。"

科斯特洛在萨缪尔任命上经历的挫折源于他本人的误判与冲动。他跳过了正式程序的第一步（即"与州政府商讨推举人选"），而直接展开了第二个步骤，推举了萨缪尔和维莱特。各州政府对此的反应十分强烈。"按照程序来！"这些最初的反对意见是针对程序，而不是反对萨缪尔本人的。科斯特洛指出，之前要求州政府进行的推举都没有得到过任何回应，但是这种说法并没有被接受。当各个州和地区的答复逐一收到，5 个投了萨缪尔的反对票，而 7 个投了维莱特的赞成票，因此维莱特成了 ACCC 的委员。

科斯特洛收起了自己的骄傲，在 2002 年 11 月宣布，他会将一切重新来过，重启正式程序，要求各州政府推举候选人。但是，在那时候，大环境已经起了变化。关于菲尔斯即将于 2003 年 6 月提前离任（而出任新建的澳新政府学院院长）的消息已经在四处传播。萨缪尔的多舛任命现在成了对 ACCC 的主席，而不是副主席的任命。

各州政府开始更加仔细地审视萨缪尔。支持萨缪尔的维多利亚州是他的家乡，在该州执政的是一个工党政府。但是，新南威尔士，作为另一个工党执政的州，却成了反对萨缪尔的联盟首领。此外，在一个电视直播的堪培拉新闻发布会上，身材高挑、气场强大的科斯特洛拍着那个小个头的新南威尔士财政部长迈克尔·伊根脑袋的镜头，对萨缪尔也没有任何帮助。不用说，伊根对此也是心怀芥蒂。

对萨缪尔的任命进行投票的那些人正是他多年来与之争斗的对象。"他跟财大气粗的那一头关系太深。"一些州政府这样嘀咕着萨缪尔的资历。另一些州政府则声称，它们应该得到的，对于竞争改革的财政奖励，却被萨缪尔的国家竞争理事会以政治因素为由进行了削减，而这也很可能是它们反对萨缪尔的原因。

萨缪尔的敌人也试图影响选举的结果。各州政府财政部长的办公室传真机都收到了匿名发送的文件——那是一篇关于萨缪尔的旧的杂志文章，指责他在从事商业银行业务时，曾经表达了对"内幕交易"的支持——而这种观点对于一个市场监管的最高领导者来说，简直就是匪夷所思的。萨缪尔对这个指控的回应是，这是对他的讲话的曲解。

菲尔斯是支持萨缪尔的任命提名的，但是现在却看到其前景并不乐观。他认为，萨缪尔在竞争政策方面很强，但是在竞争法规的执法方面却没有经验。但是，萨缪尔的更为主要的问题是"缺乏来自消费者角度的平衡"。因此，菲尔斯和萨缪尔一同设计了一个可以解决这个问题的提名名单，即提名路易斯·斯尔万作为萨缪尔未来的副手（即 ACCC 副主席）。她是澳洲消费者协会的领导者，精明、强干且善于言辞。

在此之前，斯尔万曾经主动从消费者的角度对媒体中所提及的、可能继任 ACCC 主席一职的候选人们进行了评估，其中包括萨缪尔、吉利安·西高（道森调查的成员），以及汤姆·帕瑞（新南威尔士的价格监管者）。"这是一个工作面试吗？"当萨缪尔跟斯尔万坐下来谈话时，他曾经这样问她。当斯尔万结束那次会晤时，她的感觉跟菲尔斯的感觉是一样的，即萨缪尔对竞争法问题的理解是一流的，但是他缺乏的是"来自消费者角度的平衡"。

尽管如此，斯尔万还是为了支持萨缪尔而在各州政府间游说。所以，当菲尔斯（在萨缪尔和科斯特洛的恳请下）向斯尔万提出，要将她推举为 ACCC 副主席的候选人时，她同意了。对斯尔万来说，这不是一个个人事业的决定。保护由艾伦·艾舍尔开始的对 ACCC 副主席位置的掌控权，对于整个消费者权益运动意义重大。

这个"梦之组合"，一个精通商业的主席和一个注重消费者保护的副主席，好像是击中了要害。至少，一个曾经反对萨缪尔的州政府——西澳洲现在改变了立场。当西澳洲的正式回复到达之时，不少人暗自偷笑。原来，在那个州政府的眼里，萨缪尔无法胜任 ACCC 副主席一职，但是却完全可以担任 ACCC 主席！这就是在联邦政府和州政府之间的博弈中产生的怪象。

但是，剩下的反对者们的立场越发坚定了，甚至组成了一个被他们叫作"反对者联盟"的组织。新南威尔士、昆士兰、澳大利亚首都特区和南澳洲政府开了一个电话会议，随后就将它们的共同立场以媒体通告形式公之于众。它们甚至想要把总理霍华德牵扯进来，以强调它们对科斯特洛破坏了任命程序的指控。科斯特洛进行了回击。有多个报道称，"反对者联盟"中的短板（南澳洲和澳大利亚首都特区）受到了联邦政府的游说。

这个联盟顶住了压力。当各州的提名汇总之后，四个州（维多利亚、塔斯马尼亚，西澳洲和北部地区）提名了萨缪尔，新南威尔士提名了罗德·帕瑞（时任该州价格监管者），澳大利亚首都特区提名的是罗德·西姆斯（时任新南威尔士铁路基建公司董事长），而南澳洲和昆士兰则仅仅表达的是针对萨缪尔任命的反对意见。因为联邦政府在这个过程中没有投票权，所以至少在首轮的投票结果中，对萨缪尔的任命形成了四票赞成，四票反对的僵局。对萨缪尔的任命仅仅需要再争取一张赞成票就能通过了。

从 2002 年圣诞节直至 2003 年的上半年，科斯特洛一直为了这事而筹谋运作，在私下与"反对者联盟"中的成员们多次接触试探。有传言称，在澳大利亚首都特区经历了 2002 年 1 月的丛林大火之后，可能会对联邦政府提出的交易感兴趣。但是，事实证明那里工党政府的立场是坚定的。一个南澳洲的部长也曾经告诉他的同事们，如果该州政府愿意更改其投票立场，那么堪培拉（联邦政府）可以提供多种补偿的选择。可最终结果依然是没有就此达成任何交易。

可以推断出的是，科斯特洛想在启动对萨缪尔任命进行第二轮投票之前，设法从"反对者联盟"中夺回一票。科斯特洛曾经表露出要暂缓"任命斯尔万为 ACCC 副主席"的主张，表示他想先集中精力来争取萨缪尔的任命。但是，他没有真的那么做。整个过程中的一件奇事是，格兰姆·萨缪尔没有再被联邦政府正式提名为候选人，以供各州政府投票决定。科斯特洛已经从各州政府的提名过程中看出了各州的意向，而没有将这个候选人再次置于投票的考验中。

时间到了 5 月底，距离菲尔斯的离任只有几个星期的时间，科斯特洛根据相关法律，采用了果断的措施，任命萨缪尔为 ACCC 的"代理主席"（任期为 12 个月）。科斯特洛说，他将在第二年正式提议由萨缪尔和斯尔万组成的任命。这对于持反对态度的各州政府来说是一个打击。而对 ACCC 的未来来说，这也是一个打击，因为这种做法是把 ACCC 从坚实可靠的菲尔斯时代过渡到了对未来领导也不能完全确定的特殊时期。

萨缪尔将会给 ACCC 注入与菲尔斯完全不同的基因。"你知道，艾伦，真正的问题是，50% 的人希望我以与你完全一样的方式开展工作，但是另外 50% 的人却希望我做完全相反的事。"萨缪尔在他那旷日持久的任命过程中的与菲尔斯的一次谈话里这样说道。"无论这样做，还是那样做，事到最后，没人会高兴。"

的确，菲尔斯很难被复制或者超越。萨缪尔自己与朋友开玩笑时说过："你脑子进水了才会接替他。"萨缪尔所需要跨出的最大的一步，就是尽快适应在工作中处理与商界和消费者的关系，因为他此前在国家竞争理事会的工作主要是与不同的州政府打交道。而这就意味着要迅速提高他的知名度，而不能再保持他在国家竞争理事会时有意为之的低调工作方式。尽管萨缪尔必须在 ACCC 的任上对公众曝光度更加在意，但是他说，他"不会做第二个菲尔斯"。"我会使用一种不同的方式。"他这样告诉周围的人。实质上，他计划对公众媒体采取更为谨慎的态度。在他到 ACCC 上任的头几天，他就告诉 ACCC 的工作人员，作为一个制定政策的机构，应当与政府部门进行更多的私下沟通，而不是通过媒体来高调喊话。

萨缪尔对竞争的理解和观念可能会将 ACCC 引向不同的方向。比如，他更侧重于保护竞争过程，而不是保护竞争者。如果他来处理安捷航空公司案件，他更有可能会袖手旁观，让安捷航空自行破产，而不是试图帮助两个挣扎生存的竞争者，以继续挑战澳航。这种观点将萨缪尔向认为"菲尔斯领导下的 ACCC 对小竞争者们进行了过多的保护，而这是以（更加激烈的）竞争可能给消费者带来的益处为代价"的人的阵营拉近。

但是，这也不能被解读成萨缪尔更加偏向于大企业。从某些方面来看，萨缪尔可能会让商界大吃一惊。例如，他认为触犯《商业行为法》的公司高管们不仅要接受罚款，并且还不应该继续担任公司董事。

菲尔斯时代和即将到来的萨缪尔时代之间的最大差别，可能会出现在执法方面。相对于菲尔斯在法庭起诉上采取的强势态度，萨缪尔的商业银行家背景使得他更加倾向于在庭外积极地谈判以求得和解。萨缪尔认为，菲尔斯时代的 ACCC 所采用的是"当头大棒式的攻击，并且在交战之后不接受俘虏的战术手段——即在媒体和法庭上对公司进行双重的处罚"。这不是说，萨缪尔的计划就是"认输服软"，他只是更相信通过坐下来谈判也可以改变公司的行为。

萨缪尔可能在 ACCC 的机构文化中不会就此找到太多的认同和共鸣。"强势执法"一直是菲尔斯所引导的工作风格的支柱之一，不仅仅是为了将违法者绳之以法，同时也是为了向商界显示 ACCC 的执法决心与能力（以起到震慑作用，防患于未然）。在萨缪尔任命之前与菲尔斯进行的多个谈话中，"执法方式"是在他们两人之间存在最大分歧的地方。萨缪尔告诉菲尔斯，他会对此进行更多的思考，但是在当时还是更倾向于"商业银行家式"的谈判调解模式。当然，在萨缪尔出席几次 ACCC 的"周五执法常务会议"之后，萨缪尔就有可能（被这种执法氛围所感染）而改变自己的看法。

事实上，萨缪尔在上任之初就已经显得有些偏重执法了。他表示，有些案件的确需要"惩罚"，而不是"幕后交易"。萨缪尔所指的是西夫韦超市案（该案中的零售商被判定在面包产品上进行了价格垄断）。当电视台记者对萨缪尔进行采访，问起商界领袖们（如伍尔沃斯公司和西夫韦超市的罗杰·库百特、澳航的杰夫·狄克逊、澳大利亚零售业巨头哈维诺曼的格里·哈维）对这个案件的处理所作的批评时，萨缪尔表示，这些批评只是"企图给 ACCC 施加压力，以干扰其行使职责"。萨缪尔的出发点可能是商业银行家的模式，但是他说话很快就带起了"菲尔斯腔"。

两个大型连锁超市（科尔斯公司和伍尔沃斯公司）的力量能够测试萨缪尔的执法工作方式的一个方面。菲尔斯的 ACCC 对这个问题已经掂酌了多年——这两家大公司已经通过各自的整合在超市食品领域占据了共计约 70% 的市场，并且已经将他们的触角伸到了汽油和酒类的零售业。这给竞争监管者出了个难题。这两个公司的双寡头可以向消费者提供一些优惠的价格。但是，它们在新市场的不断扩张也让人担心。

在他任上的最后一天，菲尔斯正式启动了对这两家公司在酒类营销上的反竞争行为的调查。小型企业正在为了争取将"蚕食性收购"条款加入《商业行为法》而施加压力，以应对那两个零售业巨头所开展的攻势。当道森改革的一揽子方案需要进行议会投票时，这个问题就会出现在萨缪尔的面前。

除了在工作风格和媒体利用上可能带来的变化外，对萨缪尔任命的方式也可能给 ACCC 带来麻烦。虽然财政部长科斯特洛根据相关的法律条款可以指定一个"代理主席"，但是另一个法律条款却规定，"ACCC 的所有委员必须得到州政府的认可"。那么，"代理主席"是不是一个"委员"而需要州政府的认可呢？在萨缪尔即将出任 ACCC 代理主席的前夜，对于这个理论问题的法律意见依然争论不休。

ACCC 所面临的危险是，在不久的将来，可能会有一个不服 AC-

CC 决定的当事方（比如一个企业集中的参与者）质疑和挑战萨缪尔的任命的合法性。如果这个挑战（在法庭上）取得了成功，不仅会推翻所涉及的具体决定，还会推翻由萨缪尔领导的 ACCC 所作出的所有的决定。如果萨缪尔的任命被推翻了，而 ACCC 当时又没有一个副主席，那么 ACCC 本身就无法运作了。当然，联邦政府肯定会尽快从现有的委员中指定一个新的代理主席，但是这个过程中可能造成的麻烦和不确定性是任何竞争监管者都不愿看到的。

副主席职位的持续空缺对于 ACCC 的运行来说的确是一个软肋。除了由法院判决萨缪尔任命无效这个风险之外，当 ACCC 的工作人员看到萨缪尔那出色的简历（包括曾经担任过的多个公司的职位）时，也不由得担心在 ACCC 经常处理的数以百计的案件和问题中可能会出现的利益冲突。如果发生那种情况，萨缪尔将不得不回避 ACCC 的决策过程，而政府则必须指定另一个代理主席。这样繁复的过程也会给萨缪尔的反对者们以口实。

任命格兰姆·萨缪尔为代理主席的过程将他放在了一个尴尬的位置。有些人认为，他现在需要努力向各州政府"证实自己，以度过试用期，成为正式工"。另一些人则认为，他为了取得那个正式的任命，一定会对财政部长科斯特洛俯首帖耳。萨缪尔本人则非常坚决地表明，他绝对不会为了将"代理主席"转成"主席"而在工作中放弃他的原则。他作出的任何妥协都可能引发州政府在未来的投票中对他的质疑。

萨缪尔拒绝将他的代理任期看作"试工期"，他对支持者们阐述的计划是，他把他的任期直接看作是"长期的，但是有可能被提前缩短"。萨缪尔至少在一个方面是幸运的：当国家竞争理事会将来因为无法按时完成竞争改革而给予各州政府处罚通知时，至少他不会在那个风口浪尖上。他会在 ACCC 来处理更受公众欢迎的消费者保护问题。对于科斯特洛来说，所需要把握的火候，是要判断萨缪尔的形象什么时候会在那四个投了反对票的州政府眼里发生正面的变化，然后将那个他所承诺的萨缪尔/斯尔万组合交给各州政府进行投票。确定格兰姆·萨缪尔在 ACCC 的未来只是一个时间问题。

科斯特洛越过了多个州政府的反对,用"直接任命代理主席"的方式将萨缪尔推到了他现在的职位,但是他把"梦之组合"的另一半——路易斯·斯尔万,晾在了外面。消费者运动对 ACCC 中代表消费者利益的一个委员位置,特别是该委员在近年来担任的 ACCC 副主席职务是非常看重的。但是,自艾舍尔于 2000 年末离任起,副主席的位置就一直空缺,而在此期间没有任何要让另一个消费者代表来填补空缺的意向。当对萨缪尔任命的争议全面爆发时,消费者组织认为这会在"让消费者代表出任委员或副主席"的问题上造成更多的延误。消费者组织甚至考虑要终止与 ACCC 的合作,但是当科斯特洛宣布要在未来的某个时候正式推举萨缪尔与斯尔万的组合时,这种"终止合作"的说法才暂时被压制下来。

尽管菲尔斯为了 ACCC 的工作无私地贡献了他的才能和精力,不知疲倦地推行着竞争的理念,但是在菲尔斯时代结束之后,AC-CC 在多方面受到了削弱:没有副主席,也没有代表消费者利益的委员;代理主席正在为了获得正式任命而面对政治斗争;在公众媒体的运用方式上,面临着紧迫的变革;"强势执法"方式的未来受到置疑;这个竞争监管机构的未来执法范围受到威胁,特别是在能源领域。

在 ACCC 内部,人们也有着不安的感觉。尽管继任的格兰姆·萨缪尔有着担当大任的能力,许多人还是为了那个创造了 ACCC 在竞争领域积极监管品牌的人的离任感到痛心。ACCC 的工作人员所面对的是:领导人的不确定性,副主席职位的持续空缺,高等法院对"滥用市场力量"控制的削弱,以及在能源监管方面可能出现的监管权力剥离。在菲尔斯时代结束之时,ACCC 内部很多人感觉到,狼群已在门口咆哮了。

第十四章
"监管者说"之菲尔斯视角

竞争政策在澳大利亚的未来并不是铁板钉钉的。当然,《商业行为法》提供了司法上的保障,设定了竞争行为的规范,并且设立了委员会(ACCC以及其前身商业行为委员会)以作为执法监督的机构。立法的主旨是清楚明晰的:通过竞争来提升整个国家的福祉。

但是,为了实现有效竞争,这部法律必须得到政府(即执政的政客们)的支持,来为一个独立委员会的运作买单,来任命称职的委员会委员,而这些条件也不是一直都有绝对保障的。在这方面的一个经典的前车之鉴是"跨省委员会"的失败。该委员会在联邦政府成立之后就被建立起来,以规范贸易和商业。尽管赋予其使命的是澳洲宪法,其生命却是短暂的。近年来的例子是亨利·博世的全国公司和证券委员会,在1990年落败成了明日黄花,随后联邦政府即以澳洲证券委员会取代了它。

这不是说,ACCC和竞争政策会走上述两个机构的老路。但是,如果就委员会本身在澳大利亚的较短历史(约40年)来展望其未来,那就会看到一些令人不安的因素。到目前为止,重要的里程碑多是具有象征意义的(而流于形式)政治承诺,并混合着政治势力和既得利益团体于幕后施加的影响。

寻根溯源，一个崇尚竞争的文化从来就不是澳洲传统的一部分。澳大利亚直到 60 年代中期才有了有效的商业行为（反垄断）法律，这在同类的国家中几乎是绝无仅有的。然后，当司法部长格菲尔德·巴威克提出要用《商业行为法》来取缔束缚澳洲经济的、由诸多限制交易的协议编成的网络时，大型企业却成功游说了孟西斯政府来对其注水。后来莱昂纳尔·墨菲根据更为严厉的美国《谢尔曼法》起草的 1974 年《商业行为法》差点就在一年之后上台的弗雷泽政府手中难产。最后，这部法律在经历了一番伤筋动骨之后活了下来——不得不接受的改变包括：将企业集中的障碍降低，并且在"滥用市场力量"的判定中增加了"目的性"的要求，而这直到今天还为竞争执法制造着麻烦。

最初的商业行为委员会是一个被边缘化的机构，受着经费缺乏的困扰。鲍伯·巴科斯特（菲尔斯的前任）甚至公开抱怨手中资源的匮乏，而这也差不多让他丢了工作。尽管在 90 年代，菲尔斯的霹雳手段为这个困局撕开了个豁口，但是直到商品和服务税在 2000 年实施之时，ACCC 才开始得到充裕的执法经费保障。

曾经的经费匮乏还不是唯一的问题。（更大的问题是）堪培拉（联邦政府）没有给予竞争问题充分的重视。直到 90 年代初期，当财政部认识到，竞争能够在旨在提振澳洲经济的"微观经济改革"中发挥重要作用时，ACCC 才有机会成为主角。此前商业行为委员会的最初三任主席（隆·班那曼、鲍伯·麦克康麦斯、鲍伯·巴科斯特）基本上被限制在了一个停滞模式，将工作重点全部放在了机构的整合上。政治上的干扰接连不断。在那个时期，对竞争政策的支持在很大程度上是象征性多于实效性。竞争监管机构的存在显示了政府对竞争理念的支持，而这个监管机构却不应该做得太多。有意思的是，这样的政治象征性的手段就像霍华德政府为了实施商品和服务税而给予菲尔斯的指示一样——狂吠，但是别咬得太多太狠。

菲尔斯是澳大利亚竞争文化转折中的领航人。他的传奇在于他为这个国家第一次植入了竞争文化。菲尔斯的成就在两个层次上尤为显著：他激发了商界对竞争法的重视，并且他展现了一个监管者积极有效的执法方式。没有人喜欢法规下的条条框框。但是，正如HIH保险公司和澳大利亚One.Tel电信公司的破产所显示的那样，如果监管者在方向盘后面睡着了，那么太多的人会受到伤害。

菲尔斯的工作方式也是引发外界对他批评的焦点，即对公众媒体进行重度利用，还对ACCC的权力进行夸耀渲染。但是能够让菲尔斯拥有如此顽强和长久生命力的原因不仅如此。比如说，他在运用政治支持上的左右逢源，无论是在工党政府的领导下，还是在其后执政的联合政府之下都能游刃有余。菲尔斯用这种影响力加强了ACCC的权力，特别是在实施更为严格的企业集中评估标准上。同时，菲尔斯也是幸运的。他来到商业行为委员会之初，正是竞争政策的外界环境出现转机之时。此外，他得到了来自机构内部的有力支持，先是艾伦·艾舍尔和汉克·斯派尔，还有近年来的罗斯·琼斯以及赛斯·博加尼。

公众的关注度是非常重要的。事实上，这成了菲尔斯执掌下的ACCC的保护伞，创造了一个权力和公众支持的光环，能够在被政客和商界攻击时起到保护作用。回头来看，考虑到诸多的既得利益集团一直以来为了把他推翻而进行的不懈努力，菲尔斯能够在他的位子上苦心经营这么多年，简直令人赞叹。企业巨头们对他的反对活动在他接任之前的1991年就已经开始了。菲尔斯当时是价格监督署主席，而媒体报道说，他还会成为商业行为委员会的主席。澳洲商会给总理鲍伯·霍克写信，指出商业行为委员会已经"有太多具有学术和经济背景的人"。澳洲商会法律和法规委员会主席休·摩根告诉霍克，这种情况已经成为商界和委员会之间产生摩擦的根源。摩根强烈要求，应该任命一位具有实际商业法律背景的主席。"所以，我们迫切要求，政府应该推迟任命，直到找到一个具有广泛经验和务实态度的商业律师或者企业家来作为的合适人选。"他这样写道。

商界在这第一轮的较量中失利了，可是在10年之后，他们终于争取到了针对菲尔斯和他那部倾心捍卫的《商业行为法》的道森调查，算是胜了一局。当然，商界拥有为自己的观点寻求政府支持的权利。工会和其他组织也用同样的方法施加压力。但是，如果《商业行为法》的主旨在于"提升整个国家的福祉"，那么就很难想象，当各个既得利益组织都在通过私下游说的方式寻求好处时，这个宏大的目标将如何实现。如果真的是为了国家的利益，那么这样的游说应该在阳光下进行。但实际情况却并非如此。菲尔斯开诚布公的工作方式受到强烈反对的一个原因就是，这对堪培拉政府那种闭门交易的习惯是一个严重的威胁。"以前，我们曾经被有权有势的利益集团与政客们的幕后动作打得措手不及，"菲尔斯在他离任之际的一个电视访谈中这样说道，"现在，如果所有的人都知道那部法律的重要性的话，商界巨头们要想象以前那样为所欲为就不太容易了。"

当1996年的选举将霍华德政府推上台后，人们都认为菲尔斯肯定会被解职。除了得罪商界巨头之外，许多新政府中的人还因为他与澳洲工会理事会的关系而将他看作工党安插的钉子。在霍华德内阁最初召开的一个会议上，议题是如何安排许多工党指派的政府机构的负责人的未来，其中就包括了菲尔斯。据某些人的回忆，新内阁当时就想要菲尔斯和其他一些人下台。新政府当时已经解除了一些部门的长期领导。但是，霍华德人事部门的新首长马克斯·摩尔－威尔顿据说给出了不同的意见，认为立即解职是不可能的，因为由立法创立的机构负责人的任期是固定的。对那次内阁会议的另一种回忆更具哲学性，据那种说法，当时会议上讨论更多的，是新一届保守党政府在执政理念上对创立这些机构本身就持有的反对态度。

菲尔斯成功地幸存下来。但是，在他2003年离任之际，他顶着巨大的压力所建立的"竞争基地"面临被损毁的威胁。这个基地的一个重要基石，就是在希尔默报告之后由工党政府和联合政府共同遵循的政策，即只要一个主要的竞争监管者，而不是设立那些极易为行业监管对象所俘获的专门的行业监管者。

菲尔斯对这个政策的维护尽心竭力，从不让政府放松警惕，以防让那些不断呼吁建立更具灵活性的针对专门行业的行业监管者的主张得逞。一个例子就足以显示，改变这个政策主旨的过程是多么的多变。2002 年的帕尔报告建议，要成立一个针对专门行业的全国性的能源监管机构，以取代由各州机构和 ACCC 组成的相互重叠监管网络。菲尔斯主动与工业部长伊安·麦克法兰讨论这个问题，谈话中得到的共识是，这个新建的能源委员会应该归属于 ACCC 的旗下，专门从事一个行业的监管。"我的理解是，菲尔斯教授认为，与帕尔的建议相比，这是一个更为可行的模式。"麦克法兰这样告诉《财经评论》。而这篇报道题目这样概括即将的变革："ACCC 在能源监管的变革中大获全胜。"

结局却并非如此。即便麦克法兰认为这是一个更为可行的模式，但是一些州政府却不这么认为。当关键的谈判开始之时，麦克法兰生病了，而代理工业部部长乔·霍基所面对的是来自各州政府的坚持保留对电力和天然气行业的监管的态度，尽管全国性的市场已经呈现规模。一些州政府，特别是新南威尔士，对他们的电力市场实施交叉补贴，因此想要极力延缓威胁这些补贴的改革步伐。终于，一个交易达成了：在这个新建的独立监管机构中，州政府可以推举两名委员，而另一名委员则会来自 ACCC。只此一招，ACCC 就失去了在逐渐成形的全国市场中对能源价格和对相关设施使用权的监管权力。在菲尔斯离任之际，ACCC 正在展开后续攻势以争取掌控这个新建的全国能源机构的秘书处。对菲尔斯来说，这个事件显示了政府对由一个统一机构监管全国竞争令人担心的立场退缩。"如果就像表面显示的那样，这个新的监管机构是由州政府的多数意见所把持的，这就太让人警醒了。"菲尔斯在他告别时说道。

这仅仅是一个开始吗？菲尔斯一直担心，通信业也有可能从 ACCC 的职权范围中被划分出去，而与澳洲广播局和澳洲通信局一起并入一个（新建的）类似于美国的联邦通信委员会的政府机构。特别是在传媒和通信日益结合的趋势之下，这样的压力早就存在了。

2003 年 6 月 30 日，当菲尔斯离开堪培拉的那天，通信部长理查德·艾氏顿宣布了一个研究合并澳洲广播局和澳洲通信局的可行性的计划。不可避免的是，这会引发对 ACCC 在传媒通信领域的竞争监管权的重新考量。

在能源领域的撤退是一个清晰的标志，显示对竞争监管者——至少是对菲尔斯类型的积极监管模式——的政治支持正在减弱。这样的（政治）支持（或者，至少是反对力量的缺失）对菲尔斯在澳大利亚现代经济中所占据的独特地位有着重要的作用。他在工党政府和联合政府之间游走自如。两边都需要他，但为的是不同的原因。而两方也都曾经被游说要撤换他。

菲尔斯一直能获得政治势力"保护伞"般的支持。先是在工党政府下通过他与澳洲工会理事会的关系，然后是在联合政府下通过他在商品和服务税实施中的出色表现。当他不顾政府要员的阻挠而勇往直前时，比如当健康部部长迈克尔·沃德里奇企图警告他不要触犯医疗行业的那次，菲尔斯感到他在商品和服务税的工作中获得的光环可以为他护航保驾。他是对的。

还有一些时候，政治现实告诉他必须接受某些无法避免的现实。在与报刊经销商的长期斗争中，霍华德内阁决定要保护那个行业免于严厉的竞争监管，而这就迫使菲尔斯不得不更改其监管计划。当政府内阁威胁要（通过程序来）否定其决定时，这个智慧的监管者就知道是作出战略性撤退的时候了。

除了政治上的庇护外，政府使用的另一种控制权——委任权——也对监管机构有着重大的影响力。理论上，ACCC 是独立的，但是政府可以通过对委员的任命来使其"脱胎换骨"。比如，左翼和右翼政府就都试图通过任命政治代言人来控制澳大利亚广播公司（ABC）。而工党可能也曾经认为，任命菲尔斯就让 ACCC 加入了它们的阵营。

就像对"设立唯一的竞争监管者"这个立场（可能出现的改变）一样，菲尔斯的离任使得对 ACCC 内部最高管理层进行大换血成为可能。科斯特洛在多个州政府反对的情况下依然任命萨缪尔为代理主席的饱受争议的决定（萨缪尔胜任的能力并不是争议的焦点），就显示了这种要自上而下进行改变的决心。在菲尔斯离任的仅仅几天之前，科斯特洛就再一次出招了。罗斯·琼斯，ACCC中广受尊敬的主管企业集中的委员，得到财政部的通知，科斯特洛希望能够任命他为重组后的（管理保险业的）澳大利亚审慎监管局副主席。

从监管机构的级别来说，这个任命算是"同级调任"。当然，副主席的职位也是非同小可的。琼斯需要考虑他的选择。科斯特洛希望他接受这个任命。在这种情况下，当他在ACCC的任命于2004年到期时，也没有谁能保证科斯特洛会请他连任。尽管许多人将琼斯看作在任命萨缪尔的困局之中的理想的替代候选人，他最终还是接受了澳大利亚审慎监管局副主席的职位。

这样，科斯特洛就有了重新任命格兰姆·萨缪尔之下所有委员的机会。因为菲尔斯时代硕果仅存的两名委员——赛斯·博加尼（主管专业职业和执法委员会）和约翰·马丁（主管小企业），任期均将在2004年选举前结束。

菲尔斯本人那被故意缩短的连任期限也展现了委员们所谓的"独立性"在任期时长方面是《商业行为法》中的一个弱点。对"独立性"的一个保障就是固定期限的任期，任期要长到不受一届政府更迭的影响。在美国，负责反垄断监管的联邦贸易委员会委员的每届任期长达七年，并且委员们的任期是相互重叠的。在欧洲，任期一般是五年。但是在澳大利亚，相关法律含糊地规定了一届任期"不超过五年"，从而使得政界领袖可以根据他们自己的规划来玩游戏，就像在对待菲尔斯的问题时一样。

不幸的是，想要改变这一切的希望不大。因为这样的改变需要各州政府的支持，而这在萨缪尔的任命所造成的对峙僵局中又谈何容易。事实上，有些州政府甚至将对萨缪尔的任命视作了"宣战书"。把这种情况与各州政府对能源管理的争夺联系起来，不免让人担心，那个希尔默改革所带来的，联邦政府与各州政府之间相互协作，通过竞争理念来提升整个国家生产力的时代，可能只是昙花一现。

在掌控 ACCC 期间，萨缪尔当然会有很多的自主权。政府对 AC-CC 下达直接指令的权力基本上只限于其消费者保护职能，并且即便是在这个方面，任何指令都必须公之于众。在关键的企业集中和滥用市场力量方面，政府不能对 ACCC 直接发号施令。这就使得萨缪尔在 ACCC 的执法方面有了相当独立的裁量权，而这也将成为 "AC-CC 是会保留菲尔斯文化，还是会全盘接受萨缪尔注入的商业银行家式的谈判模式"的测试器。

菲尔斯在媒体运用问题上爆发出的政治烟火，在灾难性的加德士公司搜查事件中达到了最高点，给人们的印象甚至盖过了他在执法方面同样的执著。ACCC 的手里拿着一个大棒，并且对菲尔斯来说，将执法与媒体运用相结合的方式戳到了商界多个势力的痛处，因而使他们联手起来对付他。菲尔斯在诉讼方面更是乘胜追击，从 1991 年直到 2002 年底，一共起诉了 271 个案件，并且在所有案件的法庭最终判决中，取得了 94% 的胜诉率。如果商界认为那个大棒会被使用，那么那个棒子就会有更大的威慑力，而这在菲尔斯的时代，是一个靠谱的推断。

在离任之际，菲尔斯似乎对那些针对 ACCC 的步步紧逼的招数有着一些不祥的预感。"你需要我们。"他这样告诉政府，试图以他的鼓励尽量把那些政治脊梁扶直一些。一直以来，有效地执行《商业行为法》对于维护澳大利亚拥有竞争力且富有效力和活力的经济都是至关重要的。"政治上的挑战是如何面对各种利益集团的重压，它们每一个都会要求豁免或者软化处理。"他在离任之日这样写道。"梳理这些相互矛盾的目标需要政府给予竞争法持续、坚强的支持。"

*　　*　　*

菲尔斯对他本人 12 年以来的工作的回顾也证实：监管者必须对

政治大环境保持敏感性。当他在 1991 年出任这个竞争监管机构的掌门人之时，他的想法是，如果他能够提升商业行为委员会的气势，那么"就会有事情发生"。

到底会有什么事情发生，他自己也不能确定。但是，菲尔斯认为，在他之前的两位主席都是律师出身的，因此只是"将其职责局限在法律条文的框架中"。菲尔斯是出任竞争监管机构首长的第一位经济学家，而他看到的是，与公众和政府之间的互动能够创造更为广阔的空间，并且从大局上感受到了竞争在经济中的重要地位。

菲尔斯 12 年的"进取型执法"——这是他自己用的形容词汇——以最低限度的失误率和几个拥有政治"保护伞"的时期，最大限度地利用了那个宝贵的空间。"总的来说，进取型执法的手段是被很好地运用了，"他回顾道，"没有出太多的错误。唯一严重的错误就是加德士公司的搜查事件，出现在糟糕的时间，并且在执法力度上过于激烈，因此让我们的批评者有机可乘。对此，我表示遗憾。但是，总的来说，对媒体的利用和进取型执法的方式成功了。商业理事会的反对态度可以这样的解释来回击：'如果我们的工作到位了，这样的反应是不可避免的。'"

尽管菲尔斯相信消费者和小企业都支持继续积极地执法，他也承认，政治上的风向在起着变化。"现在已经没有了像过去那样毫无保留的支持。"他说。如果他继续留任的话，那么他将如何应对呢？"可能需要作出一些调整，在一定时间内进行一些原地踏步，然后可能再发现一些可以安全推进的领域。"

与报刊经销商交锋的那一幕给菲尔斯留下的经验，是竞争执法者在政治的干预下该怎样把控前进与停顿的节奏。当时，ACCC 刚刚取得了几场针对卡特尔的巨大胜利，而霍华德政府威胁要行使否决的权力，不仅是在报刊经销商的问题上，并且可能会针对竞争监管者的广泛权力。

"这在我看来是一个重大的威胁，值得让我们暂停一下脚步，接受现实——我们在报刊经销商方面，无法达到预期的目标。"他说。"然后，我们就在其余的工作上开足了马力，同时想着，也许我们以后可以在报刊经销商问题上迂回作战。总的来说，我们还是谨慎行事的。但在最近一些时候，事情可能起了些变化。从我的角度来看，权力的基础有了一些不同。以前，我有着一定的政府支持，可以义无反顾地冲锋在前。"

这是菲尔斯模式的艺术：先是尽全力挑战极限，在必要时全身而退，然后适时而动，发起第二轮的攻势，而做这一切的时候都观察着政治的大环境。"我的看法是，虽然在最后的阶段可能出现了一些问题，但是我们前进了十步，然后又后退了两步，所以我们依然取得了很大的进步。"他说。"我不认为 ACCC 和竞争政策会完全坠入谷底。但是，谁知道呢？多年以来，委员会曾经历过多次考验。我们曾经担心过海港码头争议、商品和服务税，甚至还有点担心希尔默改革。然后，就是道森调查。最终，我们都走过来了。可是，我得承认，最近以来，多了一些担心。"

菲尔斯自信地认为，现在没有一个政府能够背离"比较严格的"《商业行为法》。"他们可能会进行些小改动，在边边角角上进行一些削弱。"他说。"在 ACCC 决定中涉及重大的经济利益，政客们有时不可避免地会为此受到重压。但是，我相信，（至少是）在近期内，消费者和小型企业对强势竞争法的支持是会继续的。政客们很难无视这一点，想要回到 80 年代那种软弱的政策将会非常困难。"

菲尔斯说，卡特尔活动当然是在未来也不会减弱的。而微软案则显示，新的信息经济并没有消除对商业行为法律的需求。就像亚当·斯密的那句在两个世纪前就广为流传的名言所指出的那样，商人们永远都会图谋价格垄断。菲尔斯相信，只要这个人性特征不变，商业行为法就是必需的——也就是说，这个必需的期限是"永远"。

但是，未来的 ACCC 可能是另一个样子。很多事都要取决于政府的支持。一个心怀敌意的政府可能会对 ACCC 进行肢解，剥离出消费者保护或者其他一些领域（如通信）的监管职能，而只保留对企业集中和反竞争市场行为的监管职能。企业巨头们会对此拍手称快。而一个未来的工党政府则可能会把对工会次级抵制的监管职能转移给较为软弱的工业法庭。工会肯定会对此表示欢迎。

而另一方面，一个有着支持态度的政府则可能会扩展 ACCC 的职责范围。一个与新西兰的对等机构进行的全面合并也是可能的。霍华德政府正在进行监管改革的某些领域（如医疗健康领域、教育领域）可能被划归竞争监管者的新的职责范畴。菲尔斯一直对"媒体监管"跃跃欲试，但是政界领袖们一直出于其权力敏感性而不肯在这方面交权。ACCC 在竞争理念上的雷厉风行可能会在"现有的媒体俱乐部"中掀起太大的波澜。

另外一个可能的领域是贸易。随着国际贸易壁垒的削弱，为限制国内市场而设立的障碍对贸易谈判者们将变得更为重要。举例来说，经合组织已经开始关注可能呈现"隐性保护主义"的日趋频繁使用的反倾销措施。这些应该受到竞争监管者的控制吗？其他措施，如贸易（进出口）限额和关税，也可以损害到消费者的利益。难道贸易政策仅是竞争政策无效时的一种现形吗？

另一种对竞争政策未来的展望来自迈克尔·波特——他是颇具影响力的《国家的竞争优势》的作者。波特的理论为菲尔斯1992年进行的加强对企业集中的监管的战斗提供了宝贵的支持。波特最近提出的理论是，反垄断已经对狭义上的"消费者利益"理论过于依赖，而忽视了竞争给社会带来的另一些重要的益处。他认为，生产力的提高应该成为未来反垄断政策的基础。换言之，目前运用的许多衡量竞争的测试标准（如"显著削弱竞争"）都应该被一个新的标准替代——（涉嫌）反竞争的行为是否会提升一个国家的经济水平。有意思的是，这个提议与90年代中期的基庭/希尔默改革的主张并非相去甚远，尽管那些主张已经在不幸的撤退之中。

无论 ACCC 未来会进入哪些新的领域，将菲尔斯离任之时与他刚刚接任之时相比较，这个竞争监管机构的实力已经获得了长足的增长。竞争法的广泛实施、一个更为严格的企业集中标准，以及提高的处罚力度，包括很有可能在近期增加的刑事处罚，都已陆续到位。此外，知识产权以及"违背良知的行为"都已经放到了议事日程上。在能源监管方面可能会因为政客们的原因出现一些倒退，但是即便如此，撤退也是从一个被提高了很多的起点开始的。

澳大利亚进步了的竞争文化也得到了国际社会的肯定。以瑞士为总部的管理调查组织 IMD 每年都发布一份评判各国竞争力的《世界竞争力年度报告》。2003 年，澳大利亚被评为所有（人口超过两千万的）国家中竞争力排名第二的国家，仅仅落后于美国。对于 ACCC 更具意义的是，在拥有鼓励企业竞争的法律法规环境方面，澳大利亚得到了第一位的排名。

这些国际排名之后的幕后英雄是将积极执法与媒体运用相结合的菲尔斯模式，但是这种模式会为澳大利亚留下不可磨灭的印记吗？具有讽刺意义的是，当菲尔斯离任之际，菲尔斯模式却开始在更加广泛的领域中被争相复制模仿。澳大利亚证券和投资委员会与澳大利亚审慎监管局作为金融市场的监管者，在澳大利亚 HIH 保险公司的破产案件中饱受指责，并在公众强烈要求加强公司监管的情况下，不得不提升各自的监管执法能力。柯尔皇家委员会提议，要以 ACCC 的模式建立一个新的建筑行业委员会以消除腐败。理疗产品管理协会也从菲尔斯的霹雳执法手段中得到了启发，在 2003 年命令潘氏药品公司的许多产品下架。

"我觉得，我们向其他的监管者展示了，你可以这样做并且取得成功。"菲尔斯说。但是，也得罪了不少人吧？"是的，但是我们坚持了很长时间。这说明，这样做不一定会过早地结束你作为监管者的工作。"

但是，商界的游说是不是最终成功地报复了他？"是的。"菲尔斯说，但是他认为这是个复杂的问题。"很多来自企业巨头的批评声音反而让我在公众中更受欢迎，更加难以被扳倒。直到 2001 年，主要进攻来自像沃博顿（加德士公司和大卫琼斯百货公司）和狄克逊（澳航）那样的企业巨头，我不认为他们起到了多大的作用。但是，我猜想，多年以来大型企业不懈的游说在将我的连任期缩短到三年八个月的这个决定上起到了作用。是的，大型企业影响了政府的决定。但是，对付我，他们整整用了十二年的时间。"

对菲尔斯来说，竞争监管者所面临的两难问题，永远是到底应该多做还是少做。"但是，总的来说，如果你做得不多，公众就会失望。"他说。他的目标是尽量多做，接受在这个过程中可能犯的错误，同时希望这些可以被所获得的大量成功抵消掉。可是，菲尔斯也在 ACCC 的巨量活动中发现了一个众人没有意识到的问题——ACCC 有没有让一些本该被制止的行为通过了审查？道森调查所检查的只是那些被 ACCC 禁止的决定。也许，还应该检查一下那些 ACCC 可能错误地批准的决定？

积极执法的概念对菲尔斯非常重要。他说，如果商界对 ACCC 的决定不满意，可以诉诸法庭或者进行政治游说。而在软弱或者不作为的执法者面前，公众却没有相同的保护手段。"如果监管者退让了，公众就失去了保障。"他说。

菲尔斯相信，不论未来的政治环境如何变化，他为 ACCC 所积极建立的国际联系都会为澳大利亚的竞争文化加码。他认为，国际化可以带来好处，但是也会为新型的卡特尔创造条件。ACCC 与多个国家（包括美国）签订了信息分享协议。2000 年澳大利亚破获的重大动物维生素卡特尔案件的线索就来源于美国和欧洲。目前，ACCC 正在调查几个（未公布的）国际卡特尔在澳大利亚的活动。

一个没有像菲尔斯期待的那样被竞争文化广泛渗透的领域是澳洲的法律系统。法院判决对《商业行为法》条款的解释多数让人失望，其中的代表是 2003 年的博罗案。一些法律学者认为，澳洲的法官与他们美国的同仁们不同的是，没有在法律条文之外充分理解竞争的经济意义。菲尔斯在这方面看到了 ACCC 在之前的战略上可能出现的不足。ACCC 是不是应该将更多的存在争议的案件呈现给法庭，而不只是起诉那么多黑白分明的案件？

无论菲尔斯模式是否被刻在了现任监管者的心中，菲尔斯正在为影响未来而默默努力。他即将出任院长的新建的澳新政府学院将会以培养新一代的公职人员为目标，不仅带给学生们菲尔斯式的积极执法的理念、运用媒体的经验，还有对政治现实（即"授权监管的大环境"）的理解。菲尔斯认为，在公职人员和监管者需要宣扬政策的正当性时，媒体所起到的作用是至关重要的。

当菲尔斯被问道，这是否意味着新一代的"小菲尔斯们"会源源不断地出现，而对澳洲政界的幕后操作传统造成冲击时，他笑了。当然，他本人作为能让媒体运用成为一门监管艺术的先锋，是不会藏身于学术象牙塔内的。在他离任当日的记者会上，一名记者问他，媒体是否还可以继续联系他，"如果媒体打来电话，他们不会被拒绝的。"他回答。

全球化……

后 记

2003 年 7 月 17 日，南澳洲政府改变了其反对格兰姆·萨缪尔成为 ACCC 主席的立场，因此打破了各州政府对此的意见僵局。于是，联邦政府财政部长彼得·科斯特洛正式延长萨缪尔的任期至五年。南澳洲政府财政部长凯文·弗利声明，该州政府对萨缪尔能否胜任该职位仍然心存疑虑，但是相信萨缪尔应该有一个机会来证实自己，打消这些疑虑。

科斯特洛表示，他现在即将就推举路易斯·斯尔万女士为 ACCC 副主席之事开始与各州政府展开谈判。这个职位自 2000 年末就一直空缺。

人名、专有名词中英文对照表

人 名

Abbott, Tony	托尼·艾博特
Ackhurst, Bruce	布鲁斯·阿克赫斯特
Alston, Richard	理查德·艾氏顿
Andersen, Chris	克里斯·安德森
Appleby, Humphrey	汉弗里·艾普比
Argus, Don	唐·阿尔戈斯
Asher, Allan	艾伦·艾舍尔
Banks, Gary	加里·班克斯
Bannerman, Ron	隆·班那曼
Barnett, David	大卫·巴奈特
Barragon, Luis	路易斯·巴拉甘
Barwick, Garfield	格菲尔德·巴威克
Batten, Jan	吉安·拜顿
Baxt, Bob	鲍伯·巴科斯特
Beaverbrook	比弗布鲁克
Beazley, Kim	金·比兹雷
Beazly, Kim	金·比兹利
Berg, Tony	托尼·伯格
Bhojani, Sitesh	赛斯·博加尼

Bland, Henry	亨利·布兰德
Bolkus, Nick	尼克·博尔库斯
Bonhoeffer, Dietrich	迪特里希·潘霍华
Bosch, Henry	亨利·博世
Bowen, Lionel	莱昂纳尔·博文
Boyatzis, Paul	保罗·博亚兹
Bradman, Don	丹·布兰德曼
Bradman, Donald	唐纳德·布拉德曼爵士
Braithwaite, John	约翰·布莱斯怀特
Brandis, George	乔治·布兰迪斯
Brenchley, Fred	弗莱德·布兰克林
Brown, Paul	保罗·布朗
Brunt, Maureen	莫林·布兰特
Buckingham, David	大卫·帕金翰
Bunting, John	约翰·邦庭
Bytheway, William	威廉·柏思韦
Cain, John	约翰·凯恩
Cameron, Clyde	克莱德·卡梅伦
Carmody, Michael	迈克尔·卡莫迪
Carr, Bob	鲍伯·卡尔
Carroll, V. J.	V. J. 卡罗
Casey, Andrew	安德鲁·科西
Cassidy, Brian	布莱恩·卡西迪
Chalke, David	大卫·查克
Chaney, Fred	弗莱德·切尼
Chesterton, Ray	瑞·彻斯特顿
Chifley	奇弗利
Chisholm, Sam	山姆·奇泽姆
Cid, Maria – Isabel	玛丽亚－伊莎贝尔·西德
Clark, Colin	柯林·克拉克
Clark, Manning	曼宁·克拉克
Collins, Jackie	杰基·柯林斯
Colston, Mal	麦尔·科斯顿

续表

Combet, Greg	格雷格·康贝特
Connors, Tom	汤姆·康纳斯
Conroy, Stephen	史蒂芬·康罗艾
Conway, Helen	海伦·康威
Coombs, H. C.	H. C. 孔幕斯
Coombs, John	约翰·孔幕斯
Cooney, Barney	巴尼·库尼
Corbett, Roger	罗杰·库百特
Corones, S. G.	S. G. 科罗斯
Costello, Peter	彼得·科斯特洛
Court, Charles	查尔斯·考特
Cousins, David	大卫·科森
Crawford, John	约翰·考弗德
Crean, Simon	西蒙·克林
Dawkins, John	约翰·道金斯
Dawson, Daryl	达里尔·道森
Deane, William	威廉·迪恩
Dixon, Geoff	杰夫·狄克逊
Doussa, Von	冯杜萨
Doyle, Conan	柯南·道尔
Drewe, Robert	罗伯特·德鲁伊
Duffy, Michael	迈克尔·达非
Durie, John	约翰·杜瑞
Eck, Dennis	丹尼斯·埃克
Egan, Michael	迈克尔·伊根
Elliot, John	约翰·艾略特
Enright, Lin	林·昂莱特
Ergas, Henry	亨利·厄加斯
Fahey, John	约翰·费伊
Fairfax	费尔法克斯
Farrer, John	约翰·法尔

Fels, Ernest	欧尼斯特·菲尔斯
Fels, Herbert James	赫伯特·詹姆斯·菲尔斯
Fels, Isabella	伊莎贝拉·菲尔斯
Fels, Teresa	特丽莎·菲尔斯
Fels, Robert	罗伯特·菲尔斯
Felz, Franz	弗兰兹·菲尔兹
Felz, Joseph	约瑟夫·菲尔兹
Felz, Paul	保罗·菲尔兹
Felz, Francis	弗兰西斯·菲尔兹
Felz, Henrietta	亨瑞塔·菲尔兹
Felz, Mathilde	玛斯德·菲尔兹
Ferguson, Martin	马丁·弗格森
Fife, Wal	沃·法夫
Finn	费恩
Foley, Kevin	凯文·弗利
Franco	佛朗哥
Fraser, John Malcolm	约翰·马尔科姆·弗雷泽
Freund, Abraham	亚伯拉罕·弗洛恩德
Friedman, Milton	米尔顿·弗里德曼
Frith, Bryan	布莱恩·弗斯
Galbraith, John	约翰·加尔布雷斯
Garrett, Peter	彼得·卡雷特
George, Jenny	詹妮·乔治
Giles, Patricia	帕特里夏·吉莱斯
Gittins, Ross	罗斯·吉廷斯
Gleeson, Murray	莫瑞·纪立信
Grabosky, Peter	彼得·格拉博斯基
Griffiths, Alan	艾伦·格里菲斯
Guinness, Daphne	达菲·吉尼斯
Harder, Ralph	拉尔夫·哈德
Harradine, Brian	布莱恩·哈若丁

Hartnell, Tony	托尼·哈特内尔
Harvey, Gerry	格里·哈维
Hasluck, Nicholas	尼古拉斯·赫斯拉克
Hasluck, Paul	保罗·赫斯拉克
Haupt, Robert	罗伯特·霍普特
Hawke, Bob	鲍伯·霍克
Hawker, David	大卫·霍克尔
Heath, Ted	泰德·希斯
Hewson, John	约翰·休森
Hill	黑尔
Hilmer, Fred	弗里德·希尔默
Hockey, Joe	乔·霍基
Homes à Court, Janet	詹妮特·霍姆斯·阿考特
Homes à Court, Robert	罗伯特·霍姆斯·阿考特
Hooke, Mitch	米切尔·胡克
Hoover, J. Edgar	J. 埃德加·胡佛
Howard, John	约翰·霍华德
Hughes, Owen	欧文·休斯
Jackson, Dudley	达德利·杰克逊
Jackson, Margaret	玛格丽特·杰克逊
Johns, Brian	布莱恩·约翰斯
Jolly, Rob	罗伯·乔里
Jones, Aubrey	奥布瑞·琼斯
Jones, Ross	罗斯·琼斯
Kaldor, Nicholas	尼古拉斯·卡尔多
Karmel, Peter	彼得·卡梅尔
Kearns, Pat	帕特·卡恩斯
Keating, Paul	保罗·基庭
Kells, Geoff	杰夫·凯尔斯
Kelly, Paul	保罗·凯利
Kelty, Bill	比尔·凯利

McMahon，William	威廉·麦克马弘
McMullan，Bob	鲍伯·麦克马伦
McNeill．Jennifer	珍妮弗·麦克尼尔
Meade，James	詹姆斯·米德
Meldrum，Molly	莫里·麦德鲁
Menzies，Robert	罗伯特·孟西斯
Miller，Russell	罗素·米勒
Mitchell，Neil	尼尔·米歇尔
Moore，Ali	阿里·摩尔
Moore，John	约翰·摩尔
Moore－Wilton，Max	马克斯·摩尔－威尔顿
Moran，Terry	特里·莫兰
Morgan，Hugh	休·摩根
Mudge，Trevor	特雷弗·麦基
Mullen，John	约翰·马伦
Murdoch，Lachlan	拉克兰·默多克
Murdoch，Rupert	鲁伯特·默多克
Murphy，Lionel	莱昂纳尔·墨菲
Murray，David	大卫·莫瑞
Naylor，Phil	菲尔·内勒
Ness，Elliot	艾略特·耐士
Northrop	诺斯罗普
O'Chee，Bill	比尔·欧奇
O'Laughlin	欧拉夫林
O'Toole，Conal	科纳尔·欧图勒
Olson，Mancur	曼瑟尔·奥尔森
Packer，James	詹姆斯·派克
Packer，Kerry	凯瑞·派克
Palmer，Nettie	耐蒂·帕尔默
Palmer，Vance	万斯·帕尔默
Paltridge，Shane	沙恩·帕尔特里奇

Parer	帕尔
Parry, Rod	罗德·帕瑞
Pauline, Hanson	波林·汉森
Pengilley, Warren	沃伦·潘吉利
Phelps, Kerryn	凯林·菲尔普斯
Porter, Michael	迈克尔·波特
Prescott, Stanley	斯坦利·普莱斯科特
Puckett, Charlie	查理·普凯特
Quinn, Bill	比尔·昆因
Randall, Richard	理查德·兰登
Reddaway, William Brain	威廉·布莱恩·雷德伟
Reid, Bill	比尔·瑞德
Reith, Peter	彼得·瑞斯
Rendell, Curt	科特·兰德尔
Richardson, Graham	格雷厄姆·理查德森
Ridgeway, Aden	亚丁·瑞吉利
Rivkin, Rene	瑞恩·瑞福肯
Roberts, David	大卫·罗伯斯
Robinson, Joan	琼·罗宾逊
Robson, Stephen	斯蒂芬·罗伯森
Rockefeller, John D.	约翰·D. 洛克菲勒
Rolfe, Hylda	希尔达·罗孚
Roswell, Ron	隆·罗斯威尔
Ryan, Colleen	寇琳·瑞恩
Samuel, Graeme	格兰姆·萨缪尔
Savva, Nikki	尼琪·萨瓦
Schacht, Chris	克里斯·沙赫特
Schubert, John	约翰·舒伯特
Sciciuna, Peter	彼得·希克卢纳
Segal, Jillian	吉利安·西高
Sessions, Robert	罗伯特·赛森斯

Shogren, Rod	罗德·首仁
Sims, Rod	罗德·西姆斯
Sinodinos, Arthur	亚瑟·西诺迪诺斯
Slattery, Muriel	穆丽尔·斯莱特里
Slattery, Stan	斯坦·斯莱特里
Smith, Adam	亚当·斯密
Smithers	斯密瑟斯
Snedden, Billy	比利·斯耐顿
Southwick, John	约翰·索斯威克
Spier, Hank	汉克·斯派尔
Spindler, Sid	希德·斯宾德拉
Spooner, Judith	朱迪斯·斯普纳
St. Ignatius	圣依纳爵
Stiglitz, Joseph	约瑟夫·斯蒂格利茨
Stokes, Kerry	凯瑞·斯托克斯
Stone, John	约翰·士通
Street, Tony	托尼·斯垂特
Swanson, T. B.	T. B. 斯旺森
Switkowski, Ziggy	兹奇·斯维特考斯基
Sykes, Trevor	特雷弗·赛克斯
Sylvan, Louise	路易斯·斯尔万
Tange, Arthur	亚瑟·谭戈
Terlecky, Paul	保罗·特拉奇
Toomey, Gary	格里·图米
Turner, H. A.	H. A. 特纳
Vanstone, Amanda	温思端
Venturini, V. G.	V. G. 文图瑞尼
Walker, Jill	吉尔·沃克
Wallis, Stan	斯坦·沃里斯
Walsh, Max	马克斯·沃尔什
Warburton, Dick	狄克·沃博顿

续表

Ward, Mel	迈尔·沃德
West, Morris	莫里斯·韦斯特
Westerman, Alan	艾伦·威斯特曼
Wheeler, Fred	弗莱德·威勒
Whitlam, Gough	高夫·惠特兰
Wightman, Thomas	托马斯·怀特曼
Wilenski, Peter	彼得·维兰斯基
Wilkinson, Warwick	沃维克·维肯森
Willett, Ed	艾德·维莱特
Williams, Daryl	达里尔·威廉姆斯
Williams, Kim	金·威廉姆斯
Williams, L. H.	L. H. 威廉姆斯
Wilson, Roland	罗兰·威尔森
Wooldridge, Michael	迈克尔·沃德里奇
Wylder, Ken	肯·维尔德
Yeung, Karen	凯伦·杨
Zumbo, Frank	弗兰克·赞博

文献（报刊、专著、广播电视节目）

Age	《年代晨报》
Australia Scan	《澳洲扫描》
Australia's Hopes and Fears	《澳大利亚的希望和恐惧》
Australian Story	《澳洲故事》
Big Issue	《大问题》
Bulletin	《报道》
Burke's Backyard	《波克后院》
Business Review Weekly	《商界评论周刊》
Business Sunday	《商业周日》
Canberra Bulletin of Public Administration	《堪培拉公共管理汇编》
Catholic Weekly	《天主教周刊》

续表

Choice	《选择》
Competition Law inAustralia	《澳大利亚竞争法》
Courier – Mail	《快邮》
Do Trade Unions Cause Inflation?	《工会能引起通货膨胀吗?》
Herald Sun	《先驱周末》
Hollywood Wives	《好莱坞的太太们》
Income from Independent Professional Practices	《独立专业职业的收入》
Malpractice	《渎职》
Meanjin	《明进》
Medicine	《医疗》
Miller's Annotated Trade Practices Act	《米勒商业行为法解析》
Nationwide News	《全国新闻》
Of Manners Gentle	《温柔态度》
Sydney Daily Telegraph	《悉尼每日电讯》
The Australian	《澳大利亚人》
The Australian Economic Review	《澳洲经济评论》
The Australian Financial Review	《澳洲财经评论》
The British Prices and Incomes Board	《英国价格和收入理事会》
The Competitive Advantage of Nations	《国家的竞争优势》
The Daily Telegraph	《每日电讯》
The Economist	《经济学家》
The Government and the People 1942 ~ 1945	《政府和人民 1942 ~ 1945》
The Medical Journal	《医学期刊》
The New York Times	《纽约时代周刊》
The Shark Net	《鲨鱼网》
The Structure of the Australian Economy	《澳大利亚经济结构》
The Sydney Morning Herald	《悉尼先驱晨报》
The Times	《时代周刊》
The Weekend Australian	《周末澳大利亚人》
The Westerly	《西部人》
Together	《一起》

公　司

Workplace	《职场》
World Competitiveness Yearbook	《世界竞争力年度报告》
The Logic of Collective Action	《集体行动的逻辑》
ABC (Australian Broadcasting Corporation)	澳大利亚广播公司
Air New Zealand	新西兰航空
Alstom	阿尔斯通
Amcor	阿姆科集团
AMP	安保集团
Ampol	澳大利亚司机石油公司
Ansett	澳洲安捷航空
APPM	澳大利亚制浆造纸厂联合公司
Arnotts	雅乐思
Australia Post	澳大利亚邮政
Australian Cement Holdings	澳洲水泥控股公司
Australian Meat Holdings	澳洲肉类控股公司
AXA	安盛
Bank of Melbourne	墨尔本银行
BASF	巴斯夫
BHP	必和必拓公司
Boral	博罗公司
Botin on Plaza Mayor	马约尔广场波丁餐馆
Bourke's department store	波尔克商厦集团
Brambles	布兰博集团
BSkyB	英国天空广播公司
Caltex	加德士公司
Carlton & United Breweries	卡尔顿联合酿酒公司
Channel 10	第十频道
Chubb Security	丘博公司
Coles	科尔斯
Coles Myer	科尔斯迈尔

Colgate – Palmolive	高露洁棕榄
Collins	柯林斯
Colonial Mutual	康联保险集团
Comalco	科马尔克氧化铝厂
Commonwealth Bank	澳洲联邦银行
David Jones	大卫琼斯百货公司
Deacon	的近律师行
Dunlop	登路普
East – West Airlines	东西航空公司
Enron	安然
Foxtel	福斯付费电视公司
Giraffe World Australia	澳大利亚长颈鹿世界
Good Information Co. Pty Ltd	良好信息公司
Grinnell Asia Pacific	格林内尔亚太公司
Harvey Norman	哈维诺曼
ICI	帝国化学工业公司
Johnson Wax	庄臣父子公司
Kmart	凯玛特
Mayne Nickless	梅茵尼克莱斯公司
Myer	迈尔
Nabisco	纳贝斯克
National Australia Bank	澳大利亚国民银行
News Limited	新闻集团
Norwich Union	诺威奇联合保险公司
NZ Steel	新西兰钢铁公司
Optus	澳都斯公司
Pan Pharmaceuticals	潘氏药品公司
Paterson Chaney	彼得森切尼公司
Patrick Stevedores	帕特里克码头装卸公司
PBL（Publishing and Broadcasting Limited）	澳洲出版广播公司
Penguin	企鹅出版社

续表

Pioneer	先锋公司
PolyGram	宝丽金
Qantas	澳航
Quantum Market Research	量子市场调研机构
Queensland Cement Limited	昆士兰水泥公司
Queensland Wire Industries	昆士兰铁丝公司
Rhone – Poulenc	罗纳普朗克
Roche	罗氏制药
Rothmans	乐富门公司
Roy Morgan Research	罗伊摩根研究公司
Rural Press	乡村报业公司
Safeway	西夫韦集团
Schneider Electric	施耐德电气
Seven Network	七号电视网
Sheffield Shield	谢菲尔德盾板球队
Simply No Knead	"绝对免揉"烘焙连锁公司
Sony Music	索尼音乐
Southern Motors Box Hill Pty Ltd	南方机动车箱山公司
Takeda	武田制药
Target	澳洲高斯基公司
Telstra	澳洲电信公司
The Herald & Weekly Times Ltd	先驱报和时代周刊集团
TNT	TNT 国际快递
Unilever	联合利华
Universal	环球唱片
Virgin Mobile	维珍移动
Warner	华纳
Westeralian Soaps	西澳肥皂
Westfield	西田集团
Westpac	西太平洋银行
Woodside	伍德赛德能源公司
Woolworths	伍尔沃斯公司
WorldCom	世界通信公司

机构、政党

Australia and New Zealand School of Government	澳新政府学院
Australian Broadcasting Authority	澳洲广播局
Australian Chamber of Commerce and Industry	澳洲商业与工业协会
Australian Communications Authority	澳洲通信局
Australian Competition and Consumer Commission	澳大利亚竞争与消费者委员会
Australian Competition Tribunal	澳洲竞争法庭
Australian Consumers' Association	澳洲消费者协会
Australian Council of Professions	澳洲专业职业理事会
Australian Council of Trade Unions	澳洲工会理事会
Australian Food and Grocery Council	澳洲食物和零售食品理事会
Australian Government Solicitor	澳洲政府律师办公室
Australian Industry Group	澳洲工业团体
Australian Medical Association	澳洲医疗协会
Australian Medical Workforce Advisory Committee	澳洲医疗人员从业咨询委员会
Australian Newsagent's Federation	澳洲报刊经销商联合会
Australian Orthopaedic Association	澳洲整形外科协会
Australian Prudential Regulatory Authority	澳大利亚审慎监管局
Australian Publishers' Association	澳洲出版业协会
Australian Securities and Investments Commission	澳大利亚证券和投资委员会
Australian Securities Commission	澳洲证券委员会
Australian Society of Anesthetists	澳洲麻醉师协会
Australian Telecommunications Users Group	澳洲电信用户组织
Business Council of Australia	澳大利亚商业理事会
Chamber of Manufacturers of Australia	澳大利亚制造业协会
Cole Royal Commission	柯尔皇家委员会
Committee for Economic Development	经济发展委员会
Council of Australian Governments	澳洲政府议事会
Council of Small Business of Australia	澳洲小型企业理事会
Crichton – Brown set	自由党克莱齐顿－布朗分支
DVD Copy Control Association	DVD 版权管理协会
Economic Planning Advisory Council	经济计划顾问理事会

续表

Electricity Supply Association of Australia	澳大利亚电力供应联合会
Guild of Undergraduates	本科生联合会
Health Services Advisory Panel	医疗服务咨询委员会
High Court	高等法院
House of Representatives Committee	众议院委员会
House of Representatives Standing Committee on Economics, Finance and Public Administration	众议院经济、金融和公共管理常委会
Industry Commission	工业委员会
Intellectual Property Review	知识产权审查委员会
Interstate Commission	跨省委员会
Law Council of Australia	澳洲法律协会
Liberals	自由党
London School of Economics	伦敦经济学院
Lorento Convent	劳伦佐修道院
Maritime Union of Australia	澳大利亚海事工会
Master Builders Association	澳大利亚建筑业联合会
Merchant Bankers' Association	商业银行家联合会
Minister for Territories	领土部长
Musician's Union	音乐人工会
National Association of Retail Grocers of Australia	澳大利亚全国食品零售商协会
National Board for Prices and Income	全国价格和收入理事会（英国）
National Companies and Securities Commission	全国公司和证券委员会
National Competition Council	国家竞争理事会
National Consumer Affairs Advisory Council	国家消费者事务咨询理事会
National Farmers' Federation	全国农业联合会
National Press Club	全国媒体俱乐部
Nationals	国家党
Network Economics Consulting	网络经济咨询
Newman Socety for Catholic Studies	纽曼天主教研究会
Newsagency Council	报刊经销商理事会
NRMA	全国汽车道路协会

续表

One Nation Party	同一国家党
Overseas Telecommunications Commission	海外电信委员会
Prices Justification Tribunal	正当化价格合议庭
Prices Surveillance Authority	价格监督署
Productivity Commission	生产力委员会
Royal Australian College of General Practitioners	皇家澳洲全科医生学院
Royal Australian College of Surgeons	皇家澳洲外科手术学院
Royal Colleges of Medicine	皇家医学院
Rural Doctors' Association	乡村医生协会
Sacred Heart School	圣心学校
St. Aloysius Catholic Church	圣阿罗依斯天主教堂
St. Louis School	圣路易学校
Tariff Board	关税理事会
Therapeutic Goods Administration	理疗产品管理局
Trade Practices Commission	商业行为委员会
Trade Practices Tribunal	商业行为法庭
Victorian Bar Council	维多利亚律师协会
Young Liberal Club	青年自由党俱乐部

法律文件、案例、官方调查、法律术语

accessorial conduct	协助行为
aggressive pricing	超低定价
Aussat	澳大利亚卫星系统
Austel legislation	澳大利亚电信管制局立法
Australian Industries Preservation Act	《澳大利亚工业保护法》
banana republic	"香蕉共和国"
barristers	出庭律师
Boral case	博罗案
competitive pricing	竞争性价格
Conney Inquiry	库尼调查

creeping acquisition	蚕食性收购
Dawson Inquiry	道森调查
fiduciary relationship	职业信任关系
goods and services tax（GST）	商品和服务税
Griffiths Inquiry	格里菲斯调查
the branch – office economy campaign of 2000	2000 年"分支经济运动"
Hilmer Inquiry	希尔默调查
Hilmer Report	希尔默报告
legal professional privilege	法律专业保密特权
Lionel Keith Murphy v. Sharp	莱昂纳尔·克斯·墨菲诉夏普案
local content rules	本土内容比例
moratorium	封冻令
natural justice	大然公正
parallel imports	平行进口
predatory pricing	掠夺性价格
Prices Surveillance Act	《价格监督法》
Queensland Wire Industries	昆士兰铁丝公司案
rack pricing	货架定价
regional playback controls	地区回放控制装置
recoupment test	收回损失测试
Reid Inquiry	瑞德调查
secondary boycotts	次级抵制、响应罢工
Selective Employment Tax	选择性雇佣税
Shadow ministry	影子部门
Sherman Act	《谢尔曼法》
solicitors	商业律师
State paternalism	大政府家长主义
State socialism	政府社会主义
substantially lessening of competition	严重削弱竞争
Swanson Inquiry	斯旺森调查
Tariff Board Inquiry	关税委员会调查

续表

New Protection	新保护主义
third line forcing	第三线强制行为
Trade Practices Act	《商业行为法》
Uhrig Inquiry	乌里希调查
unconscionable conduct	违背良知的行为
Wallis Inquiry	沃利斯调查
waterfront dispute	海港码头争议
Wilkinson Inquiry	维肯森调查

地 名

Adelaide	阿德雷德
Bairnsdale	拜恩斯代尔
Belconnen	贝尔康纳
Bendigo	本迪戈
Berwick Spring	伯威克斯普林
Brighnton	布莱顿
Brisbane	布里斯班
Bunbury	班伯里
Burra	布拉
Claremont	克莱蒙特
Clayton	克莱顿
Coolum	库伦
Cottesloe	科茨洛
Curtin	科廷
Darwin	达尔文
Dulwich Hill	德威山
Durham	杜伦
Foxground	福克斯格兰德
Galicia	西班牙加利西亚省
Glen Waverley	格兰瓦弗利
Gold Coast	黄金海岸
Grantchester	格兰切斯特
Hayman Island	海曼岛

Hobart	霍巴特
Joondalup	郡达拉普
Longford	朗福特
Machu Pichu	马丘比丘
Mosman Park	莫斯曼公园
Nedlands	尼德兰兹
Noosa	努沙
North Fremantle	北弗里曼特尔
Port Wakefield	韦克菲尔德港
Prahran	普拉汗
Queensland	昆士兰州
Rockhampton	洛克汉普顿
Sevenhill	七山
Stirling Highway	斯特灵公路
The Bush	丛林地
Toowoomba	图文巴
Townsville	汤斯维尔
Urbana	厄本那
Victoria	维多利亚州
Yanchep	扬切普

图书在版编目（CIP）数据

权力的镜像：艾伦·菲尔斯传／（澳）布兰克林著；周朝译.
—北京：社会科学文献出版社，2014.2
ISBN 978 - 7 - 5097 - 5232 - 6

Ⅰ.①权⋯　Ⅱ.①布⋯②周⋯　Ⅲ.①菲尔斯，A. - 传记
Ⅳ.①K836.117 = 6

中国版本图书馆 CIP 数据核字（2013）第 257931 号

权力的镜像：艾伦·菲尔斯传

著　　者／〔澳〕弗莱德·布兰克林
译　　者／〔美〕周　朝
审　　校／苏　华

出 版 人／谢寿光
出 版 者／社会科学文献出版社
地　　址／北京市西城区北三环中路甲 29 号院 3 号楼华龙大厦
邮政编码／100029

责任部门／社会政法分社（010）59367156　责任编辑／赵瑞红　宋　昱　关晶焱
电子信箱／shekebu@ ssap. cn　　　　　　责任校对／王　鹏
项目统筹／刘骁军　　　　　　　　　　　　责任印制／岳　阳
经　　销／社会科学文献出版社市场营销中心（010）59367081　59367089
读者服务／读者服务中心（010）59367028

印　　装／北京季蜂印刷有限公司
开　　本／787mm × 1092mm　1/16　　　印　　张／20.25
版　　次／2014 年 2 月第 1 版　　　　　　插图印张／0.5
印　　次／2014 年 2 月第 1 次印刷　　　字　　数／286 千字
书　　号／ISBN 978 - 7 - 5097 - 5232 - 6
著作权合同
登 记 号 ／图字 01 - 2013 - 1714 号
定　　价／58.00 元